U0793937

中等职业学校汽车检测与维修专业教学用书

电控发动机检测与维修

主　编　苑庆进　车立新
副主编　宋海龙　姜海艳　陈才连
参　编　袁　杰　史淑英　于　洋　柏立谦
主　审　刘贵森

机械工业出版社

本书是“中等职业学校汽车检测与维修专业教学用书”之一。本书在编写时，将理论与实践紧密结合，注重培养学生在实践中发现问题、解决问题的能力。主要内容包括：电控汽油发动机概述、发动机电控燃油喷射系统、燃油喷射系统的控制、发动机的电控点火系统、汽油机的辅助电控系统等。每单元设有任务目标、相关知识和知识拓展。

本书可供中等职业学校汽车类专业学生使用，也可作为从事汽车行业生产和维修的技术工人的培训、自学用书。

图书在版编目（CIP）数据

电控发动机检测与维修/苑庆进，车立新主编．—北京：机械工业出版社，2012.8（2026.1重印）
中等职业学校汽车检测与维修专业教学用书
ISBN 978-7-111-38810-4

Ⅰ.①电… Ⅱ.①苑… ②车… Ⅲ.①汽车—电子控制—发动机—车辆修理—中等专业学校—教材 Ⅳ.①U472.43

中国版本图书馆 CIP 数据核字（2012）第 165692 号

机械工业出版社（北京市百万庄大街 22 号 邮政编码 100037）
策划编辑：朱 华 陈玉芝 责任编辑：赵磊磊
版式设计：纪 敬 责任校对：潘 蕊
封面设计：路思中 责任印制：刘 媛
北京富资园科技发展有限公司印刷
2026 年 1 月第 1 版第 5 次印刷
184mm×260mm · 9.75 印张 · 239 千字
标准书号：ISBN 978-7-111-38810-4
定价：39.80 元

电话服务
客服电话：010-88361066
010-88379833
010-68326294

网络服务
机 工 官 网：www.cmpbook.com
机 工 官 博：weibo.com/cmp1952
金 书 网：www.golden-book.com
机工教育服务网：www.cmpedu.com

封底无防伪标均为盗版

编委会名单

主任委员 任　东

副主任委员 张茂国　祖国海（常务）

委　　员 张凯良　毛红艳　苑庆进　车立新　方瑞学

姜海艳　潘　波　李淑萍　石杰绪　杨春青

郝风伦　李秉玉　王军方　蒋卫华

前　言

本教材是根据教育部制定的“中等职业学校三年制汽车检测与维修专业技能型紧缺人才培养”的指导方案和“电控发动机检测与维修”课程的教学要求编写的。教材以提高学生的职业实践能力和职业素养为宗旨，倡导以学生为本位的教育培训理念和建立多样性与选择性相统一的教学机制。通过综合和具体的职业技术实践活动，帮助学生积累实际工作经验，突出中等职业教育的特色，全面提高学生的职业道德、职业能力和综合素质。

长期以来，我国的中等职业教育教材强调专业知识的体系结构，过分看重专业知识性，专业课教材对专业技能的培养和训练重视不足，过分追求理论化、系统化，存在学用脱节、实用性不强等问题。随着我国汽车工业的迅速发展，社会对汽车使用、保养、维修等专业人才有了更高的要求。本教材针对当前中等职业教育的特点，以学生就业为导向，从职业活动出发，兼顾劳动者的职业生涯，以企业工作现场为平台，根据企业的工作任务，将企业活动转换为教学内容；教材内容以国家有关的职业标准为基本依据，摒弃“繁难偏旧”的内容，突出学生岗位能力的培养，提高学生的操作技能，培养学生在实践中发现问题、解决问题的能力，体现了实用性、科学性、可操作性。

本教材采用任务驱动编写模式，使学生在动手操作中逐步掌握汽车电控发动机的构造、工作原理、使用及维修等方面的知识。本教材分为五个单元，每个单元中设置多个工作任务，每个工作任务都是一个完整的工作过程。工作任务中设置了与汽车维修企业对汽车电控发动机维修要求相适应的任务目标，着重介绍工作任务的具体实施方法以及对任务实施有直接指导作用的相关知识。学生通过对本教材的学习，完全能够掌握必要的专业知识，达到相应的技能要求，并且能够取得相应的职业资格证书，为以后从事汽车维修工作打下良好的基础。

本教材教学时数为120学时，各学校可根据自己的实际情况进行调整。

本教材由苑庆进、车立新任主编，宋海龙、姜海艳、陈才连任副主编，参加编写的还有袁杰、史淑英、于洋、柏立谦，全书由刘贵森主审。

本教材在编写过程中参考了很多相关文献资料，在此谨对这些文献资料的作者表示衷心的感谢。

由于能力所限，书中难免出现疏漏和差错，恳请广大读者指正。

编　者

目　　录

单元一

电控汽油发动机概述

任务一　了解电控技术在发动机上的应用

任务目标

1. 了解汽车电子技术的发展。
2. 了解汽车电子技术对发动机性能的影响。
3. 了解现代汽车电子技术的应用。

相关知识

一、发动机电控技术的发展

汽车电子技术的发展始于20世纪60年代，可分为三个阶段：第一阶段，从20世纪60年代中期到70年代中期，主要是为改善部分性能而对汽车电器产品进行的技术改造；第二阶段，从20世纪70年代末期到20世纪90年代中期，在汽车发达国家相继制定了严格的排放法规和汽车燃油经济性法规，为解决汽车安全、污染和节能三大问题，电子技术在汽车上的应用更加广泛和完善；第三阶段，20世纪90年代中期，电子技术在汽车上的应用已逐步扩展到车用汽油发动机以外的底盘、车身和车用柴油发动机多个领域，各种车用电控系统日趋完善，电子技术在汽车上的应用越来越普遍。

二、电控技术对发动机性能的影响

众所周知，汽车发动机的运行工况是多变的，只有电子控制的灵活性和微机强有力的综合处理功能，才能使发动机在各种工况下实现全面优化运行，从而提高发动机的效率。

1. 提高发动机的动力性

在汽油发动机上，电控燃油喷射系统取代了传统的化油器式燃料供给系统，减小了进气系统中的进气阻力，部分发动机上还采用了进气控制系统等，不仅提高了充气效率，而且电控系统可保证进入发动机气缸的空气得到充分利用，从而提高发动机的动力性能。

2. 提高发动机的燃油经济性

在各种运行工况和运行环境下，电控系统均能精确控制发动机工作时所需要的混合气浓度，使燃烧更完全，燃油利用更充分，从而提高发动机的燃油经济性能。

3. 降低排放污染

电控系统对发动机在各种运行工况和运行环境下进行优化控制，提高了燃烧质量，同时

各种排放控制系统在汽车上的应用也使发动机的排放污染大大降低。

4. 改善发动机的加速和减速性能

在加速或减速运行的过渡工况下，电子控制单元的高速处理功能，使控制系统能够迅速做出响应，使汽车加速或减速反应更加灵敏。

5. 改善发动机的起动性能

在发动机起动和暖机过程中，控制系统能根据发动机温度的变化，对进气量和供油量进行精确控制，从而保证发动机顺利起动和平稳经过暖机过程，这样可明显改善发动机的低温起动性能和热机运转性能。

此外，电控系统对发动机各种运行工况的优化控制和电控系统的不断完善，使发动机的故障发生率大大降低。自我诊断与报警系统的应用，也提高了故障诊断的速度和准确性，缩短了汽车因发动机故障而停驶的时间，具有良好的社会效益和经济效益。

三、应用在发动机上的电子控制系统

目前，汽车上广泛应用的是集中控制系统，应用在发动机上的电子控制系统主要包括电控燃油喷射系统、电控点火系统和其他辅助控制系统。

1. 电控燃油喷射系统

在电控燃油喷射系统（EFI）中，对喷油量的控制是最基本的也是最重要的控制过程，电子控制单元（ECU）主要根据进气量和发动机转速确定基本的喷油量，再根据其他传感器（如冷却液温度传感器、节气门位置传感器等）信号对喷油量进行修正，使发动机在各种运行工况下均能获得最佳浓度的混合气，从而提高发动机的动力性、经济性和排放性。除喷油量控制外，电控燃油喷射系统还包括喷油正时控制、断油控制和燃油泵控制。

2. 电控点火系统

电控点火系统（ESA）最基本的功能是对点火提前角的控制。该系统根据各相关传感器信号，判断发动机的运行工况和运行条件，选择最理想的点火提前角点燃混合气，从而改善发动机的燃烧过程，以实现提高发动机动力性、经济性和降低排放污染的目的。此外，电控点火系统还具有通电时间控制和爆燃控制功能。

3. 怠速控制系统

怠速控制系统（ISC）是发动机辅助控制系统，其功能是在发动机怠速工况下，根据发动机冷却液温度、空调器压缩机是否工作、变速器是否挂入挡位等，通过怠速控制阀对发动机的进气量进行控制，使发动机随时以最佳怠速转速运转。

4. 排放控制系统

排放控制系统的功能主要是对发动机排放控制装置的工作进行电子控制。排放控制的项目主要包括：废气再循环控制（EGR）、活性炭罐电磁阀控制、氧传感器和空燃比闭环控制、二次空气喷射控制等。

5. 进气控制系统

进气控制系统的功能是根据发动机转速和负荷的变化，对发动机的进气进行控制，以提高发动机的充气效率，从而改善发动机动力性。

6. 增压控制系统

增压控制系统的功能是对发动机进气增压装置的工作进行控制。在装有废气涡轮增压装置的汽车上，ECU 根据检测到的进气管压力，对增压装置进行控制，从而控制增压装置对进气增压的强度。

7. 巡航控制系统

驾驶员设定巡航控制模式后，ECU 根据汽车运行工况和运行环境信息，自动控制发动机工作，使汽车自动维持一定车速行驶。

8. 警告提示系统

ECU 控制各种指示和报警装置，一旦控制系统出现故障，如氧传感器失效、油箱油温过高等，该系统能及时发出信号以警告提示。

9. 自诊断与报警系统

在发动机控制系统中，电子控制单元（ECU）都具有自诊断系统，对控制系统各部分的工作情况进行监测。当 ECU 监测到来自传感器或输送给执行元件的故障信号时，立即点亮仪表盘上的“CHECK ENGINE”灯（即故障指示灯），以提示驾驶员发动机有故障；同时，系统将故障信息以设定的数码（故障码）形式储存在存储器中，以便帮助维修人员确定故障的类型和范围。对车辆进行维修时，维修人员可通过特定的操作程序（有些需借助专用设备）调取故障码，故障排除后，必须通过特定的操作程序清除故障码，以免与新的故障信息混杂，给故障诊断带来困难。

10. 失效保护系统

失效保护系统的主要功能是当传感器或传感器电路发生故障时，控制系统自动按微机中预先设定的参考信号值工作，以便发动机能继续运转，如：冷却液温度传感器电路有故障时，可能会向 ECU 输入低于 −50℃或高于 139℃的冷却液温度信号，此时失效保护系统将自动按设定的标准冷却液温度信号（80℃）控制发动机工作，否则会引起混合气过浓或过稀，导致发动机不能工作。

此外，当对发动机工作影响较大的传感器或电路发生故障时，失效保护系统则会自动停止发动机工作，如：ECU 接收不到点火控制器返回的点火确认信号时，失效保护系统则立即停止燃油喷射，以防大量燃油进入气缸而不能点火工作。

11. 应急备用系统

应急备用系统的功能是当控制系统微机发生故障时，自动启用备用系统（备用集成电路），按设定的信号控制发动机转入强制运转状态，以防车辆停驶在路途中。应急备用系统只能维持发动机运转的基本功能，但不能保证发动机的性能。

除上述控制系统外，应用在发动机上的电控系统还有冷却风扇控制、配气正时控制、发电机控制等。应当说明的是，上述各控制系统在不同的汽车发动机上，只是或多或少地被采用。此外，随着汽车技术和电子技术的发展，发动机控制系统的功能必将日益增加。

目前汽车发动机上常用的电控系统主要有：电控燃油喷射系统（EFI）、电控点火系统（ESA）、怠速控制系统（ISC）、排放控制系统、进气控制系统、增压控制系统、警告提示系统、自我诊断与报警系统、失效保护系统和应急备用系统等。

早期的各种车用电控系统均是相互独立的，由于电子技术的发展水平有限，一个电子控制系统只能单独对汽车的某一功能进行控制。采用多个电子控制系统时，就要用多个电子控制单元（ECU），而几个电子控制系统都需要同一个传感器信号时，还需设置几个同样的传感器，从而造成电子控制系统的结构和电路复杂、成本较高、维修困难。此外，采用独立的电子控制系统时，很难实现全面的综合优化控制，控制效果也较差。现代汽车上广泛应用的是集中式电子控制系统，它是将多种控制功能集成到一个控制单元（ECU）上，使汽车上的电控系统和电路大大简化，成本也随之降低，为电控技术在汽车上的普及推广提供了有利条件。通过汽车内部网络的信息通信完成系统之间的各种必要的信息传送与接收，实现高度集中控制故障诊断的“整车控制技术”是汽车电子控制技术发展的必然趋势。

思考练习：

1. 发动机电控技术的发展可分为哪三个阶段?
2. 电控技术对发动机性能都有哪几个方面的影响?
3. 说明应用在发动机上的电子控制系统的名称和作用。

任务二　认识发动机电控系统的组成及部件功能

任务目标

1. 掌握发动机电控系统的组成。
2. 掌握发动机电控系统各部件的安装位置。
3. 熟悉发动机电控系统各部件的功能。

相关知识

汽车发动机电控系统，虽然种类繁多且结构不尽相同，但其控制内容及各控制部分的组成和控制原理基本相同，它们均以 ECU 为控制核心，以空气流量和发动机转速为控制基础，以喷油量、喷油时刻、发动机怠速和点火装置等为控制对象，保证获得与发动机各种工况相匹配的最佳空燃比和点火提前角，同时适时调整发动机怠速。汽车上的任何一种电子控制系统，其基本结构都由传感器（传感元件）与开关信号、电子控制单元（ECU）和执行器（执行元件）三部分组成。下面以上海桑塔纳 2000GSi 型轿车发动机电控系统为例加以说明。

一、电控系统的基本组成

电子控制系统（简称电控系统）是指采用计算机等电子设备作为控制装置的自动控制系统。上海桑塔纳 2000GSi 型轿车采用莫特朗尼可（Motronic）M3. 8. 2 型发动机电控系统，其组成如图 1 - 1 所示。

电子控制系统中的信号输入装置是各种传感器。传感器的功用是采集控制系统所需要的信息，并将其转换成电信号通过电路输送给 ECU。

电子控制单元（ECU）是一种综合控制电子装置，其功用是给各传感器提供参考（基准）电压，接收传感器或其他装置输入的电信号，并对所接收的信号进行存储、计算和分析处理，根据计算和分析的结果向执行元件发出指令。

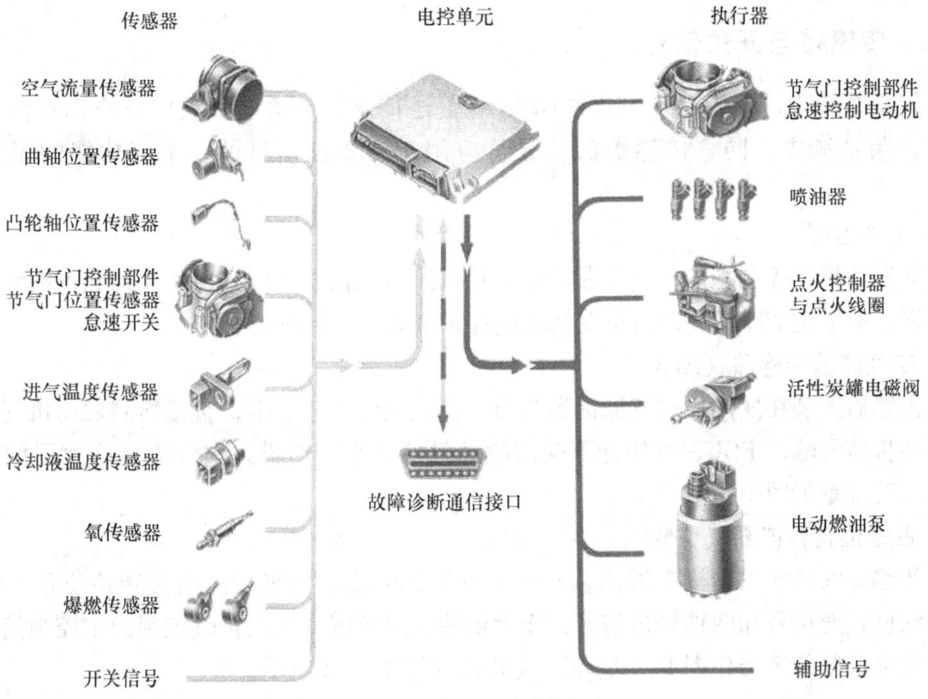

图 1-1　上海桑塔纳 2000GSi 型轿车发动机电子控制系统的组成

执行元件是受 ECU 控制，具体执行某项控制功能的装置。

上海桑塔纳 2000GSi 型轿车发动机电控系统各部件的安装位置如图 1-2 所示。

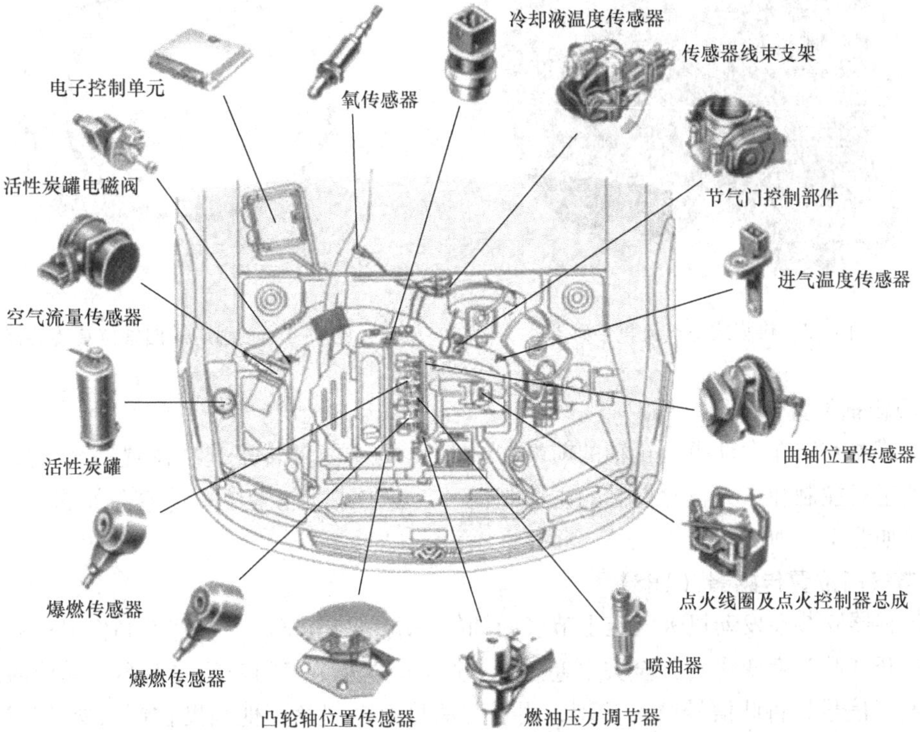

图 1-2　桑塔纳 2000GSi 型轿车发动机电控系统各部件的安装位置

二、传感器与开关信号

在控制系统中，传感器是采集并向 ECU 输送信息的装置。目前广泛应用在汽车发动机集中控制系统中，同一传感器的信号可应用于需要此信号的、不同功能的子控制系统中。

（一）传感器

不同发动机的控制系统，其控制功能和控制所需的信息不同，所使用传感器的种类也不完全相同。桑塔纳 2000GSi 型轿车发动机电控系统采用的传感器有：

1. 空气流量传感器（AFS）

该传感器安装在发动机空气滤清器与节气门之间的进气道上，直接检测发动机气缸的进气量，并将信号输入 ECU，以便计算确定喷油量的大小。热膜式空气流量传感器如图 1 - 3 所示，安装位置如图 1 - 2 所示。

2. 曲轴位置传感器（CPS）

该传感器安装在发动机靠近离合器一侧的缸体侧面，用来检测曲轴转角位移，给 ECU 提供发动机转速信号和曲轴转角信号，作为供油正时控制和点火正时控制的主控制信号。磁感应式曲轴位置传感器如图 1 - 4 所示，安装位置如图 1 - 2 所示。

图 1 - 3　热膜式空气流量传感器

图 1 - 4　磁感应式曲轴位置传感器

3. 凸轮轴位置传感器（CIS）

该传感器安装在发动机凸轮轴的前端，给 ECU 提供曲轴转角基准位置信号（G 信号），作为供油正时控制和点火正时控制的主控制信号。霍尔式凸轮轴位置传感器如图 1 - 5 所示，安装位置如图 1 - 2 所示。

4. 节气门位置传感器（TPS）

该传感器安装在发动机进气道上节气门轴的一端，与节气门控制部件制作成一体，检测节气门的开度及开度变化（如全关（怠速）、全开）以及节气门开闭的速率（单位时间内开闭的角度）信号，将此信号输入 ECU，用于燃油喷射控制及其他辅助控制（如 EGR、开闭环控制等）。节气门控制部件如图 1 - 6 所示，安装位置如图 1 - 2 所示。

图 1-5　霍尔式凸轮轴位置传感器

图 1-6　节气门控制部件

5. 冷却液温度传感器（TPS）

该传感器安装在发动机后部的水管上，给 ECU 提供发动机冷却液温度信号，用于修正喷油量和点火提前时间。冷却液温度传感器信号也是其他控制系统（如怠速控制和废气再循环控制等）的控制信号。热敏电阻式冷却液温度传感器如图 1-7 所示，安装位置如图 1-2 所示。

6. 进气温度传感器（IATS）

该传感器安装在发动机进气歧管上，给 ECU 提供进气温度信号，作为燃油喷射控制和点火控制的修正信号。热敏电阻式进气温度传感器如图 1-8 所示，安装位置如图 1-2 所示。

图 1-7　热敏电阻式冷却液温度传感器

图 1-8　热敏电阻式进气温度传感器

7. 氧传感器（EGO）

该传感器安装在发动机的排气管上，用来检测汽车排气中的氧含量，向 ECU 输送空燃比的反馈信号，从而进行喷油量的闭环控制。氧传感器如图 1-9 所示，安装位置如图 1-2 所示。

8. 爆燃传感器（EDS）

该传感器有两只，均安装在发动机排气管一侧的缸体上，其中一只安装在第 1 缸与第 2 缸之间的缸体上，另一只安装在第 3 缸与第 4 缸之间的缸体上。它们用来检测汽油机是否爆燃及爆燃强度，将此信号输入 ECU，可作为点火正时控制的修正（反馈）信号。爆燃传感器如图 1 - 10 所示，安装位置如图 1 - 2 所示。

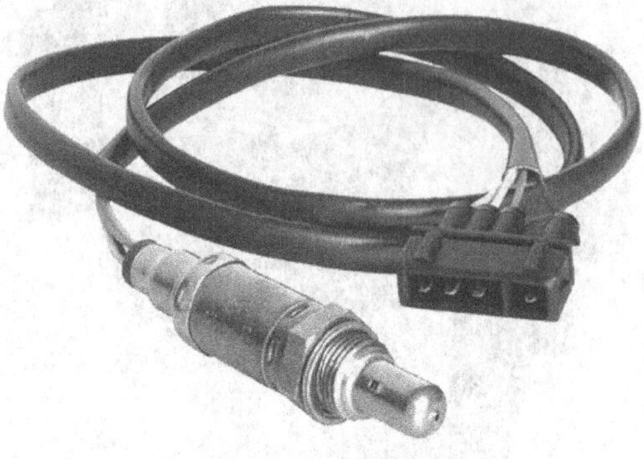

图 1 - 9　氧传感器

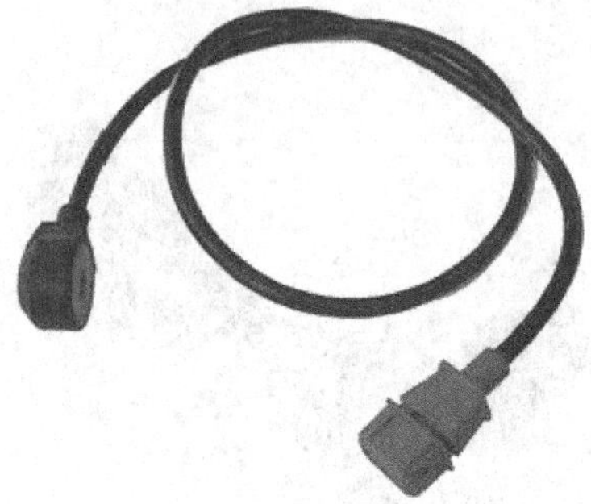

图 1 - 10　爆燃传感器

9. 车速传感器（VSS）

该传感器安装在变速器输出轴上，检测汽车行驶速度，给 ECU 提供车速信号，用于巡航控制和限速断油控制，也是自动变速器的主控制信号。

（二）开关信号

1. 起动开关信号（STA）

起动信号用来判断发动机是否处在起动状态。在起动时，进气管内混合气流速慢，温度低，因此燃油的雾化较差。为了改善起动性能，在起动发动机时必须使混合气加浓。当 STA 信号被 ECU 检测到，确认发动机处于起动状态时，ECU 便自动增加喷油量，因此，发动机起动时，通过起动开关给 ECU 提供一个起动信号，作为燃油喷射控制和点火控制的修正信号。

2. 空调开关信号（A/C）

空调信号用来检测空调器压缩机是否工作，它与空调器压缩机电磁离合器的电源在一起，ECU 根据 A/C 信号控制发动机怠速时点火提前角、怠速转速和断油转速等。当空调器开关打开，空调器压缩机工作，发动机负荷加大时，由空调开关向 ECU 输入信号，作为燃油喷射控制和点火控制的修正信号。

3. 空挡安全开关信号（NSW）

当自动变速器由 P/N（停车或空挡）挡位挂入其他挡位时，发动机负荷将有所增加，挡位开关向 ECU 输入信号，作为燃油喷射控制和点火控制的修正信号。当挂入 P 挡位或 N 挡位时，空挡位位置开关提供 P/N 挡位位置信号，防止发动机起动。

4. 点火开关信号（IGN）

当点火开关接通“点火（IG）”挡位时，向 ECU 输入一个高电平信号。

5. 电源电压信号（UBAT）

向 ECU 提供蓄电池端电压信号。

随着控制系统应用的日益广泛及其功能的扩展，传感器的数量也将不断增加，以满足汽车更高的要求。

三、电子控制单元

电子控制单元（ECU）俗称“电脑”，是发动机控制系统的核心，其功用是按照一定的程序对各种输入信号进行运算、储存、分析处理，然后输出指令，控制执行元件工作，以达到快速、准确、自动控制发动机工作的目的。

发动机 ECU 的功能随车型而异，但都必须有如下基本功能：

1）给传感器提供标准 2V、5V、9V 或 12V 电压，接收各种传感器和其他装置输入的信息，并将输入的信息转换成微机所能接收的数字信号。

2）储存该车型的特征参数和运算中所需的有关数据信息。

3）确定计算输出指令所需的程序，并根据输入信号和相关程序计算输出指令数值。

4）将输入信号和输出指令信号与标准值进行比较，确定并储存故障信息。

5）向执行元件输出指令，或根据指令输出自身已储存的信息（如故障信息等）。

6）自我修正功能（学习功能）。

在维修中如果怀疑 ECU 有故障，可通过检测 ECU 各端子的工作参数并将其与标准参数进行比较来确定，而最好的方法是用一个已知无故障的 ECU 来替代，若故障现象消失，则说明原 ECU 有故障。ECU 发生故障后一般无法修理，必须更换。

上海桑塔纳 2000GSi 型轿车发动机电控系统 ECU 安装在副驾驶侧风窗玻璃前集水板下面。电子控制单元如图 1-11 所示，安装位置如图 1-2 所示。

图 1-11　电子控制单元

四、执行元件

执行元件是受 ECU 控制并具体执行某项控制功能的装置。桑塔纳 2000GSi 型轿车发动机电控系统采用的执行元件有：

1. 电动燃油泵

电动燃油泵（如图 1-12 所示）安装在燃油箱内，用于供给发动机电子控制系统规定压力的燃油。

2. 喷油器

喷油器安装在进气歧管上，用于接收 ECU 送来的喷油脉冲信号，精确地控制燃油喷射量。喷油器如图 1-13 所示，安装位置如图 1-2 所示。

图 1-12　电动燃油泵

图 1-13　喷油器

3. 怠速控制电动机

怠速控制电动机安装在节气门控制部件内（如图1-6所示），用于调节发动机的怠速转速。控制内容包括两个方面，一方面是在发动机正常运转时稳定怠速转速，达到防止发动机熄火和降低燃油消耗的目的；另一方面是在发动机怠速运转状态下，当发动机负荷增加（如接通空调器、动力转向器等）时，自动提高怠速转速，防止发动机熄火。

4. 活性炭罐电磁阀

活性炭罐电磁阀安装在空气滤清器上，活性炭罐安装在发动机右前侧翼子板内，用于回收发动机内部（曲轴箱、气门室、燃油箱等）的燃油蒸汽，减少碳氢化合物的排放量。活性炭罐如图1-14所示，安装位置如图1-2所示。

5. 点火控制器和点火线圈

点火控制器和点火线圈安装在进气歧管下方，用于接收ECU发出的控制指令，适时接通或切断点火线圈一次电流，并产生高压电，进而点着可燃混合气。点火控制器和点火线圈如图1-15所示，安装位置如图1-2所示。

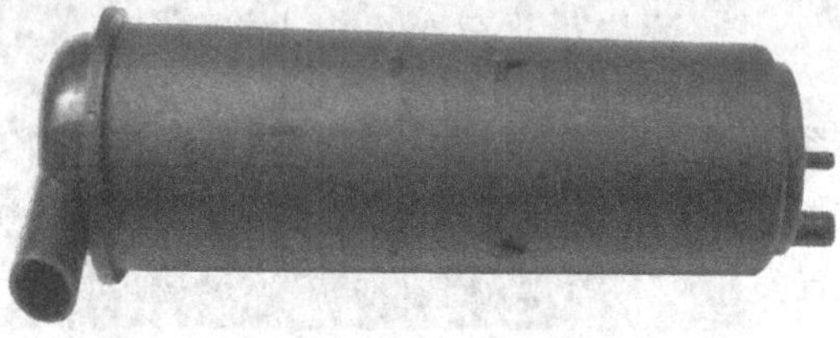

图1-14　活性炭罐

图1-15　点火控制器和点火线圈

任务实施

一、准备工作

1. 工具及资料准备

1）万用表。

2）诊断用连接线。

3）桑塔纳2000GSi型轿车电路图。

2. 车辆准备

1）准备实习车辆（上海大众桑塔纳2000GSi型轿车）。

2）将车辆停放在地面平整干净、周围无安全隐患的环境下。

3）放置车轮挡块并拉紧驻车制动，避免工作时车辆移动。

4）安装防护套件，防止工作时划伤、弄脏车辆。

5）拆下蓄电池负极导线。

二、注意事项

1）在没有拆下蓄电池导线、拔下传感器或执行器线束插头时，应先关闭点火开关再进行操作。

2）在拔下电控单元插头前，要拆下蓄电池负极导线。

3）在拆下蓄电池负极导线前，一定要先关闭点火开关再进行操作。

4）在拔下传感器或执行器线束插头前，应先将插头的锁止装置打开再向外拔。如果插头的锁止装置打开困难，则可先将插头向里推，然后再尝试打开锁止装置，一定不要用力硬拉，以避免损坏插头。

5）用万用表测量插头时，不要用力插，否则会造成插头接触不良。

三、操作步骤

1. 认识电子控制单元

1）在车辆上找到发动机电子控制单元，如图1-11、图1-2所示。

2）拔下ECU插头（如图1-16所示，用手拉出ECU插头上的插销，就可以拔下插头；用手推进插销就可以使ECU线束插头与ECU相连）。

3）如图1-17所示，在ECU线束插头上找出13、18、37、46、53、69、77号端子，并总结端子号的排列规律。

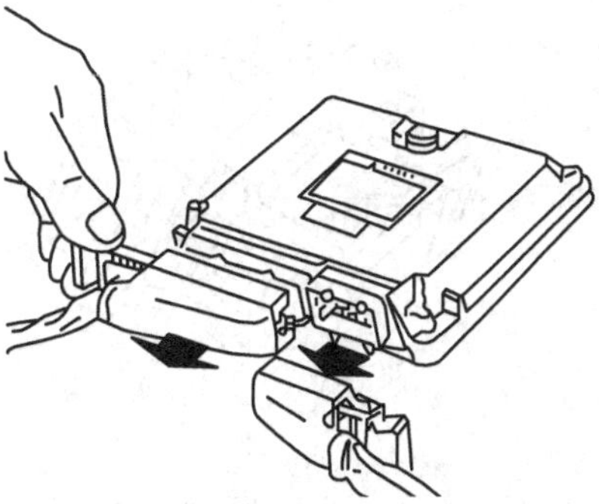

图1-16　拔下ECU插头

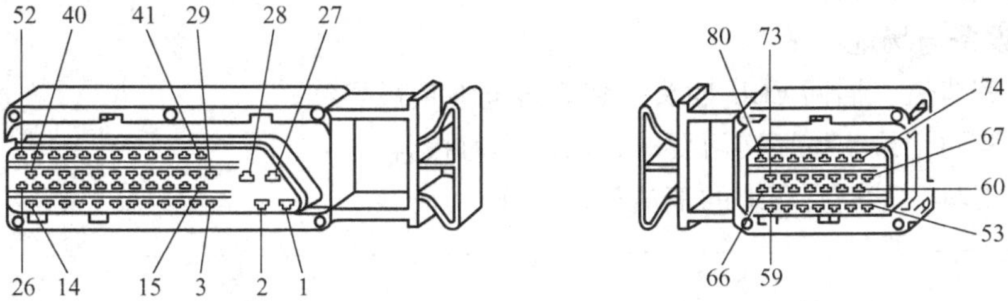

图1-17　端子号

2. 认识空气流量传感器及连接情况

1）在车辆上找到空气流量传感器（如图1-3、图1-2所示）。

2）拔下空气流量传感器插头，参照图1-17、图1-18及图1-19，用万用表（借助连接线）测量传感器线束插头与ECU线束插头相应端子间的阻值（传感器3—ECU12、传感器4—ECU11、传感器5—ECU13），标准值小于1Ω。

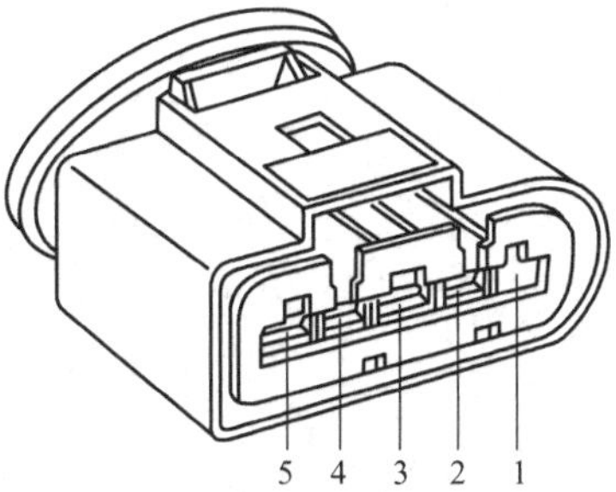

图1-18　空气流量传感器插头

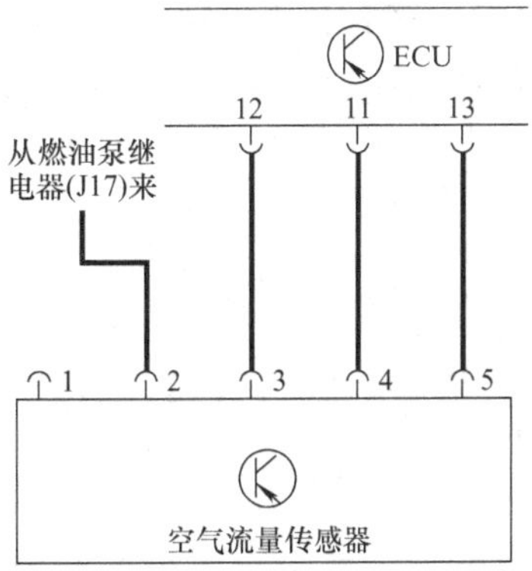

图1-19　空气流量传感器电路连接

3）插回空气流量传感器插头。

3. 认识喷油器（执行器）及连接情况

1）在车辆上找到喷油器（共4个，如图1-13、图1-2所示）。

2）拔下喷油器插头，参照图1-17、图1-20及图1-21，用万用表（借助连接线）测量喷油器线束插头与ECU线束插头相应端子间的阻值（1缸2—ECU73、2缸2—ECU80、3缸2—ECU58、4缸2—ECU65），标准值小于1Ω。

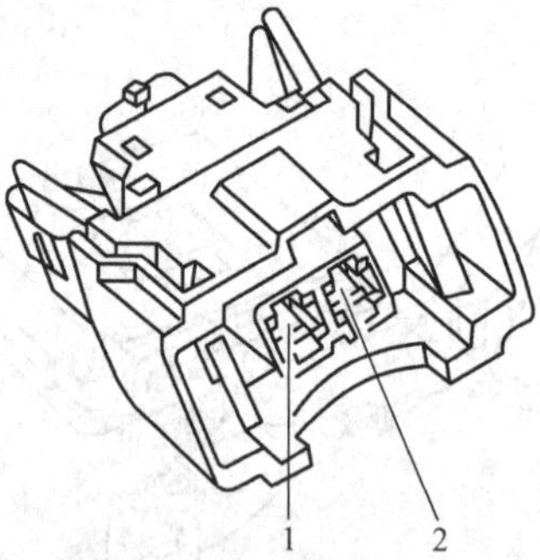

图1-20　喷油器插头

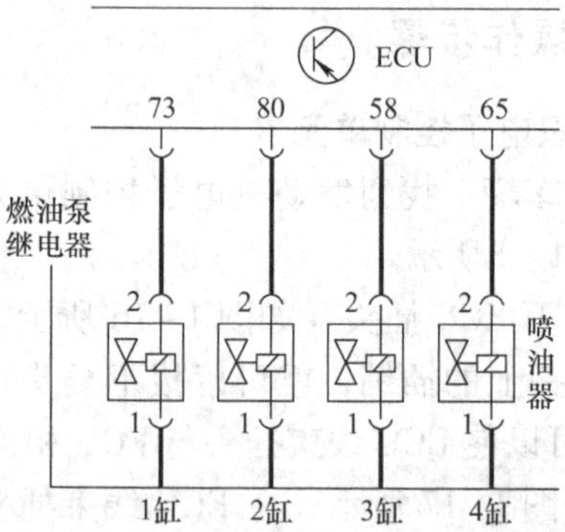

图1-21　喷油器电路

3）插回喷油器插头。

4. 整理设备与场地

1）操作完毕后，插回ECU插头，装好蓄电池负极导线。

2）做好实习记录，按照实习要求，写出实习报告。

3）完成工具、车辆及场地的清洁整理工作。

思考练习：

1. 发动机电控系统主要有哪些传感器？
2. 举例说明发动机电控系统几个传感器的功用。
3. 叙述电子控制单元的基本功用。
4. 你认识了发动机电控系统的哪几个执行器，它们分别有什么作用？
5. 上海桑塔纳2000GSi型轿车的空气流量传感器插头上共有几个端子？分别接往何处？

单元二

发动机电控燃油喷射系统

任务一　认识发动机电控燃油喷射系统

任务目标

1. 了解燃油喷射的基本概念。
2. 了解燃油喷射的分类方法。
3. 了解电控燃油喷射系统的优点。

相关知识

为了使发动机正常运转，必须向其提供连续可燃的空气燃油混合气。直接或间接地测量进入汽油机的空气量，并按照规定的空燃比计算燃油的供给量，这一过程称为燃油配给。根据燃油供给方式的不同，汽油机的燃油配给类型分为化油器式和燃油喷射式两种。化油器式燃油配给过程是利用空气流经节气门上方喉管处产生的真空将燃油从浮子室中连续吸出且进行混合后，再将其吸入气缸内燃烧做功使发动机运转。燃油喷射式则是根据直接或间接测量的空气进气量，确定燃烧所需的汽油量并通过控制喷油量开启时间来进行精确配制，使一定量的汽油以一定的压力通过喷油器喷射到发动机的进气道或气缸内与相应空气形成可燃混合气。

一、燃油喷射的基本概念

电子燃油喷射控制系统（简称 EFI 或 EGI 系统）是一个以电子控制装置（又称微机或 ECU）为控制中心，利用安装在发动机不同部位上的各种传感器，测得发动机的各种工作参数，按照在微机中设定的控制程序，通过控制喷油器精确地控制喷油量，使发动机在各种工况下都能获得最佳浓度的混合气的系统。它通过微机中的控制程序，实现起动加浓、暖机加浓、加速加浓、全负荷加浓、减速调稀、强制断油、自动怠速控制等功能，满足发动机在特殊工况下对混合气的要求，使发动机获得良好的燃料经济性和排放性，同时也提高了汽车的使用性能。

二、燃油喷射的分类

1. 按喷油器安装部位分类

单点喷射系统是指安装在节气门体上的一只或两只喷油器（如图 2 - 1 所示），向进气歧管中喷射汽油，与高速流动的空气混合形成可燃混合气。由于这种喷射系统的喷油器安装在节气门体上，对发动机各缸进行集中喷射，故又称为集中喷射系统。

多点喷射系统是指每一个气缸的进气门前均安装一只喷油器（如图 2 - 2 所示），喷油器对各气缸适时进行喷油。由于在这种喷射系统中，空气和汽油是在进气门附近形成混合气，因此混合气向各气缸的分配较均匀。

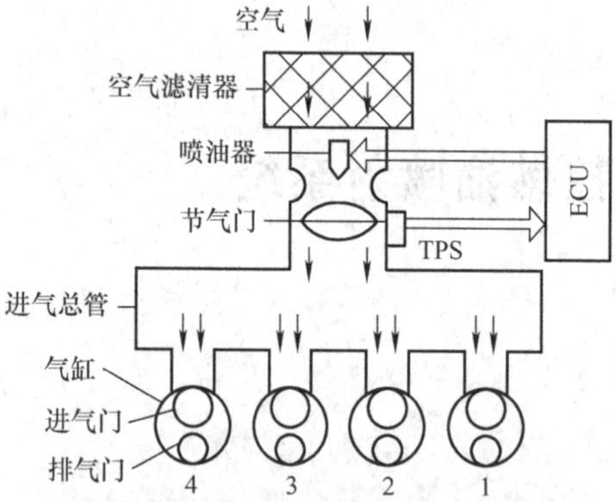

图 2 - 1　单点喷射系统

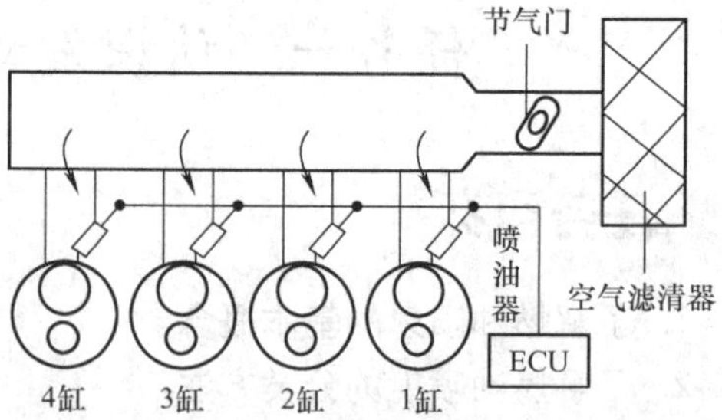

图 2 - 2　多点喷射系统

2. 按汽油喷射部位分类

缸内喷射是将汽油直接喷入气缸内，它与柴油机的供油系统很相似，但是由于汽油粘度低，缸内高压（3 ~ 4MPa）喷射很困难，因此制造成本高，目前只在一些中高级轿车电控系统中应用（如图 2 - 3a 所示）。缸外喷射是通过喷油器将具有一定压力（0.3 ~ 0.4MPa）的汽油喷射到气缸外进气管内相应的部位（如图 2 - 3b 所示）。

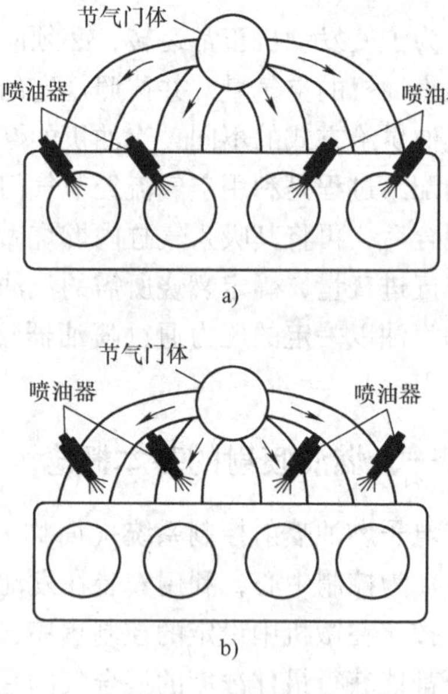

图 2 - 3　喷射部位

a）缸内喷射　b）缸外喷射

3. 按汽油喷射方式分类

连续喷射方式大多应用于机械控制式或机电混合控制式汽油喷射系统中。在发动机运转期间，汽油连续不断地由喷油器喷出，其喷油量的大小取决于系统压力的高低。也有一部分电子控制单点喷射系统采用连续喷射方式，它是将汽油喷射在进气道内，而且大部分汽油是在进气门关闭期间喷射的，汽油可在进气道内蒸发并与空气形成可燃混合气。

间歇喷射也称为脉冲喷射方式，它广泛应用于现代电控汽油喷射系统中。在发动机运转期间，汽油适时间歇地由喷油器喷出，在喷射压力一定的情况下，其供油量的大小取决于喷油器针阀开启时间的长短，即 ECU 指令喷油脉冲宽度的长短。

4. 按汽油喷射时序分类

按喷射时序的不同，间歇喷射方式又可分为同时喷射、分组喷射和顺序喷射三类，如图 2 - 4 所示。

同时喷射是指发动机在运转期间，各气缸喷油器同时开启、同时关闭，由 ECU 的同一个喷油指令控制所有的喷油器同时动作；分组喷射是指将喷油器分成几组交替喷射，由 ECU 发出指令，每个指令控制一组喷油器；顺序喷射是指喷油器按照发动机的工作顺序，在各缸排气行程上止点前某一曲轴转角顺序轮流喷射，顺序喷射具有喷射正时的特点，它是由 ECU 根据曲轴（凸轮轴）位置和转速传感器提供的信号，确定活塞在气缸的实际位置，适时发出各气缸的喷油脉冲信号，以实现顺序喷油的功能。

5. 按汽油喷射的控制方式分类

1）机械控制式（K 型）汽车的流量控制是通过机械与液力传动实现的。汽车流量控制柱塞直接受空气流量感知板机械联动操作，如图 2-5 所示，它可以根据汽车流量感知板的开度，通过移动柱塞调节油槽孔的开度，控制汽油的基本喷射量，使其所配置的混合气浓度始终保持在最经济工况要求（空燃比约为 16.5）。为满足冷起动、暖机和全负荷等工况的要求，该系统还设有冷起动喷射器、暖机调节器、怠速稳定调节器及全负荷加浓器等装置，以便根据发动机的不同工况对基本喷油器进行修正。

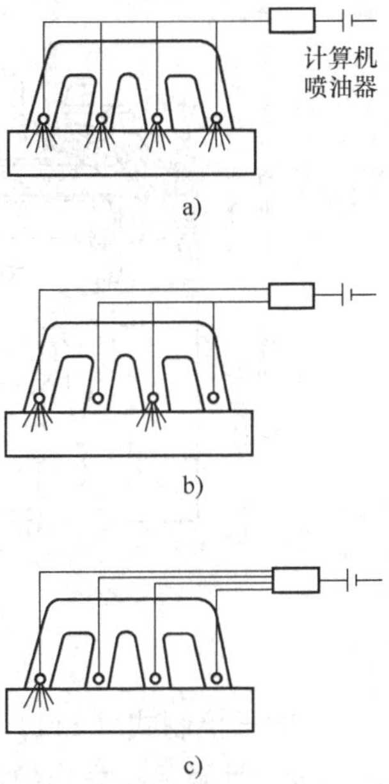

图 2-4　喷射时序

a）同时喷射　b）分组喷射

c）顺序喷射

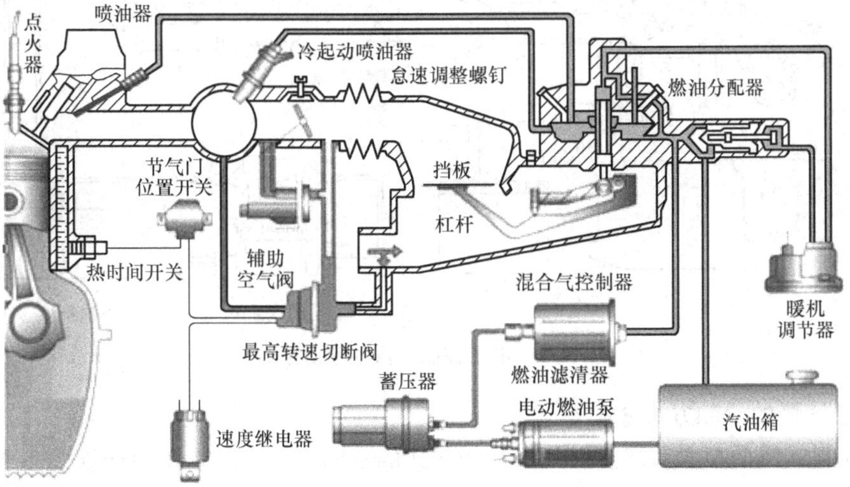

图 2-5　机械控制式汽油喷射系统

2）机电混合控制式（KE 型）系统是在机械控制式汽油喷射系统的基础上加以改进的产品，它与机械控制式汽油喷射系统的主要区别在于其燃油喷射器上安装了一个由 ECU 控制的电液式压差调节器。如图 2-6 所示为 Bosch 公司的 KE－Jetronic 汽油喷射系统。

ECU 根据水温、节气门位置等传感器的输入信号控制电液式压差调节器工作，通过改变燃油分配器燃油量槽进出口油压差调节燃油供给量，达到对不同工况的混合气空燃比修正的目的。

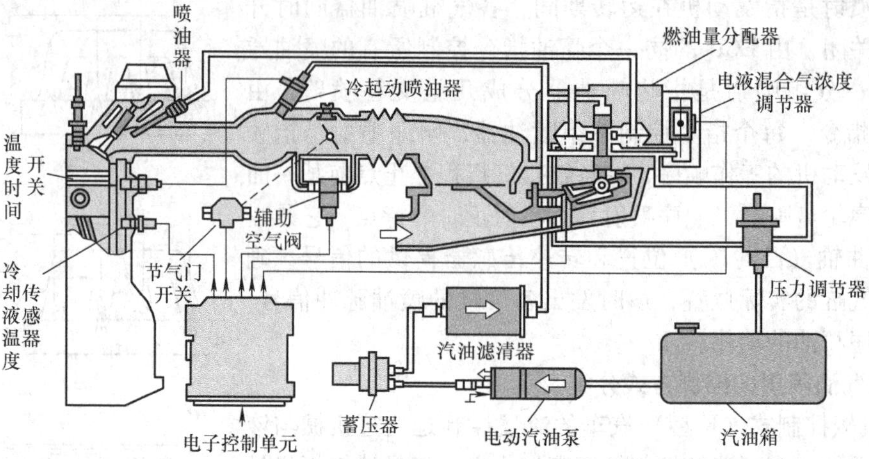

图 2-6　机电混合控制式汽油喷射系统

3）电子控制式（EFI）系统根据各种传感器送至 ECU 的发动机运行状况信号，经分析、比较、计算后，发出控制喷油量和点火时刻等多种执行指令，通过对燃油喷射时间的控制调节喷油量，从而改变混合气的浓度，实现空燃比的高精度控制，如图 2-7 所示。

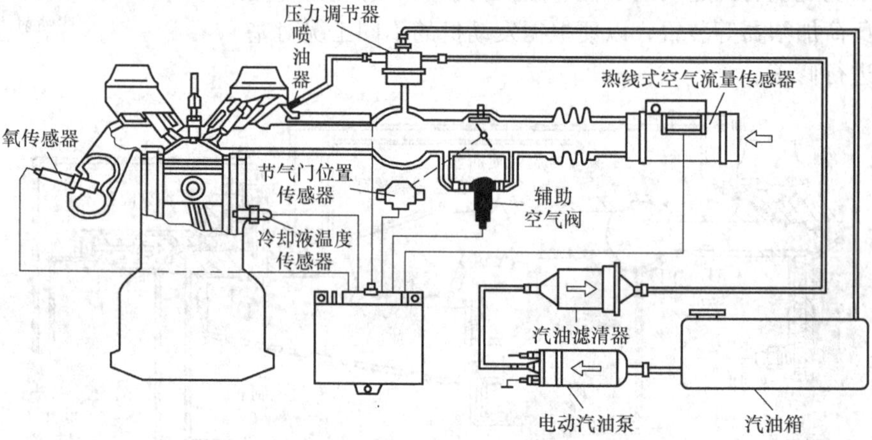

图 2-7　电子控制式汽油喷射系统

6. 按空气量的检测方式分类

电子控制式汽油喷射系统按空气量检测方式的不同可分为歧管压力计量式、卡门旋涡式（卡门漩涡超声波式和卡门漩涡光感应式）、热线式和热膜式等。其中，歧管压力计量式汽油喷射系统又称为 D 型电控汽油喷射系统，如图 2-8 所示；而卡门旋涡式、热线式和热膜式汽油喷射系统也称为 L 型电控汽油喷射系统，如图 2-9 所示。

1）D 型电控汽油喷射系统通过检测进气歧管的真空度来间接测量发动机吸入的空气量，广泛应用于德国大众系列车上，“D” 是德文 “压力” 的第一个字母，空气在进气管内的压力波动决定了该方法的测量精度较差。

2）L 型电控汽油喷射系统是利用空气流量传感器直接测量发动机吸入的空气量，“L” 是德文 “空气” 的第一个字母，其测量精度高于 D 型，故可更精确地控制空燃比。

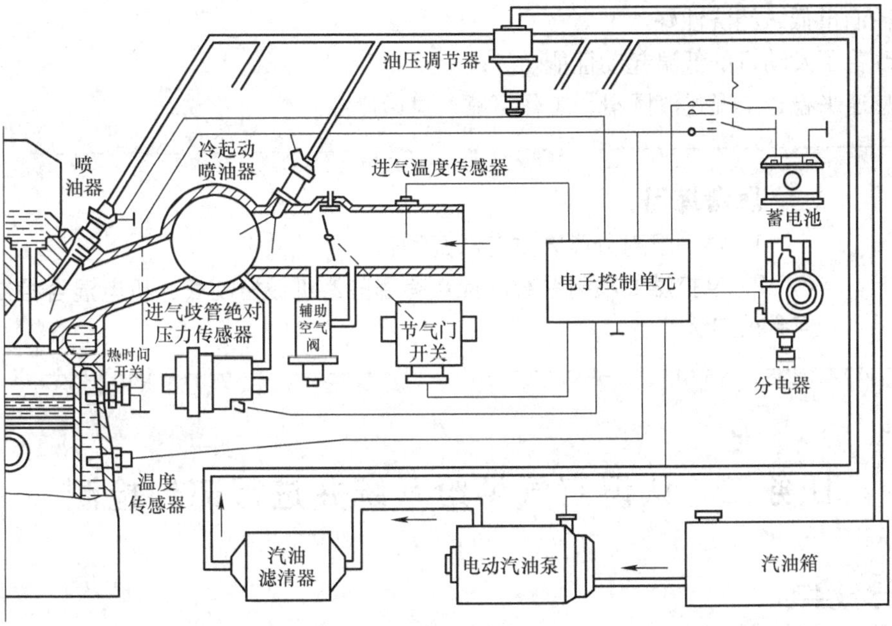

图 2-8　D 型电控汽油喷射系统

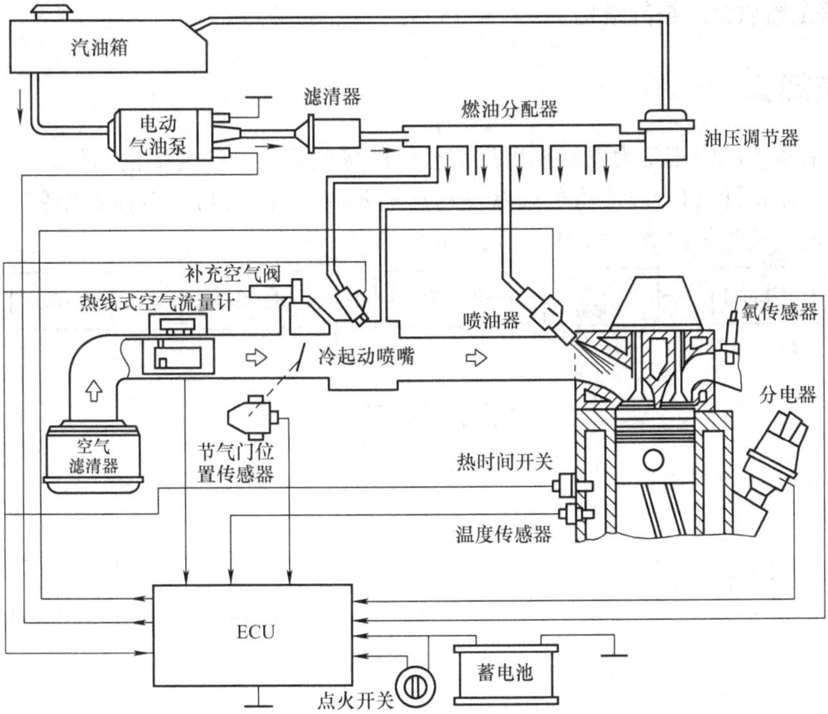

图 2-9　L 型电控汽油喷射系统

三、电控燃油喷射系统的优点

1）减少排放污染。

2）提高发动机的最大功率。

3）耗油量低、经济性好。

4）改善了发动机的低温起动性能。

5）怠速平稳、工况过渡圆滑、工作可靠、灵敏度高。

思考练习：

1. 燃油喷射分类方法有哪几种？

2. 电控燃油喷射系统的优点有哪些？机械控制式、机电混合控制式为何会被淘汰？

任务二　认识空气供给系统并进行部件检测

任务目标

1. 了解空气供给系统的作用及组成。

2. 了解空气供给系统的结构。

相关知识

空气供给系统的作用是为发动机可燃混合气的形成提供必需的清洁空气。它主要由空气滤清器、空气流量计（L型）、进气歧管绝对压力传感器（D型）、怠速控制阀、节气门体、进气总管、进气歧管等组成，如图2-10a、b所示。

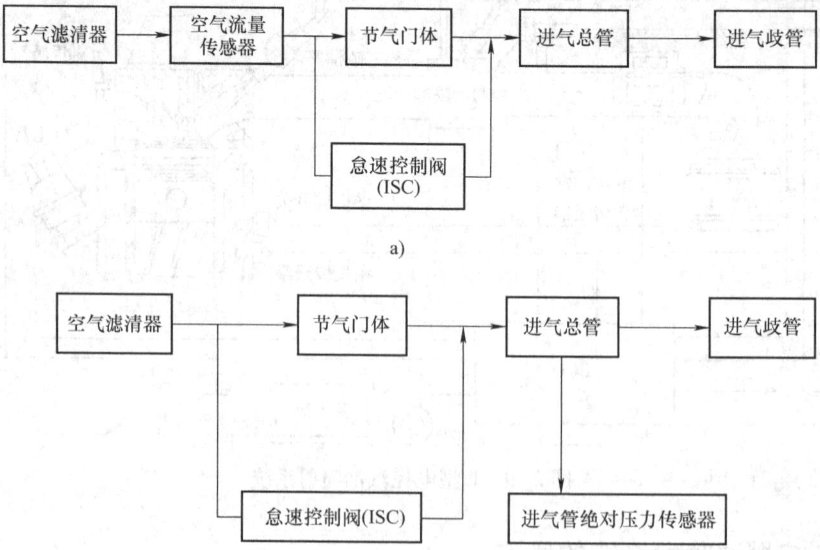

b)

图2-10　空气供给系统的组成

a）L型空气供给系统　b）D型空气供给系统

如图 2-11 所示，在发动机工作过程中，空气由空气滤清器过滤后，由节气门控制空气流量传感器［进气歧管绝对压力传感器（D 型）］计量，通过节气门体进入进气总管，再分配到各进气歧管。空气在进气歧管内与喷油器喷出的汽油混合形成可燃混合气，被吸入气缸内燃烧。发动机怠速时，节气门关闭，空气流经旁通气道，旁通气道流通截面积的大小由 ECU 根据发动机的实际工况通过怠速控制阀控制。当温度较低时，为加快暖机速度，ECU 加大怠速气道截面积，随着温度和升高逐渐减小气道面积，温度正常后，其转速逐渐降低至正常怠速。

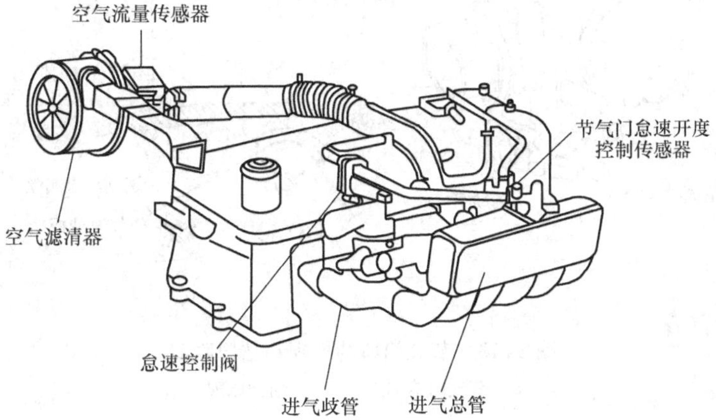

图 2-11　空气供给系统的工作原理

一、进气管

进气管包括进气总管和进气歧管。

在单点喷射系统中，由于发动机采用的是中央集中喷射方法，进气管的形状与化油器式发动机进气管的形状基本一致，如图 2-12 所示。

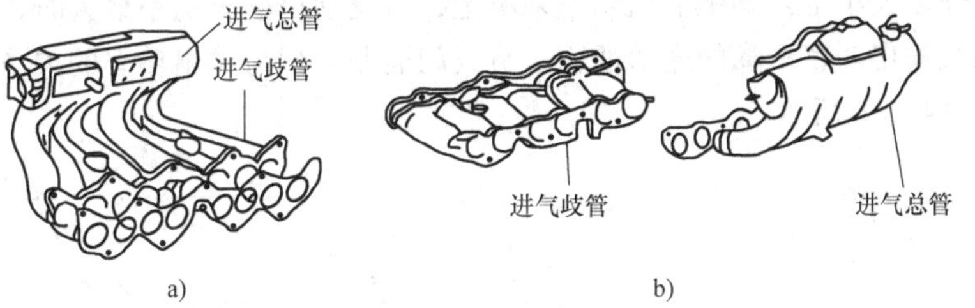

图 2-12　进气管的结构

a）整体式　b）分开式

在多点喷射系统中，为了消除进气总管容积大、进气歧管形状过渡圆滑，发动机每缸分别设置独立的歧管，歧管和总管可制成整体式的，也可制成分开式的，然后再用螺栓联接。

二、节气门体

节气门体位于空气流量计和发动机之间的进气管上，与驾驶员的加速踏板联动，是使进气通道变化，从而控制发动机运转工况的装置，如图 2-13 所示为节气门体的外观和结构原理。节气门体包括控制进气量的节气门通道和怠速运行的空气旁通道，节气门位置传感器也安装在节气门轴上，用来检测节气门的开度。有的节气门体上装有石蜡式空气阀或节气门回位缓冲器。为避免冬季空气中的水分在节气门体上结冰，有的还使发动机冷却水流经该总成。

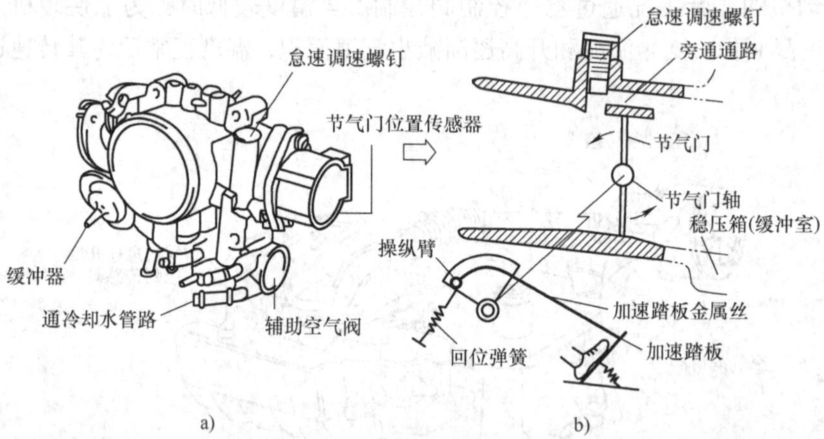

图 2-13　节气门体的外观和结构原理

a）节气门体的外观　b）结构原理

有些发动机在怠速时节气门是全闭的，空气经旁通气道进入进气总管。在怠速时，对发动机进行转速调整的方法是：顺时针旋转怠速调整螺钉，减少旁通空气量，使发动机怠速转速降低；反时针旋松怠速调整螺钉，增加旁通气量，则发动机怠速转速增高。

发动机怠速工作时，节气门处于全关闭位置。怠速运转所需的空气量流经旁通通路，在旁通通路中，安装了能改变通路面积的旁通螺钉（怠速调整螺钉），但一些装有怠速控制阀的发动机中，没有此螺钉，而是靠 ECU 控制怠速控制阀来实现怠速控制的。

节气门的开度大小由发动机输出功率来决定，在发动机输出功率最大时，要求节气门具有不会使发动机输出功率下降的通道面积，节气门通路面积与输出功率的关系及节气门开度特性，如图 2-14a、b 所示。

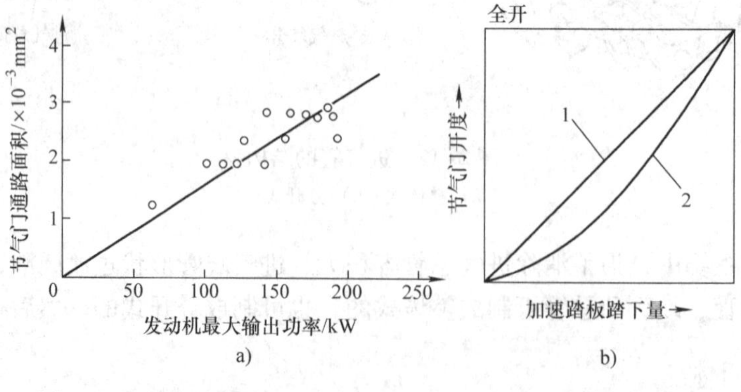

图 2-14　节气门通路面积与输出功率的关系及节气门开度特性

a）节气门通路面积与输出功率的关系　b）节气门开度特性

1—线性　2—非线性

节气门的开度随加速踏板踏下量的变化特性与传动系统有关，应由发动机的输出功率和车辆匹配的最佳特性来决定。如图 2-14b 所示的特性曲线 1 表示节气门的开度与加速踏板的踏下量成正比例（即呈线性）。但是这种开度特性使空气阀的通路面积变化量较大，特别是在大功率发动机上，即使是加速踏板产生很小的变动量，也会使车辆产生急速的加速或减速。为解决这一问题，可采用以下结构形式的节气门体，一种是改变操纵臂的形状和构造，使节气门的开度与加速踏板的踏下量不成比例（即呈非线性，如图 2-14b 所示的特性曲线 2）。还有一种是在节流阀体内把进气通道分成两路，每路各有一个阀，当踏下加速踏板时，主阀首先打开，继续踏下加速踏板，同主阀连接的辅助阀接着打开，利用两个阀的非同步动作，也可得到同前一种形式同样的节气门非线性开度特性及上述各种节流阀体的特性。

检测节气门开度的节气门位置传感器安装在节气门轴的一端，其输出信号用于各种控制。

任务实施

一、准备工作

1. 工具准备

1）清洗剂。

2）抹布、空气压缩机。

3）拆卸工具。

4）盛水器皿。

2. 车辆准备

1）准备实习车辆（上海大众桑塔纳 2000GSi 型轿车）。

2）将车辆停放在地面平整干净、周围无安全隐患的环境下。

3）放置车轮挡块并拉紧手刹，避免工作时车辆移动。

4）安装防护套件，防止工作时划伤、弄脏车辆。

二、注意事项

1）在没有拆下蓄电池导线、拔下传感器或执行器线束插头时，应先关闭点火开关再进行操作。

2）在拔下传感器或执行器线束插头前，应先将插头的锁止装置打开再向外拔。如果插头的锁止装置打开困难，则可先将插头向里推，然后再尝试打开锁止装置，一定不要硬拉，以避免损坏插头。

三、操作步骤

上海桑塔纳 2000GSi 型轿车空气供给系统检查步骤如下：

1. 空气滤清器的清洁

观察仪表内的里程并记录下来，拆下空气滤清器，如图 2-15 所示，视保养里程及脏污情况进行更换，如果可以继续使用，则可利用压缩空气对空气滤清器滤芯进行吹洗。空气滤清器更换周期随车型与使用地域略有不同，一般为每5000km 更换一次。

图 2 - 15　桑塔纳 2000GSi 型轿车空气滤清器滤芯

2. 进气管路的检查

拆卸进气管路并予以检查，进气管内壁应光滑无积炭，否则应利用清洗剂进行清洗；安装时，两连接端面应平整，以免出现漏气现象。

3. 节气门的检查

节气门体总成如图 2 - 16 所示，应无裂纹及其他损伤，与进气软管和进气总管连接的两端部应光滑无划痕，各真空管连接端应无变形。用手转动节气门轴，节气门应转动自如，无空转或关闭不严现象，回位弹簧应有足够弹力。气道及节气门处应光滑无积炭，否则应利用清洗剂进行清洗，由于该车型的怠速控制阀为电机式且与节气门构成一体，采用节气门直动式，怠速转速由 ECU 直接控制，所以在进行清洗后，可能会出现怠速转速过高的现象，此时可利用微机诊断仪进行匹配学习。

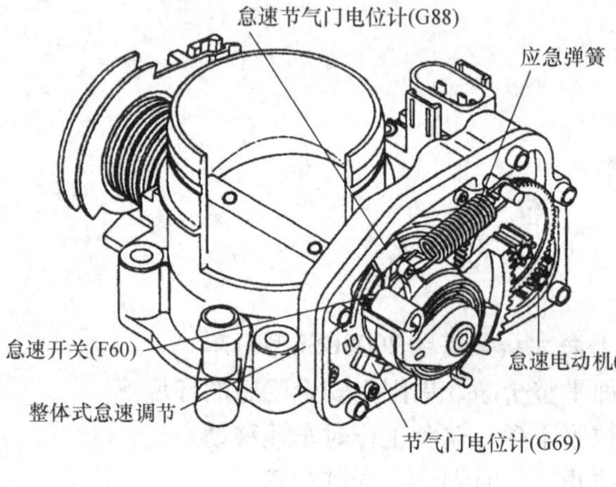

图 2 - 16　节气门体总成

4. 整理设备与场地

1）做好实习记录，根据实习要求，写出实习报告。

2）完成工具、车辆及场地的清洁整理工作。

思考练习：

1. 空气供给系统由哪几部分组成?

2. 一辆桑塔纳 2000 型轿车，在更换了气缸盖后，出现了怠速不稳，并且急加速就会熄火的现象，试分析该车的问题出在哪里?

任务三　认识汽油供给系统并进行部件检测

任务目标

1. 了解汽油供给系统的组成。
2. 了解汽油供给系统各组成的结构和工作原理。
3. 掌握汽油供给系统的部件检测。

相关知识

汽油供给系统的作用是向气缸内供给燃烧所需的清洁燃油，并在发动机各种工况下，保持系统油压不变。汽油供给系统的组成如图 2-17 所示，它主要由电动汽油泵、燃油滤清器、燃油脉动阻尼器、喷油器、燃油压力调节器、输油管道等组成。

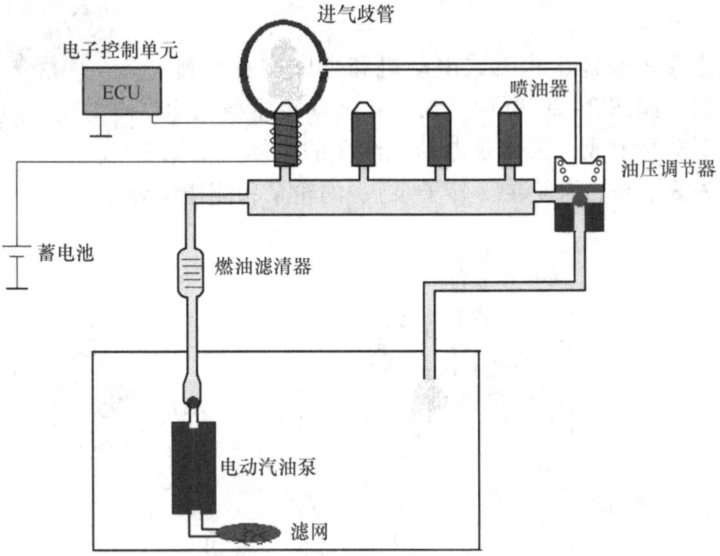

图 2-17　汽油供给系统的组成

一、汽油滤清器

1. 作用

汽油滤清器的作用是把含在汽油中的氧化铁、粉尘等固体夹杂物过滤掉，防止供油系统管路堵塞和减小机械磨损，确保发动机可靠运行。汽油滤清器可滤去直径大于 0.01mm 的杂质。

2. 组成

汽油滤清器由壳体和滤芯等组成，如图 2-18 所示。

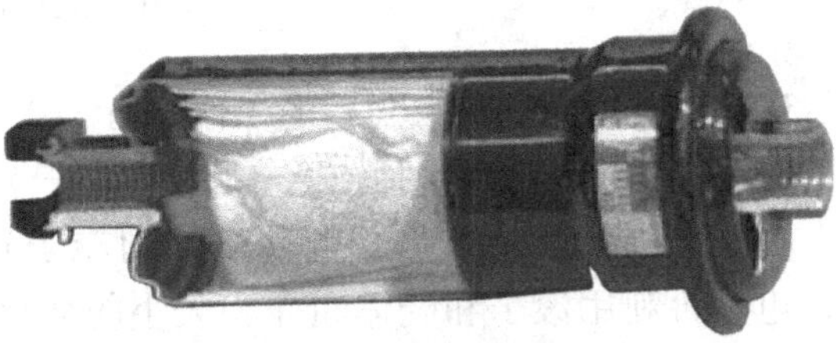

图 2-18　汽油滤清器的壳体和滤芯

3. 保养里程

滤芯一般采用滤纸叠成，使用到规定的里程后，一般要更换，不同车型的滤芯更换周期不相同，例如北京 Cherokee 汽车规定为 9600km；德国汽车一般规定为 5000km；TOYOTA 汽车规定为 4000km。若使用的汽油含杂质成分较多，则应适当缩短更换周期。

二、电动汽油泵

1. 作用

电动汽油泵的作用是将汽油从油箱中吸出，供给燃油系统足够的具有规定压力的汽油（燃油供给系统的压力一般为 0.2 ~0.3MPa）。

电动汽油泵分为内装式和外装式两种。所谓内装式就是汽油泵装在燃油箱内，油泵浸泡在汽油中，故也称为湿式；外装式就是汽油泵装在燃油箱外面，故又称为干式（如图 2-19 所示）。现代车辆多采用内装式湿式电动汽油泵。

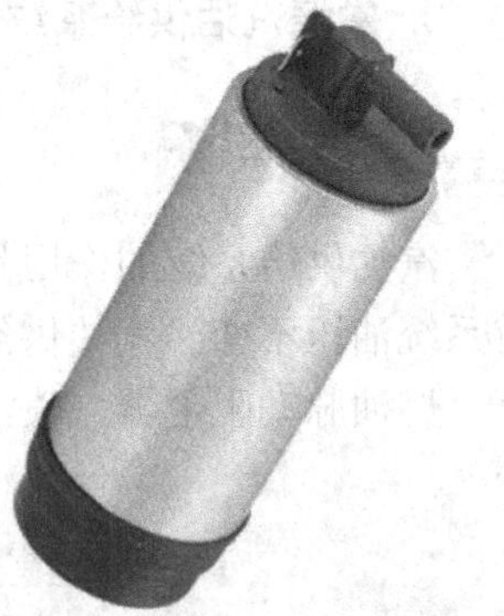

图 2-19　外装式电动汽油泵

2. 组成

电动汽油泵主要由泵体、永磁式电动机和壳体、溢流阀、单向阀等部分组成，如图 2-20 所示。永磁式电动机主要由电刷、永久磁铁、电枢等组成；泵体是电动汽油泵的主体，根据其结构不同可分为滚子泵、齿轮泵（转子泵）、涡轮泵和侧槽泵等形式。

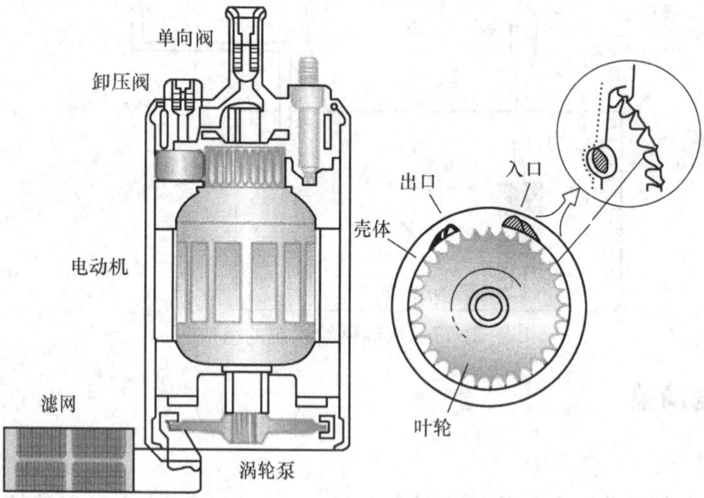

图 2-20　电动汽油泵的组成

3. 电动汽油泵（滚子泵）的工作原理

【滚子泵的组成】：包括转子、圆柱形滚子和壳体等。

【滚子泵的工作原理】：电动机带动转子转动，滚子在离心力的作用下紧压在壳体上，电动机利用滚子和壳体间体积大小的变化来吸入和输出汽油，并提高汽油的压力，如图 2-21 所示。

【限压阀的作用】：防止系统中的压力过高。

【单向阀的作用】：在发动机熄火后，封闭系统，使系统保持一定残压，以便发动机下次容易起动。

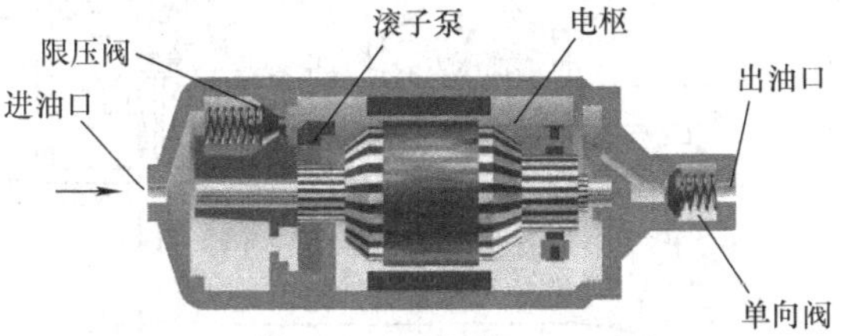

a)

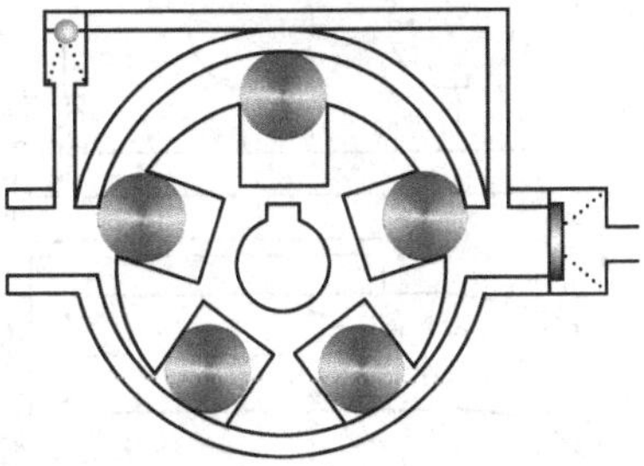

b)

图 2-21　电动汽油泵原理图

a）燃油泵的结构　b）燃油泵的工作原理

三、燃油压力调节器

1. 作用

燃油压力调节器的作用是在任何工况下使发动机燃油供给系统压力与进气管压力差保持恒定（使喷油器进出口压差保持不变为 250kPa），其实物安装位置如图 2-22 所示。

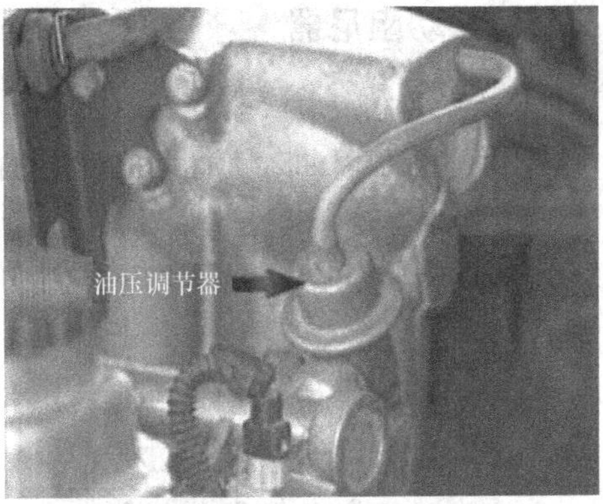

图 2-22　燃油压力调节器的安装位置

2. 组成

其组成包括外壳、膜片、弹簧、进回油管口、弹簧室（真空室）、燃油室和真空接口等，如图 2-23a、b 所示。

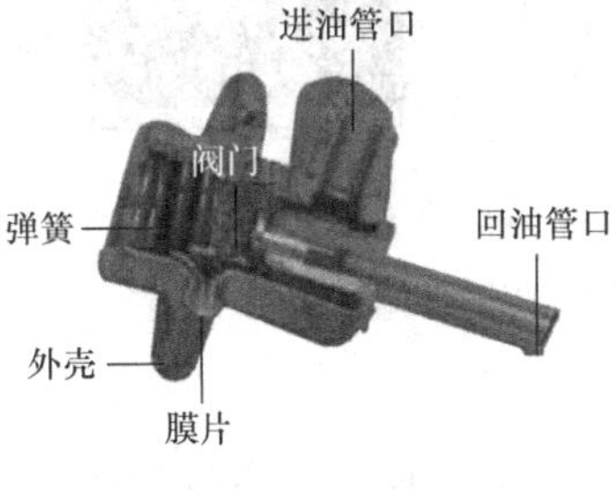

a)

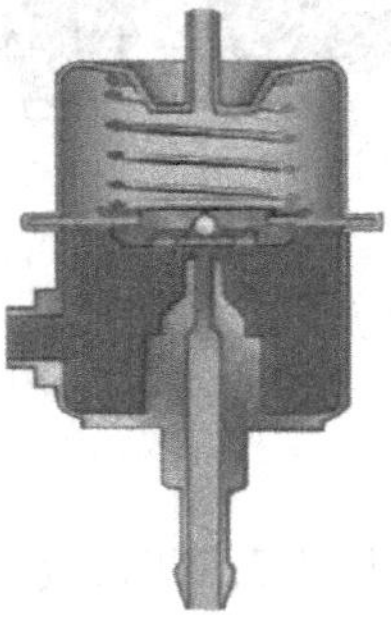

b)

图 2-23　燃油压力调节器的组成

3. 工作原理

它的工作原理是：在发动机工作时，燃油压力调节器膜片上方承受的压力为弹簧压力和进气管内气体的压力之和，膜片下方承受的压力为燃油压力，当压力相等时，膜片处于平衡状态并保持不动。当进气管内气体压力下降时，膜片向上移动，回油阀开度增大，回油量增多，输油管内燃油压力也下降；反之，进气管内气体压力升高时，燃油压力也升高，如图 2-24 所示。

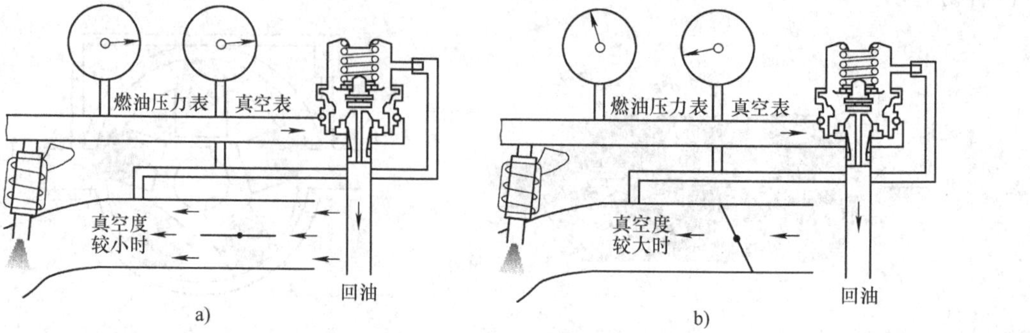

图 2-24 燃油压力调节器的工作原理

a）真空度较小时 b）真空度较大时

四、脉动阻尼器

1. 作用

减小因喷油器喷油时使油路油压产生的微小波动，并降低噪声以及油泵泵油产生的波动。

2. 组成

由膜片和弹簧组成的减振机构等组成，如图 2-25 所示。

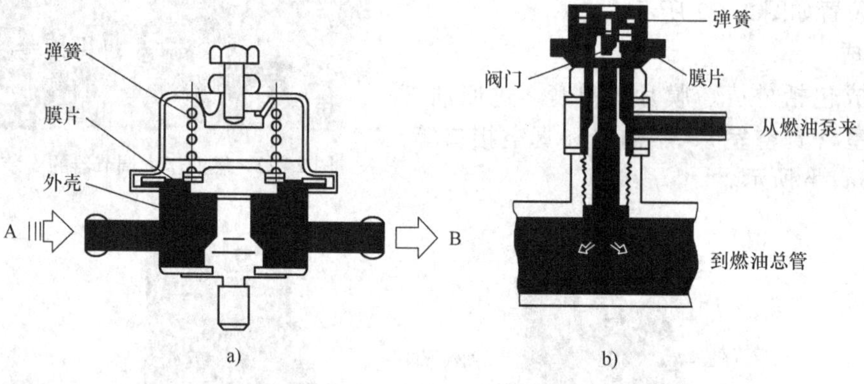

图 2-25 脉动阻尼器组成

3. 工作原理

当系统中的燃油压力升高时，膜片弹簧被压缩，使燃油室容积增大，以减缓燃油压力的增加；反之，当燃油压力降低时，在弹簧力的作用下使燃油室容积减小，以减缓燃油压力的降低。如此反复，使燃油系统的油压脉动降低。

五、主喷油器

1. 作用

根据发动机 ECU 提供的电信号，将一定量的汽油适时、适量地喷入进气管内。

2. 分类

1）按用途分：单点喷射用和多点喷射用。

2）按燃料的送入部位分：上部供油式和下部供油式。

3）按电磁线圈电阻大小分：低阻式和高阻式。

4）按驱动方式分：电流驱动式和电压驱动式。

5）按喷口形式分：轴针式和孔式，其实物如图 2-26 所示。

a)

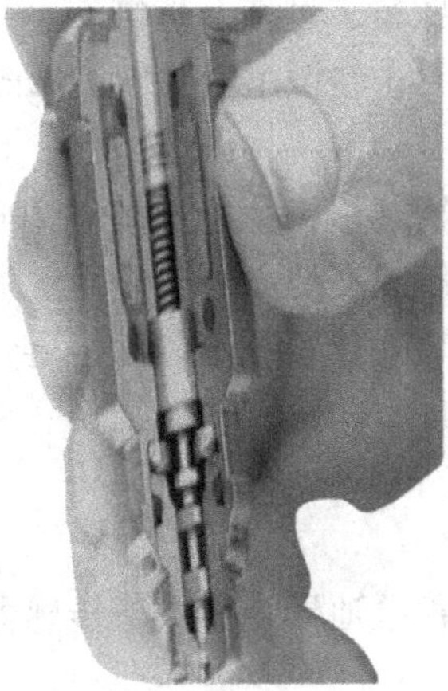

b)

图 2-26　喷油器

a）轴针式　b）孔式

3. 结构

喷油器是喷油系统中最重要的部件，它安装在进气管上，在多点喷射的汽车上，每个气缸都装有一个喷油器。喷油器是由微机和继电器控制的。电子控制单元发出的指令信号可将喷油器头部的针阀打开，并把准确配比的定量的汽油喷入进气门前方。L 型电喷系统的喷油器如图 2-27 所示，它由壳体、电磁线圈、针阀、回位弹簧、滤网等组成。

4. 工作原理

当电磁线圈电路接通时，电磁线圈产生电磁吸力，吸动衔铁带动针阀向上移动，使针阀离开阀座，汽油在自身的压力下从喷口喷出；当电磁线圈电路断电时，电磁吸力消失，针阀在回位弹簧的作用下被压回阀座，喷油器停止喷油。

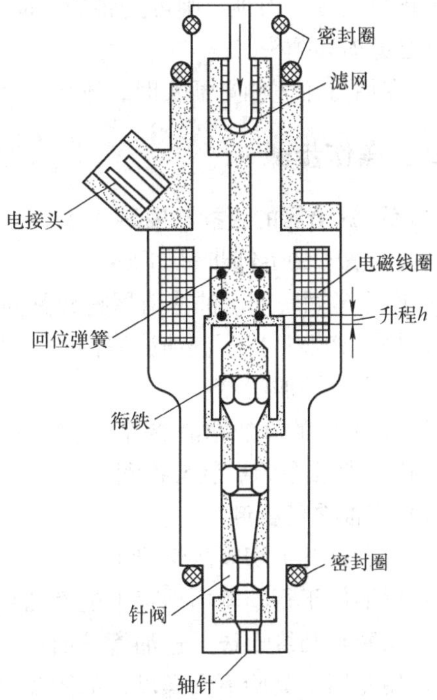

图 2-27　L 型电喷系统的喷油器

任务实施

一、准备工作

1. 工具及资料准备

1）万用表、燃油压力表。

2）拆装工具、抹布、量杯、软管。

3）桑塔纳2000GSi型轿车电路图、诊断用连接线。

2. 车辆准备

1）准备实习车辆（上海大众桑塔纳2000GSi型轿车）。

2）将实习车辆停放在地面平整干净、周围无安全隐患的环境下。

3）放置车轮挡块并拉紧驻车制动，避免工作时台架移动。

4）安装防护套件，防止工作时划伤、弄脏车辆。

二、注意事项

1）在没有拆下蓄电池导线、拔下传感器或执行器线束插头时，应先关闭点火开关再进行操作。

2）在拔下电控单元插头前，要拆下蓄电池负极导线。

3）在拆下蓄电池负极导线前，一定要先关闭点火开关再进行操作。

4）在拔下传感器或执行器线束插头前，应先将插头的锁止装置打开再向外拔。如果插头的锁止装置打开困难，则可先将插头向里推，然后再尝试打开锁止装置，一定不要用力硬拉，以避免损坏插头。

5）在用万用表测量插头时，不要用力插，否则会造成插头接触不良。

三、操作步骤

1. 汽油滤清器的更换与安装

汽油滤清器的拆卸步骤如下：

1）松开车辆底部汽油滤清器托架紧固螺栓，取下汽油滤清器托架。

2）松开夹箍，拔下汽油滤清器的油管，使用一块抹布防止剩余的汽油滴落。

3）取下汽油滤清器。

在安装上新的汽油滤清器时，应注意汽油滤清器上箭头应该指向汽油的流向。

2. 电动汽油泵的拆装与检测

（1）汽油泵的拆卸

1）在点火开关切断的情况下，拔下蓄电池负极导线。`

2）拆下位于行李箱内地毯下的汽油箱密封凸缘的盖板。

3）从密封凸缘上拔下进油管、回油管和通气管，再拔下3个端子的导线插头。

4）用专用工具旋下大螺母，如图2-28所示。

5）从汽油箱开口处拉出密封凸缘和橡胶密封件。

6）拔下密封凸缘内的汽油表导线插头。

7）将专用工具插入到汽油箱内汽油泵壳体的三个拆装缺口内，旋松汽油泵，如图2-29所示。

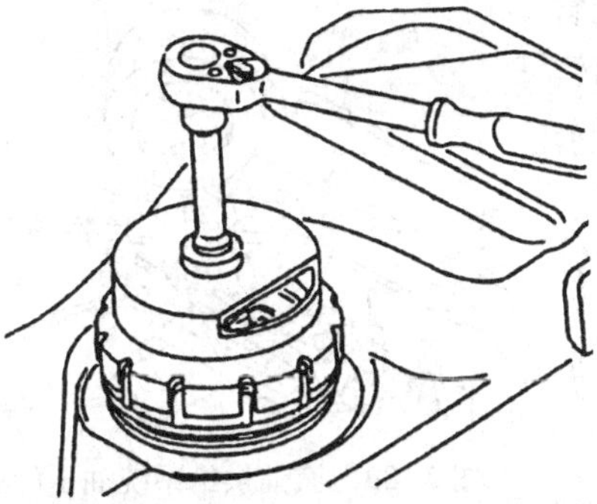

图2-28　用专用工具旋下大螺母

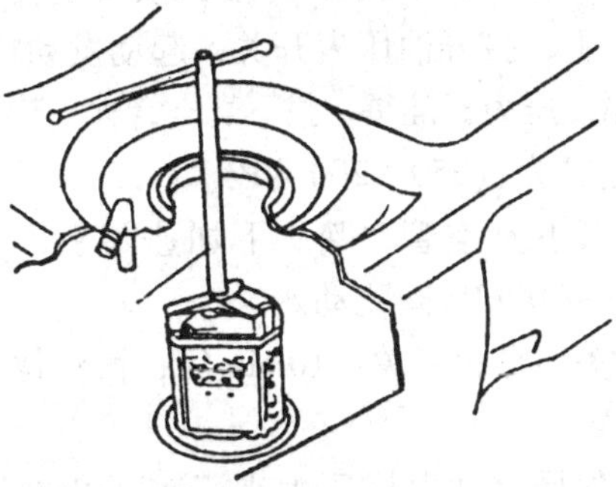

图2-29　拆卸汽油泵

8）从汽油箱中拉出汽油泵。

（2）汽油泵的安装　汽油泵的安装可参照如图2-30所示进行，具体的步骤和方法如下：

1）将汽油泵同密封凸缘下引出的输油管和回油管以及汽油泵接头插入到汽油泵上，并保证软管接头连接紧固。

2）将汽油泵插入到汽油箱内。

3）用专用工具将汽油泵拧紧在汽油箱底部的固定位置上。

4）在汽油箱开口上安装好密封圈，安装时用汽油将密封圈润湿。

5）将密封凸缘连同浮子和汽油传感器插入到汽油箱开口处并压到底。

6）注意密封凸缘的安装位置，密封凸缘上的箭头必须对准汽油箱上的箭头，如图2-31所示。

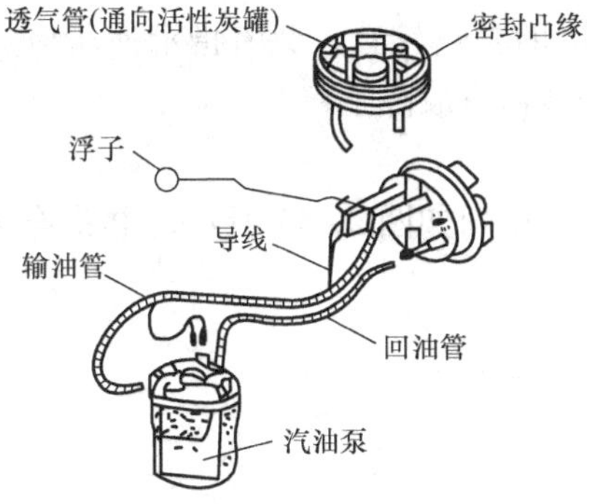

图2-30　汽油泵及其他附件

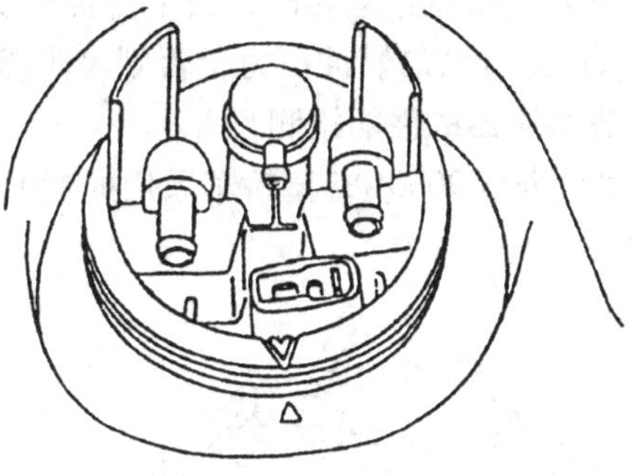

图2-31　密封凸缘与汽油箱对正标记

7）用专用工具拧紧大螺母，如图2-31所示。

8）接上密封凸缘上部的输油管和回油管以及3个端子的导线插头。

3. 燃油压力调节器的性能检测

燃油压力调节器的性能检测是通过测量系统燃油压力实现的，将油压表连接到系统管路上之前，应先卸掉管路中的燃油压力。卸压方法有三种：一是通过专用卸压阀卸压；二是在发动机工作时拔下汽油泵继电器或电动汽油泵插头，使发动机自行熄火卸压；三是通过慢慢松动管路中的连接螺栓卸压，此时应用棉纱包住管接头。三种方法可视方便程度选用。

燃油压力调节器性能检测的方法和步骤如下：

1）如图 2-32 所示，将油压表安装在汽油分配管的供油管上，打开油压表开关，起动发动机怠速运转。怠速时系统压力标准是：拔下真空管为（300±20）kPa；不拔真空管为（250±20）kPa。

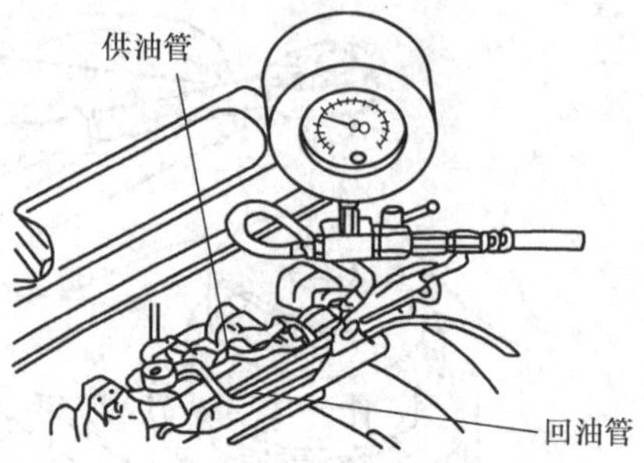

图 2-32　汽油供给系统油压的测量

2）接上真空管，踏一下加速踏板，油压表指针应在 280～300kPa 间跳动。

3）关闭点火开关，10min 后，汽油保持压力应大于 150kPa。

4）如果汽油保持压力小于 150kPa，则起动发动机怠速运转。当汽油压力建立起来后，关闭点火开关，同时关闭油压表开关，继续观察压力表指针是否会下降。

5）系统油压不足原因如下：

① 管接头或管子渗漏。

② 汽油滤清器过脏。

③ 汽油泵接触不良或蓄电池电压不足。

④ 汽油压力调节器损坏。

6）系统油压过高原因是：汽油压力调节器损坏。

汽油压力调节器故障检测方法：

① 卸压并安装油压表。

② 起动发动机，发动机在怠速和节气门全开时的系统燃油压力应符合规定值，否则在确定供油系统其他部件性能完好的情况下，表明燃油压力调节器有故障。

③ 在发动机怠速运转时，拔下燃油压力调节器上的真空软管，此时指示油压应立刻上升至节气门全开时的燃油压力，否则表明燃油压力调节器有故障。

4. 主喷油器的性能检测

上海桑塔纳 2000GSi 型轿车采用的喷油器插座端子排列如图 2-33 所示，电路连接如图 2-34 所示。

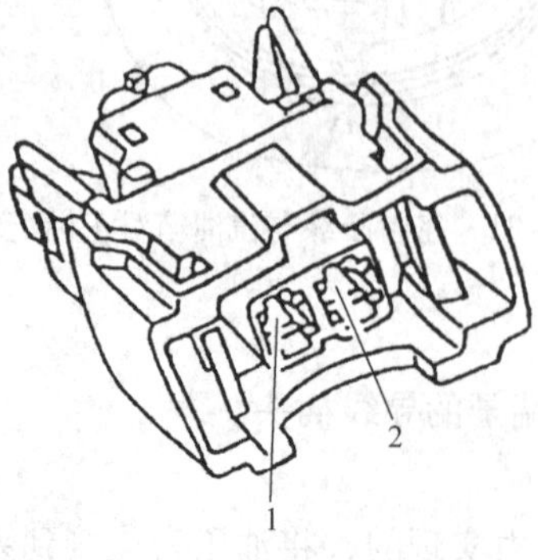

图 2-33　喷油器插座端子排列

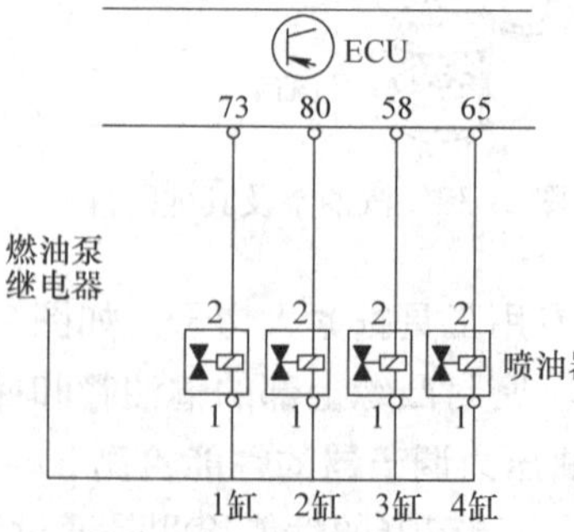

图 2-34　喷油器连接电路

1）在发动机运转时，用手指接触喷油器，应可察觉到喷油脉动。

2）检查喷油器电阻值，其值应符合规定。

3）在喷油器拆下后，通 12V 电压，此时应可听到接通和断开的声音。此项试验的通电时间应不大于 4s，再次试验应间隔 30s，以防喷油器发热损坏。

4）测量喷油器供电电压。打开点火开关时，端子 1 对地电压应等于蓄电池电压，如果符合要求，则应检查端子 1 到附加熔丝 S 间的电路有无断路或接触不良。

5. 整理设备与场地

1）做好实习记录，按照实习要求，写出实习报告。

2）完成工具、车辆及场地的清洁整理工作。

思考练习：

1. 汽油供给系统由哪几部分组成？
2. 燃油压力调节器的工作原理是什么？如果没有燃油压力调节器是否可以？
3. 一辆使用三年以上的上海大众桑塔纳 2000GSi 型轿车，经常出现起动困难的现象，特别是早上第一次起动车，通常需要起动五六次，如果是油路故障，那么你认为故障在哪里？为什么？

任务四　认识电子控制系统的电路

任务目标

1. 了解电子控制单元（ECU）的作用。
2. 了解电子控制单元（ECU）的组成。
3. 了解电子控制单元（ECU）的电源电路。

相关知识

电子控制单元(ECU)是发动机控制系统的核心，其功用是按照一定的程序对各种输入信号进行运算、储存、分析和处理，然后输出相应指令，控制执行元件工作，以达到快速、准确、自动控制发动机工作的目的。

ECU 的功能随车型而异，但都必须有如下基本功能：

1）给传感器提供标准 2V、5V、9V 或者 12V 电压，接收各种传感器和其他装置输入的信息，并将输入的信息转换成微机所能接受的数字信号。

2）储存该车型的特征参数和运算中所需要的有关数据信息。

3）确定计算输出指令所需要的程序，并根据输入信号和相关程序计算输出指令数值。

4）将输入指令信号和输出指令信号与标准值进行比较，确定并储存故障信息。

5）向执行元件输出指令，或根据指令输出自身已储存的信息（如故障信息等）。

6）自我修正功能（学习功能）。在维修中如果怀疑ECU有故障，可通过检测ECU各端子的工作参数并与标准参数进行比较来确定，而最好的方法是用一个已知无故障的ECU来替代，若故障现象消失，则说明原ECU有故障。ECU发生故障时一般无法修理，必须更换。其安装位置如图2-35所示。

图2-35　电子控制单元的安装位置

一、电子控制单元

ECU主要由输入回路、A/D转换器（模/数转换器）、微型计算机（微机）和输出回路四部分组成，如图2-36所示。

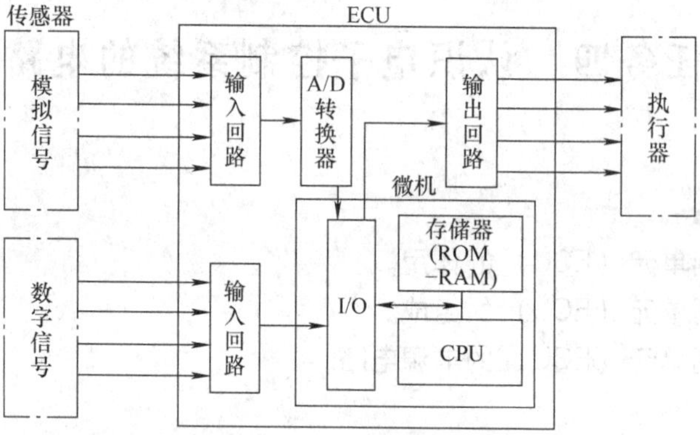

图2-36　电控单元组成

（1）输入回路　它的作用是将传感器输入的信号除去杂波和把正弦波转变为矩形波后，再转换成输入电平。

（2）A/D转换器　它的作用是传感器给ECU输入的模拟信号是微机不能直接处理的，要用A/D转换器（模/数转换器）转换成数字信号后再输入到微机中。

（3）微型计算机

1）中央处理器：读出命令并执行数据处理任务。

2）存储器：记忆存储程序和数据，它一般由几个只读存储器（ROM）和随机存储器（RAM）组成。

3）输入/输出装置。

（4）输出回路　它的作用是将微机输出的数字信号转换成可以驱动执行元件的输出信号。

二、丰田车系 ECU 电源电路

蓄电池向 ECU 供电的电路称为 ECU 的电源电路，它主要由点火开关和主继电器组成。丰田车系的 ECU 电源电路主要有以下两种形式：

1. 未装步进电动机的电源电路

未装步进电动机的电源电路如图 2-37 所示，主继电器由点火开关直接控制。当点火开关接通时，主继电器线圈通电，触点闭合，蓄电池与 ECU 之间的电路接通，使得 ECU 的 +B和 +B1 端子获得蓄电池的电压。ECU 的主要用电必须经该电路获得。

此外，蓄电池与 ECU 的 BATT 端子始终相连，即使点火开关断开，发动机停止工作时，蓄电池仍能直接向 ECU 供电（5~20mA），以防止 RAM 存储器中存储的故障码、空燃比学习值等发动机运行数据丢失。

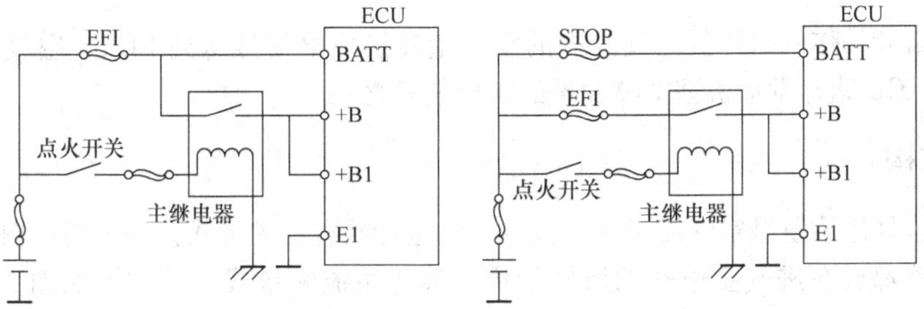

a) b)

图 2-37 微机的电源电路（未装步进电动机）

a）电路（一） b）电路（二）

2. 装步进电动机的电源电路

装步进电动机的电源电路如图 2-38 所示，主继电器由 ECU 控制。当点火开关接通时，蓄电池与 ECU 的 IGSW 端子接通，ECU 通过其内部的主继电器控制电路，控制 ECU 的 M-REL 端子向主继电器线圈供电，主继电器触点闭合，接通蓄电池与 ECU 的 +B 和 +B1 端子获得蓄电池的电压。当点火开关断开时，ECU 通过 M-REL 端子继续向主继电器线圈供电 2s，保证怠速步进电动机继续通电 2s，以使怠速步进电动机（怠速控制阀）回到发动机起动时所需的初始位置，保证起动时的进气量。

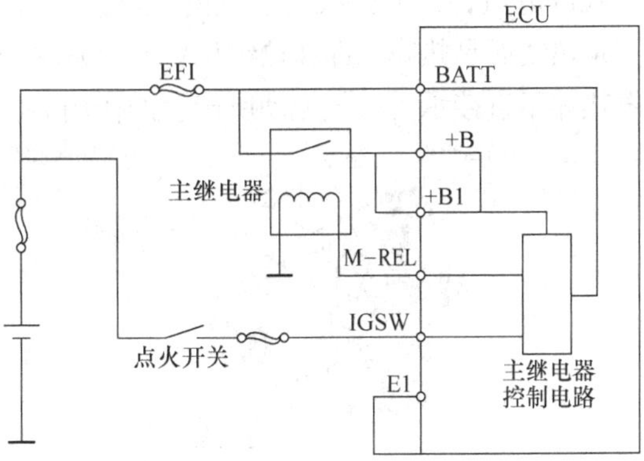

图 2-38 微机的电源电路（装有步进电动机）

同样，蓄电池与 ECU 的 BATT 端子始终相连，其作用如前所述。

思考练习：

1. 电子控制单元(ECU)都有哪些作用?
2. ECU 的组成是怎样的? 其中 A/D 转换器有何作用?

任务五　质量型空气流量计的检测

任务目标

1. 了解空气流量传感器的作用。
2. 了解大众车系空气流量传感器的结构。
3. 了解热线式空气流量传感器的工作原理。
4. 掌握大众车系空气流量计的检测方法。

相关知识

空气流量计的作用是将吸入气缸内的空气量转换成电信号送到ECU，空气流量计传感器的信号是ECU确定发动机基本喷油量的重要信号之一。

一、结构

大众车系采用质量型空气流量计，该空气流量计共有三种形式：一种是把白金热线和进气温度传感器都放在进气主通路的取样管内，称为主流测量式，其结构如图2-39a所示；另一种是把热金属线和冷金属线缠在螺线管上并和进气温度传感器都放在旁通气路内，称为旁通测量式，其结构如图2-39b所示。这两种热线空气流量计为了将热线温度与进气温度的温差维持恒定，都设有控制回路，如果热线因吸入的空气而变冷，则控制回路可以增加供给热线的电流，以使热线与进气的温度差恢复到原来恒定的状态。第三种空气流量计的发热体不是热线而是热膜，即在热线位置放上发热金属膜，热膜固定在薄的树脂膜上，这种结构可使发热体不直接承受空气流动所产生的作用力，以延长使用寿命，其结构如图2-39c所示。

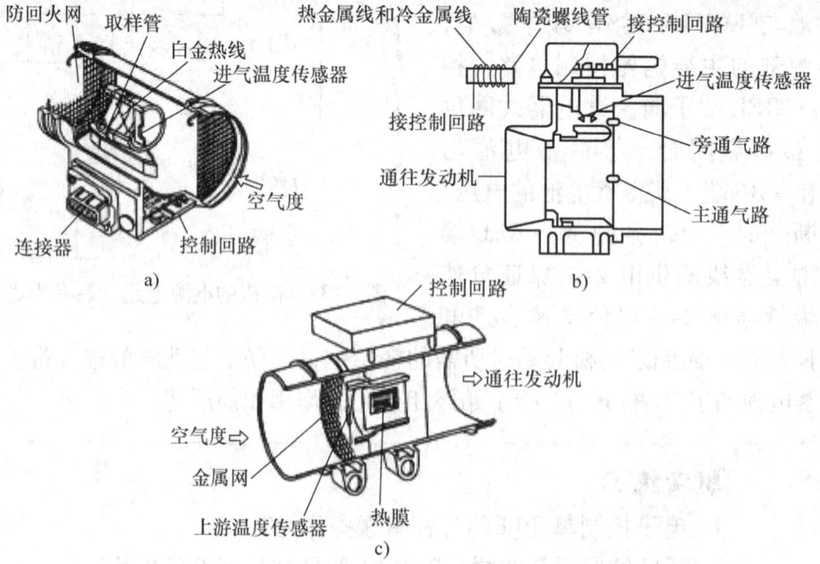

图2-39　质量型空气流量计

a）主流测量式热线空气流量计　b）旁通测量式热线空气流量计　c）热膜式空气流量计

热线空气流量计在长期使用后，会在热线上积累杂质，为了消除使用中电热线上附着的胶质积炭对测量精度的影响，为此在流量计上采用烧净措施解决这个问题。每当发动机熄火或起动时，ECU 自动接通空气流量计壳体内的电子电路，加热热线，使其温度在 1s 内升高 1000℃。由于烧净温度必须非常精确，因此在发动机熄火 4s 后，该电路才被接通。

由于热线空气流量计测量的是进气质量流量，它已把空气密度、海拔等影响考虑在内，因此可以得到非常精确的空气流量信号。

二、工作原理

热线空气流量计的工作原理如图 2-40 所示。其中 R_H 为热线电阻（120℃），R_K 为冷线电阻（20℃），R_B 用以调定流量计的输出特性，R_A 用于向 ECU 输出测量信号；对臂两电阻积的差为零时电桥达到平衡。电路使热线电阻的温度与冷线电阻的温度差保持为 100℃，温度下降多少与进气量成正比关系增长，ECU 根据控制电路补充热线的温度（电压信号）并确定进气量。

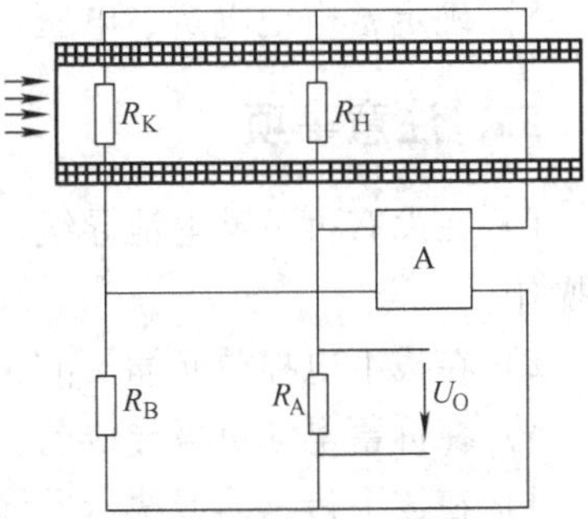

图 2-40　热线式空气流量计的工作原理

热膜式空气流量计与热线空气流量计的结构基本相同，将热线改为热膜，热膜由发热金属铂固定在薄的树脂膜上构成，其工作原理也基本相同，这里不再叙述。热膜式空气流量计实物如图 2-41 所示。

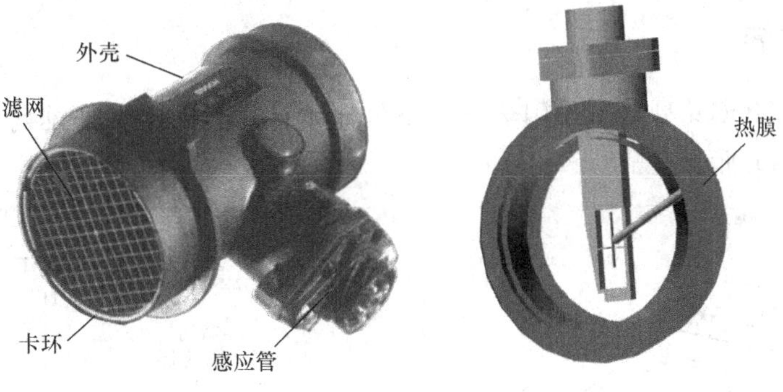

图 2-41　热膜式空气流量计实物

三、大众车系空气流量计的优点

它们都属于质量型空气流量计，能测量出空气质量，因而无需对进气温度和空气压力进行修正，并且其响应时间短，测量精度高。

任务实施

一、准备工作

1. 工具及资料准备

1）万用表。

2）诊断用连接线、拆装工具。

3）吹风筒、12V/5V变压器。

4）桑塔纳2000GSi型轿车电路图。

2. 车辆准备

1）准备实习车辆（上海大众桑塔纳2000GSi型轿车）。

2）将车辆停放在地面平整干净、周围无安全隐患的环境下。

3）放置车轮挡块并拉紧驻车制动，避免工作时车辆移动。

4）安装防护套件，防止工作时划伤、弄脏车辆。

5）确定蓄电池电量、电压正常。

二、注意事项

1）在没有拆下蓄电池导线、拔下传感器或执行器线束插头时，应先关闭点火开关再进行操作。

2）在拔下电控单元插头前，要拆下蓄电池负极导线。

3）在拆蓄电池负极导线前，一定要先关闭点火开关再进行操作。

4）在拔下传感器或执行器线束插头前，应先将插头的锁止装置打开再向外拔。如果插头的锁止装置打开困难，则可先将插头向里推然后再尝试打开锁止装置，一定不要用力硬拉，以避免损坏插头。

5）用万用表测量插头时，不要用力猛插，否则会造成插头接触不良。

三、操作步骤

上海桑塔纳2000GSi型轿车采用热膜式空气流量计，其插座端子排列如图2-42所示，电路连接如图2-43所示。

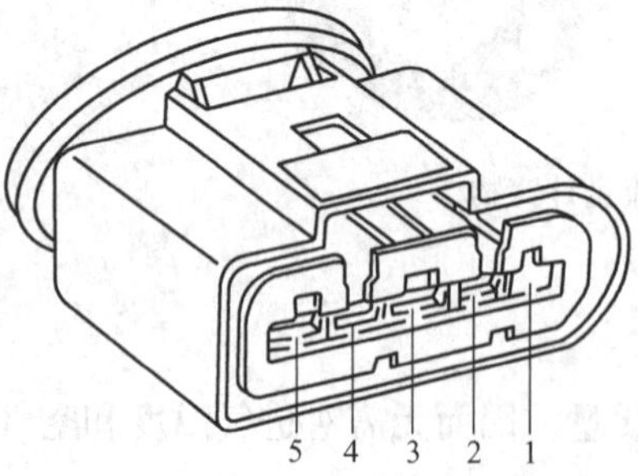

图2-42　热膜式空气流量计插座端子排列

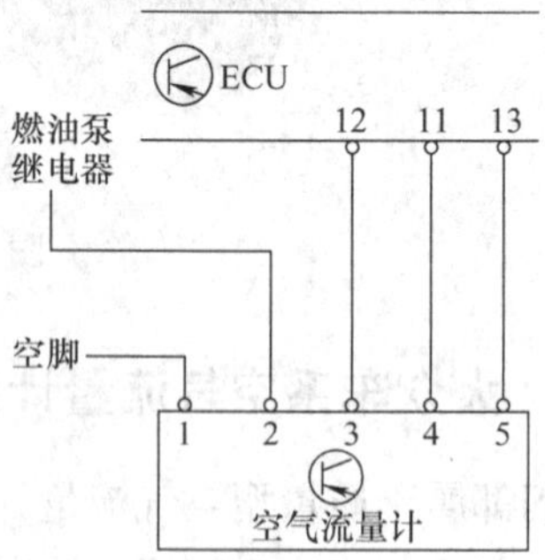

图2-43　热膜式空气流量计连接电路

热膜式空气流量计电路测量操作步骤如下：

1. 电源电压测试

打开点火开关，将数字式万用表设置在直流电压20V挡，当红色指针置于空气流量计针脚2，黑色指针置于蓄电池负极或发动机进气歧管壳体，此时数字式万用表应显示12V；当红色指针置于空气流量计针脚4，黑色指针置于蓄电池负极或发动机进气歧管壳体，此时数字式万用表应显示 5V。

注意：在实际维修中，应拔下传感器插头，打开点火开关，测量 2 号端子与接地间电压，打起动机时数字式万用表应显示 12V。此时电子控制单元会记录空气流量计的故障码，测试完毕后要使用诊断仪清除故障码，之后章节学习的所有任务在实施中均须注意，以后不再重复注明！

2. 信号电压测试

测试分单件测试和就车测试两部分。

单件测试：取下空气流量计总成部件，将 12V/5V 变压器的 12V 电压或蓄电池电压施加在空气流量计电器插座针脚 2 上，将 5V 电压施加在空气流量计电器插座针脚 4 上，将数字式万用表设置在直流电压 20V 挡，测量空气流量计电器插座针脚 3 和针脚 5，此时应有 1.5V 左右电压；使用吹风机从空气流量计隔栅一端向空气流量计吹入冷空气或加热的空气，测量空气流量计电器插座针脚 3 和针脚 5，此时电压应瞬时上升至 2.8V 后回落。如不能满足上述条件，则可以判定空气流量计有故障。

就车测试：起动发动机至工作温度，将数字式万用表设置在直流电压 20V 挡，测量空气流量计针脚 5 的反馈信号，将红色指针置于空气流量计针脚 5，将黑色指针置于空气流量计针脚 3、蓄电池负极或进气歧管壳体，怠速时数字式万用表应显示电压 1.5V 左右；急踩加速踏板应显示 2.8V 变化。若不符合上述变化，或电压反而下降，在电源电压与参考电压完好的前提下，则可以断定空气流量计损坏，必须更换。

注意：在实际维修中，反馈信号电压在就车测试时应取自传感器插头尾部，挑开防水胶堵或刺破导线外皮，接万用表后踩动加速踏板，观察电压变化，之后章节学习的所有任务在实施中均须注意，以后不再重复注明！

3. 电阻测试

1）线束导通性测试：将数字式万用表设置在电阻 200Ω 挡，按电路图找到空气流量计图形下面的针脚号与 ECU 信号测试端口图相应的针脚号，分别测试空气流量计 3、4、5 号针脚对应电控单元 12、11、13 号针脚的电阻，所有电阻都应低于 1Ω。

2）线束短路性测试：将数字式万用表设置在电阻 200kΩ 挡，测量空气流量计针脚 2 与电控单元针脚 11、12、13 之间的电阻，所有电阻均应为∞。测量空气流量计针脚与电控单元针脚间的电阻：3—11、13，4—12、13，5—11、12 之间的电阻均应为∞。

注意：在实际维修中，欲测试各条线束的导通性，则应关闭点火开关，拔下传感器插头与电控单元插接器，使用数字式万用表分别测量各线束间的电阻，相连导线的电阻应当小于 1Ω，不相连导线的电阻应为∞。在实际测量中，由于测量方法、万用表本身的误差以及被测物体表面的氧化与灰尘等因素，如发生几个欧姆的误差属于正常现象，不必拘泥于具体数字。之后章节学习的所有任务在实施中均须注意，以后不再重复注明！

4. 整理设备与场地

1）做好实习记录，按照实习要求，写出实习报告。

2）完成工具、车辆及场地的清洁整理工作。

思考练习：

1. 空气流量计的作用是什么?
2. 大众车系应用的空气流量计为哪种类型? 有何优点?
3. 一辆上海大众桑塔纳2000GSi型轿车，最近经常出现排气冒黑烟，并且加速无力的现象，试分析该故障与空气流量计是否有关系? 为什么?

任务六　卡门旋涡式空气流量传感器的检测

任务目标

1. 了解卡门旋涡式空气流量传感器的结构。
2. 了解卡门旋涡式空气流量传感器的工作原理。
3. 掌握卡门旋涡式空气流量计的检测方法。

相关知识

一、结构

卡门旋涡式空气流量计的结构按照旋涡数的检测方式不同，可以分为反光镜检测式卡门旋涡式空气流量计和超声波检测式卡门旋涡式空气流量计两种。如图2-44所示为反光镜检测式卡门旋涡式空气流量计，这种卡门旋涡式空气流量计是把卡门旋涡发生器两侧的压力变化，通过压力导向孔引向薄金属制成的反光镜表面，使反光镜产生振动，反光镜一边振动，一边将发光二极管射来的光反射给光敏晶体管，旋涡的频率在压力作用下转换成镜面的振动频率，镜面的振动频率通过光耦合器转换成脉冲信号，进气量越大，脉冲信号的频率越高，进气量越小，脉冲信号频率越低。ECU根据该脉冲信号的频率，检测进气量（当然也要经过进气温度修正）和基准点火提前角，如图2-44c所示。丰田雷克萨斯牌LS400型轿车就是采用了此种空气流量计。

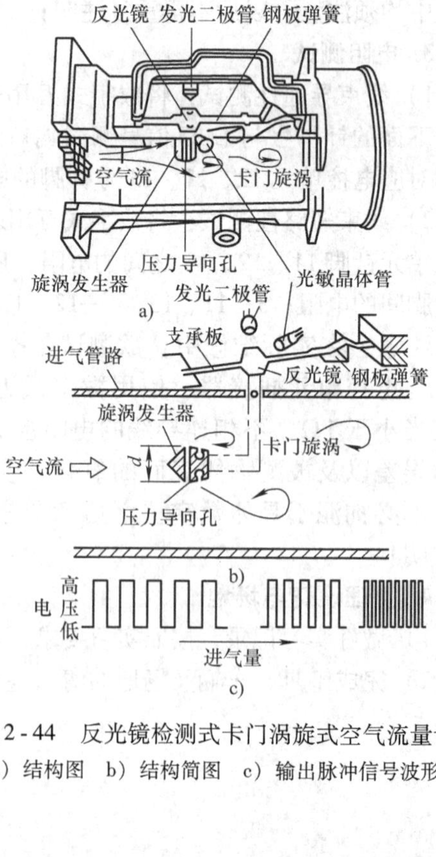

图2-44　反光镜检测式卡门涡旋式空气流量计
a）结构图　b）结构简图　c）输出脉冲信号波形

由于卡门旋涡式空气流量计没有可动部件，其反应灵敏，测量精度高，所以现在被广泛采用。卡门旋涡式空气流量计与叶片式空气流量计直接测得的均是空气的体积流量，因此在空气流量计内均装有进气温度传感器，以便对随气温而变化的空气密度进行修正，从而正确计算出进气的质量流量。其实物如图 2-45 所示。

图 2-45 卡门旋涡式空气流量计

二、工作原理

在空气流动的垂直方向上下各安装发光二极管、反光镜和光敏晶体管。从发光二极管发出的光线经过反光镜到达光敏晶体管，因受卡门旋涡造成空气密度变化的影响，气体压力通过导压孔引向反光镜的表面，使反光镜随弹簧钢片一起振动，反光镜的振动影响反射到光敏晶体管上的光线，使光敏晶体管的导通程度发生变化，ECU 接收到反映进气流量的信号电压也发生变化。ECU 根据来自空气流量传感器的脉冲信号电压，经过对比，计算出实际进气量，如图 2-46 所示。

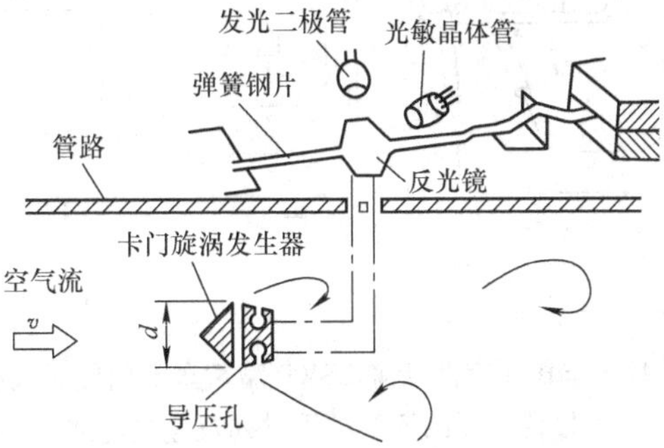

图 2-46 反射镜检测式卡门旋涡式空气流量计的工作原理

任务实施

一、准备工作

1. 工具及资料准备

1）万用表。

2）拆装工具。

3）丰田雷克萨斯牌 LS400 型轿车电路图。

2. 车辆准备

1）准备实习车辆（丰田雷克萨斯牌 LS400 型轿车）。

2）将车辆停放在地面平整干净、周围无安全隐患的环境下。

3）放置车轮挡块并拉紧驻车制动，避免车辆工作时移动。

4）安装防护套件，防止工作时划伤、弄脏车辆。

5）确定蓄电池电量、电压正常。

二、注意事项

1）在没有拆下蓄电池导线、拔下传感器或执行器线束插头时，应先关闭点火开关再进行操作。

2）在拔下传感器或执行器线束插头前，应先将插头的锁止装置打开再向外拔。如果插头的锁止装置打开困难，则可先将插头向里推然后再尝试打开锁止装置，一定不要硬拉，以避免损坏插头。

三、操作步骤

以丰田雷克萨斯牌 LS400 型轿车 1UZ－FE 发动机用反光镜检测式空气流量传感器为例，该传感器插头端子排列及连接电路如图 2-47b 所示。

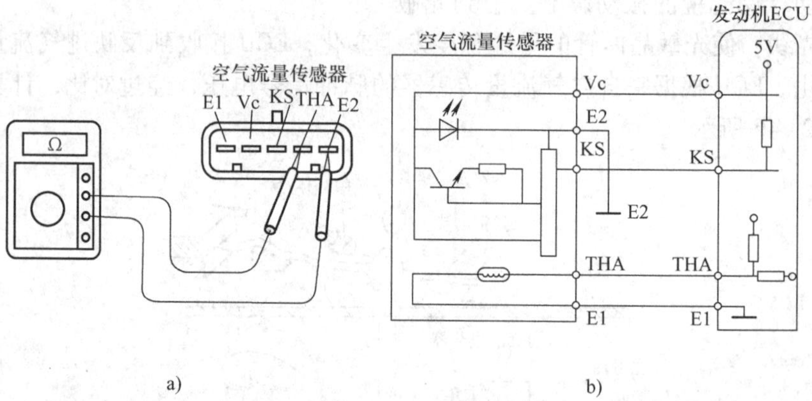

图 2-47　丰田雷克萨斯牌 LS400 型轿车卡门旋涡式空气流量传感器的插头端子排列及连接电路

反光镜检测式空气流量传感器电路测量操作步骤如下：

1. 电阻检测

关闭点火开关，拔下空气流量传感器的导线插接器，用万用表电阻挡（如图 2-47a 所示）测量传感器上“THA”与“E1”端子之间的电阻，其标准值见表 2-1 所列。如果电阻值不符合标准值，则应更换空气流量传感器。

表 2-1　卡门旋涡式空气流量传感器 THA－E1 端子间的电阻（丰田雷克萨斯牌 LS400 型轿车）

端子	标准电阻/kΩ	温度/℃
THA－E1	10.0～20.0	－20
	4.0～7.0	0
	2.0～3.0	20
	0.9～1.3	40
	0.4～0.7	60

2. 电压检测

插好此空气流量传感器的导线插接器，用万用表电压挡检测发动机 ECU 端子 THA－E2、VC－E1、KS－E1 间的电压，其标准电压值见表 2-2 所列。若电压不符合要求，则按图 2-48 所示进行故障诊断。

表 2-2　丰田雷克萨斯牌 LS400 型轿车 1UZ－FE 发动机 ECU 的 THA－E2、VC－E1、KS－E1 端子电压

端子	电压/V	条件
THA－E2	0.5～3.4	怠速、进气温度 20℃
	4.5～5.5	点火开关 ON
KS－E1	2.0～4.0（脉冲发生）	怠速
VC－E1	4.5～5.5	点火开关 ON

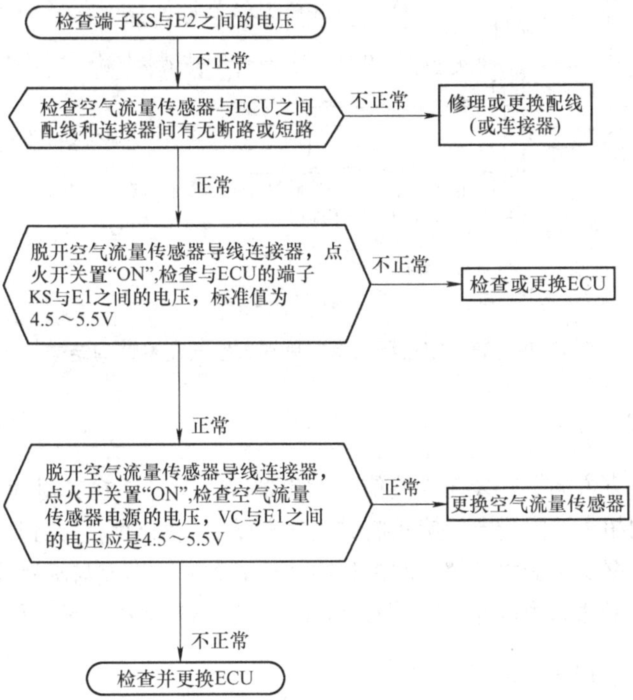

图 2-48　丰田雷克萨斯牌 LS400 型轿车卡门涡旋式空气流量传感器故障诊断

3. 整理设备与场地

1）做好实习记录，按照实习要求，写出实习报告。

2）完成工具、车辆及场地的清洁整理工作。

知识链接

超声波检测式卡门旋涡式空气流量计的结构及工作原理

一、结构

如图 2-49 所示为超声波检测式卡门旋涡式空气流量计的结构，这种空气流量计是利用卡门旋涡引起的空气密度变化进行测量的，用接收器接收连续发射的超声波信号，随接收到的信号空气疏密度的变化而变化，由此即可测得旋涡频率，从而测得空气流量。其具体方法是在卡门旋涡发生区空气通道的两侧，分别装上超声波发射头和超声波接收器，发射头沿旋涡的垂直方向发射超声波，由于旋涡使超声波的传播速度发生变化，超声波受到周期性的调制，使其振幅、相位、频率发生变化。这种被调制后的超声波，被超声接收器接收后，变换成相应的电压信号，再经整形放大电路形成与旋涡数目相应的矩形脉冲信号，然后送入电控单元作为空气流量信号。

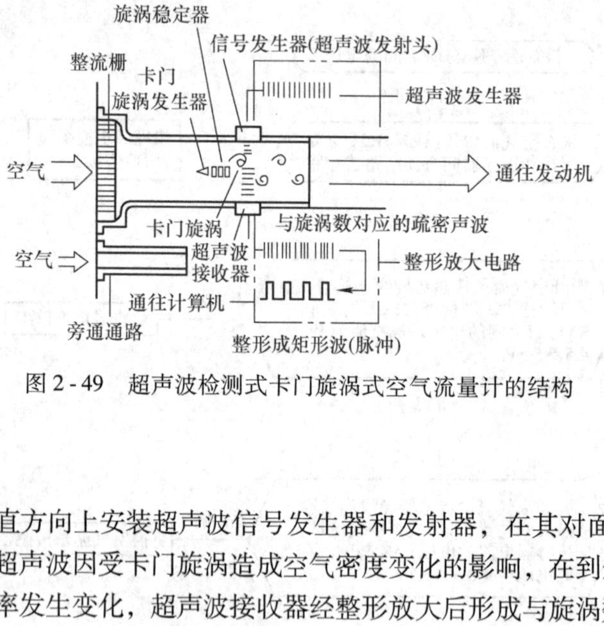

图 2-49　超声波检测式卡门旋涡式空气流量计的结构

二、工作原理

在空气流动的垂直方向上安装超声波信号发生器和发射器，在其对面安装超声波接收器。从信号发射器发出的超声波因受卡门旋涡造成空气密度变化的影响，在到达接收器时，使超声波的振幅、相位和频率发生变化，超声波接收器经整形放大后形成与旋涡数目相对应的矩形脉冲信号输送到发动机 ECU，发动机 ECU 据此对比、计算出实际进气量，如图 2-50a、b 所示。

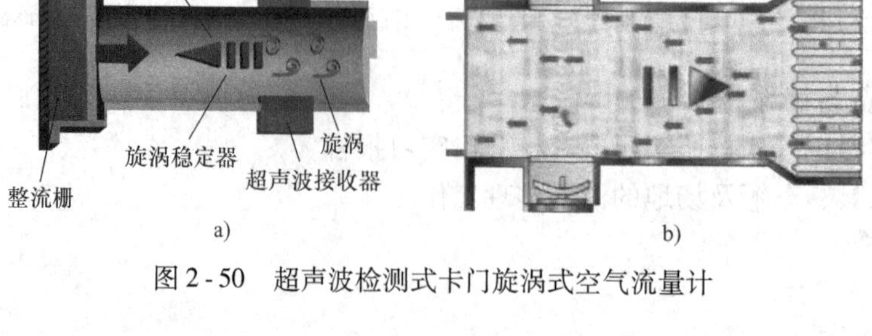

图 2-50　超声波检测式卡门旋涡式空气流量计

思考练习：

1. 超声波式空气流量计的工作原理是什么？它与反光镜式空气流量计有何相同之处？
2. 总结一下卡门旋涡式空气流量计的优点都有哪些？

任务七　进气歧管绝对压力传感器的检测

任务目标

1. 了解进气压力传感器的作用。
2. 了解进气压力传感器的结构。
3. 了解进气压力传感器的工作原理。
4. 掌握半导体压敏电阻式进气压力传感器的检测。

相关知识

进气歧管绝对压力传感器的作用主要是测量进气歧管内空气的绝对压力，并将其转变为电压信号输送到发动机 ECU，发动机 ECU 据此信号和转速信号确定实际进气量。常见的有半导体压敏电阻式、膜盒传动可变电感式和电容式、三线高灵敏度可变电阻式等四种，其中半导体压敏电阻式最为常用。

丰田威驰型轿车采用的就是半导体压敏电阻式进气歧管绝对压力传感器，其结构及工作原理如下。

一、结构

图 2-51、图 2-52 所示分别为半导体式进气歧管压力传感器的结构与实物，它由半导体压力转换元件（硅片）与过滤器组成。

该传感器的主要元件是一片很薄的硅片，外围较厚，中间较薄，硅片上下两面各有一层二氧化硅膜。在膜层中，沿硅片四边有四个应变电阻。在硅片四角各有一个金属块通过导线和应变电阻相连接。在硅片底面粘接了一块硼硅酸玻璃片，使硅膜片中部形成一个真空盒以感受传感压力，如图 2-53a 所示。传感器通常用一根橡胶管和需要测量其中压力的部位相连。

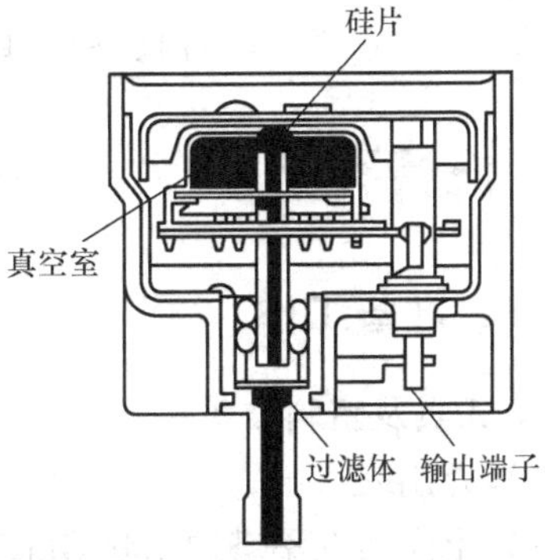

图 2-51　半导体式进气歧管压力传感器的结构

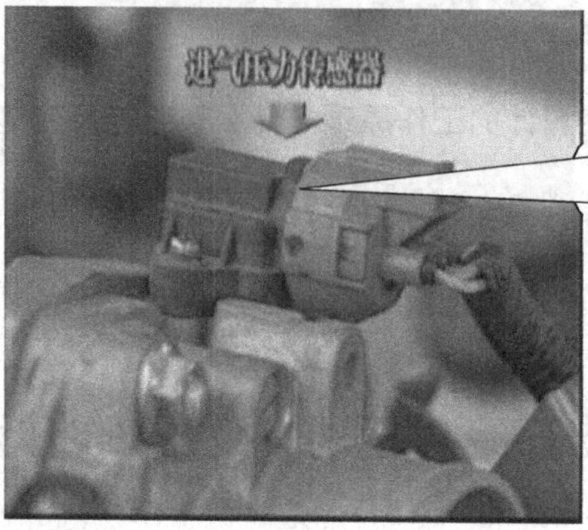

图 2-52　半导体式进气歧管压力传感器实物

二、工作原理

硅膜片中的四个应变电阻连接成单臂电桥形式，如图 2-53b 所示，由稳定电源供电，电桥应在硅片无变形时调整到平衡状态。当空气压力增加时，硅膜片弯曲，引起电阻值的变化，其中 R_1 和 R_4 的电阻增加，而 R_2 和 R_3 的电阻则等量减少，这使电桥失去平衡而在 AB 端形成电位差，从而输出正比于压力的电压信号。

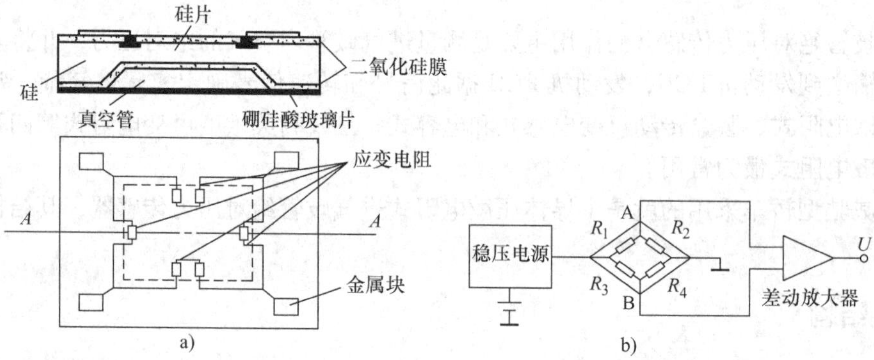

图 2-53　半导体式压力传感器硅膜片的结构及电路

任务实施

一、准备工作

1. 工具及资料准备

1）万用表。

2）上海大众桑塔纳 2000GLi 型轿车电路图。

2. 车辆准备

1）准备实习车辆（上海大众桑塔纳 2000GLi 型轿车）。

2）将车辆停放在地面平整干净、周围无安全隐患的环境下。

3）放置车轮挡块并拉紧驻车制动，避免工作时车辆移动。

4）安装防护套件，防止工作时划伤、弄脏车辆。

5）确定蓄电池电量、电压正常。

二、注意事项

1）在没有拆下蓄电池导线、拔下传感器或执行器线束插头时，应先关闭点火开关再进行操作。

2）在拔下电控单元插头前，要拆下蓄电池负极导线。

3）在拆下蓄电池负极导线前，一定要先关闭点火开关再进行操作。

4）在拔下传感器或执行器线束插头前，应先将插头的锁止装置打开再向外拔。如果插头的锁止装置打开困难，则可先将插头向里推然后再尝试打开锁止装置，一定不要用力硬拉，以避免损坏插头。

5）用万用表测量插头时，不要用力猛插，否则会造成插头接触不良。

三、操作步骤

上海桑塔纳 2000GLi 型轿车采用半导体式进气歧管压力传感器，其元件及插头端子如图 2-54 所示，电路连接如图 2-55 所示。

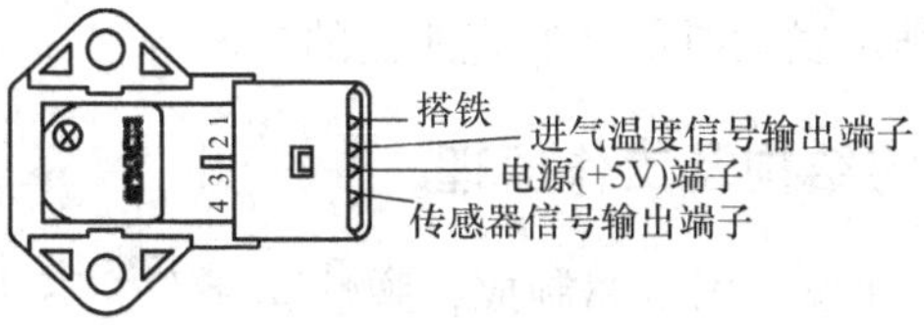

图 2-54　半导体式进气歧管压力传感器元件及插头端子

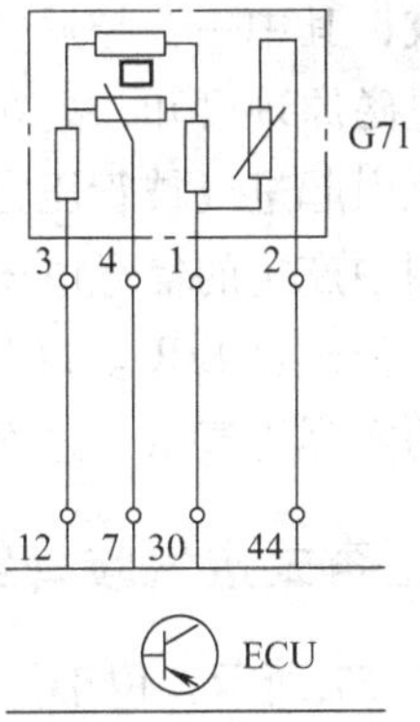

图 2-55　半导体式进气歧管压力传感器的电路连接

1. 半导体式进气歧管压力传感器电路的检测

1）关闭点火开关，拔下半导体式进气歧管压力传感器插头。

2）打开点火开关，用万用表测量线束插头 1、3 端子的电压，如图 2-55 所示。该电压应为 5V，否则可能是电路断路、短路或者是 ECU 未能提供 5V 电压。

3）关闭点火开关，拆下蓄电池负极导线，拔下 ECU 插头。如图 2-55 所示，测量传感器插头与 ECU 插头对应端子之间的线路是否有断路、短路故障。标准值为对应线路导线电阻小于 1Ω，相邻导线∞。

4）如与分析相符，则故障在半导体式进气歧管压力传感器内，应对传感器进行更换。

2. 整理设备与场地

1）做好实习记录，根据实习要求，写出实习报告。

2）完成工具、车辆及场地的清洁整理工作。

知识链接

一、膜盒传动可变电感式进气歧管绝对压力传感器的结构及工作原理

如图2-56所示为真空膜盒式进气歧管压力传感器的结构，该传感器由中空膜盒（两个）、随着膜盒膨胀和收缩可左右移动的铁心、与铁心连动的差动变压器，以及在大气压力差作用下可在膜盒工作区间进行功率挡与经济挡转换的膜片构成。传感器被膜片分为左右两个气室。

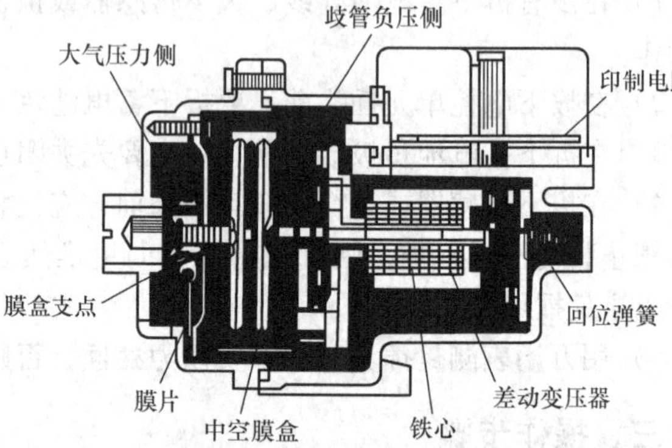

图2-56 真空膜盒式进气歧管压力传感器的结构

膜盒由薄金属片焊接而成，其内部被抽成真空，外部与进气歧管相通。发动机节气门开度的变化必然引起膜盒外表压力的变化，使其产生膨胀和收缩。置于感应线圈内部的铁心与膜盒联动，感应线圈由两个绕组构成，其中一个与振荡电路相连，因此在其周围存在交变的磁场，铁心是磁回路的一部分。由电磁原理可知，处在变化磁场中的另一感应线圈便会产生信号电压。当发动机节气门开度变化引起进气歧管压力变化时，膜盒带动铁心在磁场中移动，改变磁回路中的磁阻，使感应线圈中产生的信号电压随之变化，这一随压力变化的电压信号经电子电路检波、整形和放大后，输送至ECU。ECU根据这一输入信号电压的高低，通过分析、比较、计算后确定发动机的实际进气量，进而控制喷油器喷射满足发动机最佳燃烧所需的汽油量。

二、电容式进气歧管绝对压力传感器的结构及工作原理

如图2-57所示，位于传感器壳体内腔的弹性膜片用金属制成，弹性膜片上、下两个凹玻璃的表面也均有金属涂层，这样在弹性膜片与两个金属涂层之间形成两个串联的电容。通过发动机进气管内压力的变化，可获得与压力成比例的电容信号。压变电容是传感器振荡电路中的一个元件，其根据输入信号的频率感知进气歧管内的压力，进而确定发动机的实际进气量，控制喷油器喷射满足发动机最佳燃烧所需要的汽油量。

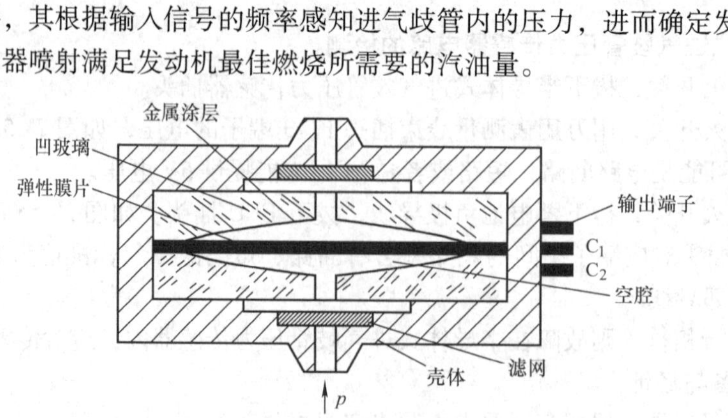

图2-57 电容式进气歧管绝对压力传感器的结构

三、三线高灵敏度可变电阻式进气歧管绝对压力传感器的结构及工作原理

该传感器主要由壳体、膜片、可变电阻器、滑片、连接管道、电插接器等组成，膜片上部与大气相通，下部与进气歧管相通，如图 2-58 所示。

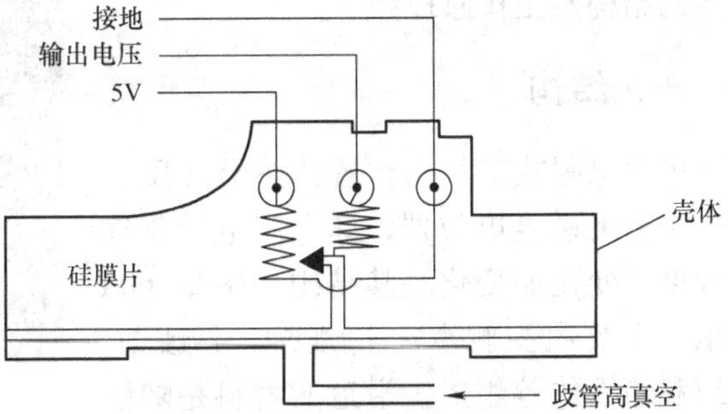

图 2-58　三线高灵敏度可变电阻式进气歧管绝对压力传感器的结构

接通点火开关，ECU 通过接线柱给进气歧管绝对压力传感器输入 4.8～5.1V 的参考电压。当发动机节气门开度减小，其后部呈现高真空度时（如发动机怠速），在真空吸力的作用下，膜片带动可变电阻器的滑片下移，从而使进气歧管绝对压力传感器信号输出端向 ECU 反馈一个电压较低的信号（1.5～2.1V），反之，则向 ECU 输入电压较高的信号（3.9～4.8V）。ECU 根据传感器输入信号电压的高低，通过分析、比较、计算后确定发动机的实际进气量，进而控制喷油器喷射满足发动机最佳燃烧所需要的汽油量。

思考练习：

1. 进气歧管绝对压力传感器的作用是什么？
2. 压敏电阻式进气歧管绝对压力传感器的工作原理是什么？
3. 一辆上海大众桑塔纳 GLi 型轿车，最近常出现加速无力并且排气管冒黑烟的情况，且油耗增加，试分析故障原因是什么？

任务八　节气门位置传感器的检测

任务目标

1. 了解节气门位置传感器的作用。
2. 了解节气门位置传感器的类型及其结构。
3. 了解节气门位置传感器的工作原理。
4. 掌握可变电阻式节气门位置传感器的检测与调整。

相关知识

节气门位置传感器的作用是检测节气门的开度，将节气门开度大小转变为电信号输入给 ECU，于是 ECU 可根据此信号来控制喷油时间和点火时间。节气门位置传感器的安装位置如图 2-59 所示，丰田车系目前广泛采用的是可变电阻式（全程式）节气门位置传

感器。

可变电阻式（全程式）节气门位置传感器的结构及工作原理如下。

图 2-59　节气门位置传感器的安装位置

一、结构

可变电阻式节气门位置传感器实质上是一个高灵敏度电位器，其电阻值随节气门开度的变化而变化。其结构如图 2-60a 所示，主要由主触点、上触点、下触点、滑道和绝缘体等组成。滑道的材料是陶瓷薄膜电阻，通过两个滑动触点相互连接，滑动触点与节气门轴联动，当节气门轴转动时，触点在滑道上会有不同的电阻值。

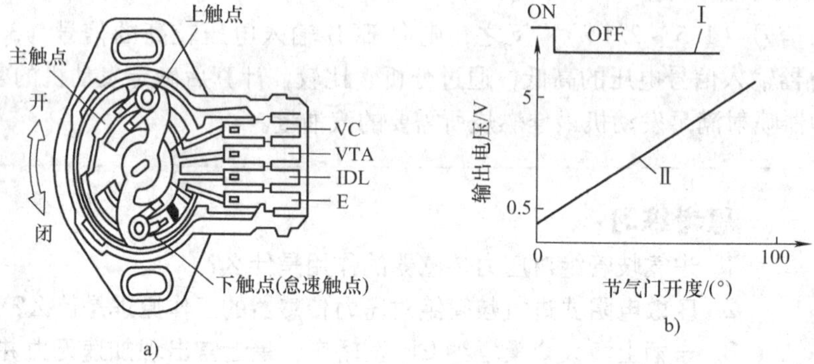

图 2-60　可变电阻式节气门位置传感器

a）结构　b）输出特性

二、工作原理

将点火开关置于“ON”，ECU 通过 VC 端子给传感器输入 5V 的参考电压，通过膜片电阻构成回路，信号电压通过主触点、上下触点，由 VTA 端子输入到 ECU 中。随着节气门开度的增大，上下触点逆时针转动，信号电压逐渐增高，当节气门在全开位置时，信号电压为 5V 左右。随着节气门开度的减小，信号电压逐渐降低。为了提高发动机在怠速位置时的测量精度，在节气门全闭时，下触点将越过滑道上的绝缘体，使 IDL 端子与 E2 端子接通，IDL 端子的电位迅速下降，从而给 ECU 提供一个辅助信号。下触点只在节气门全闭（怠速）时才被接通，所以又称为“怠速触点”，如图 2-60b、图 2-61 所示。

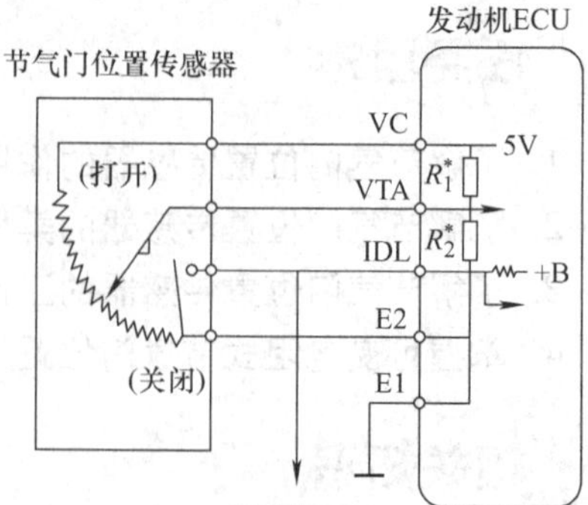

图 2-61　可变电阻式节气门位置传感器的工作原理

任务实施

一、准备工作

1. 工具及资料准备

1）万用表。

2）塞尺。

3）拆装工具。

4）丰田威驰型轿车电路图。

2. 车辆准备

1）准备实习车辆（丰田威驰型轿车）。

2）将车辆停放在地面平整干净、周围无安全隐患的环境下。

3）放置车轮挡块并拉紧驻车制动，避免工作时车辆移动。

4）安装防护套件，防止工作时划伤、弄脏台架。

5）确定蓄电池电量、电压正常。

二、注意事项

1）在没有拆下蓄电池导线、拔下传感器或执行器线束插头时，应先关闭点火开关再进行操作。

2）在拔下电控单元插头前，要拆下蓄电池负极导线。

3）在拆下蓄电池负极导线前，一定要先关闭点火开关再进行操作。

4）在拔下传感器或执行器线束插头前，应先将插头的锁止装置打开再向外拔。如果插头的锁止装置打开困难，则可先将插头向里推然后再尝试打开锁止装置，一定不要用力硬拉，以避免损坏插头。

5）用万用表测量插头时，不要用力猛插，否则会造成插头接触不良。

三、操作步骤

天津一汽威驰型轿车采用的是可变电阻式节气门位置传感器，传感器插头端子排列如图2-62所示，其电路连接如图2-63所示。

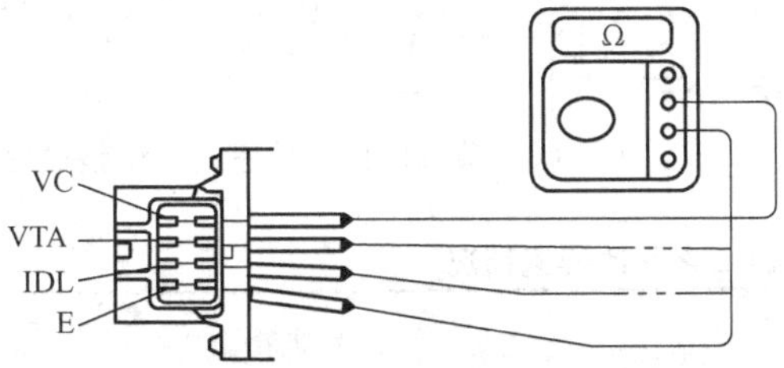

图2-62　节气门位置传感器的检测

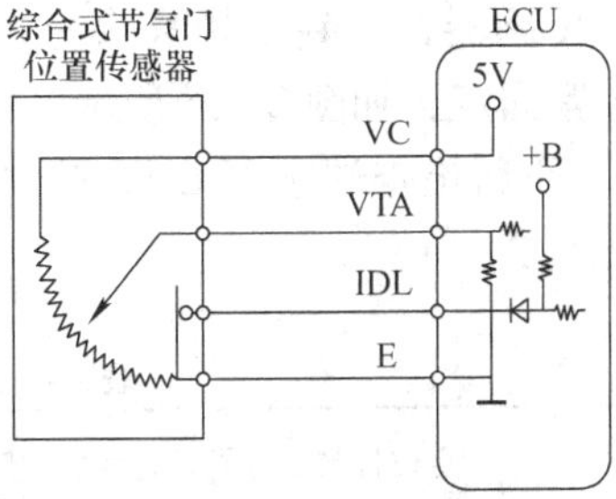

图2-63　传感器电路连接

1. 节气门位置传感器的检测

1）关闭点火开关，拔下节气门位置传感器插头。

2）打开点火开关，用万用表（量程 20V）测量线束插头 VC、E 端子间的电压，如图 2-62所示。该电压应为 5V，否则可能是电路断路、短路或者是 ECU 未能提供 5V 电压。

3）关闭点火开关，拆下蓄电池负极导线，拔下 ECU 插头。如图 2-63 所示，测量传感器插头与 ECU 插头对应端子之间的线路是否有断路、短路故障。标准值为对应线路导线电阻小于 1Ω，相邻导线电阻无穷大。

4）关闭点火开关，取下节气门位置传感器的线束插头，用万用表在节气门位置传感器接线插座处进行检查，如图2-63 所示。查看仪表，端子 E—VC 间的电阻应符合规定，如阻值为无穷大，则表明电位计有断路之处。端子 E—VTA 间的电阻应随节气门开度的增大而呈线性增加的趋势，否则，表明滑动触点接触不良，或电位计有故障。使节气门处于全关位置，端子 E—IDL 间应导通，否则，表明节气门位置传感器有故障。

2. 节气门位置传感器的安装与调整

对于安装有螺钉槽孔和垫片的节气门位置传感器，需要进行安装与调整。

1）取下节气门体，如图 2-64 所示。

2）拧松传感器的两个定位螺钉，如图 2-65 所示。

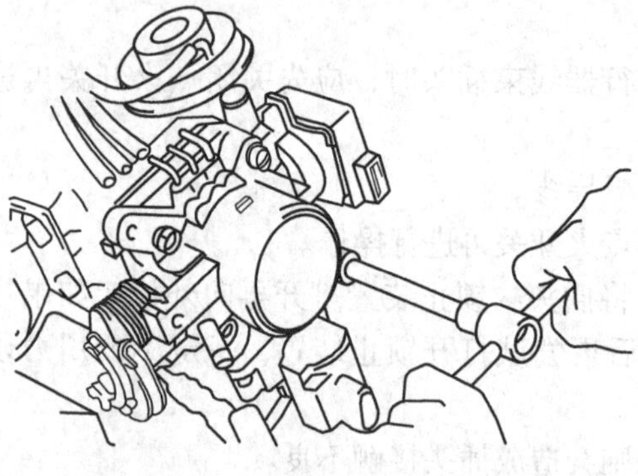

图 2-64　取下节气门体

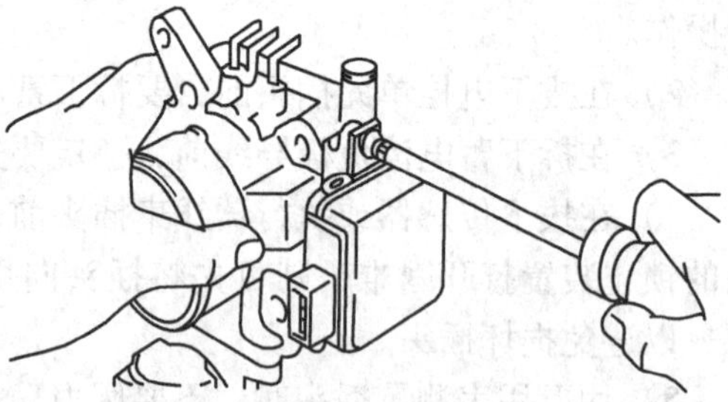

图 2-65　拧松传感器的两个定位螺钉

3）在节气门限位螺钉与定位杆之间插入一个 0.70mm 厚的塞尺，将万用表打到欧姆挡，表笔与传感器的 IDL 与 E1 连接，顺时针方向逐渐转动传感器，直到欧姆表有显示后，将两个螺钉锁紧固定，如图 2-66 所示。

4）重新检查端子 IDL 与 E2 之间的导通情况（见表 2-3）。

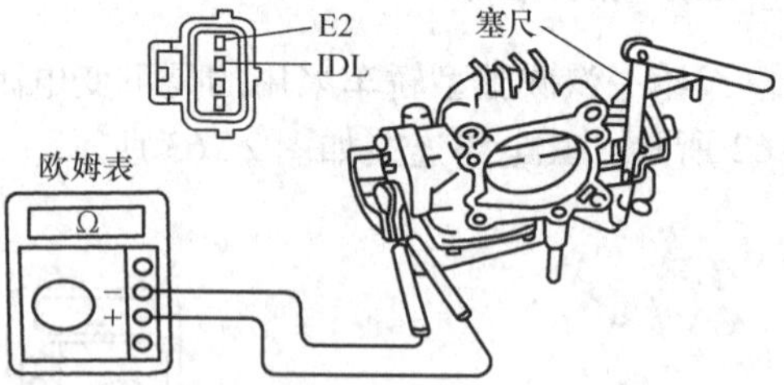

图 2-66　节气门位置传感器的调整过程

表 2-3　端子 IDL 与 E2 之间的导通情况

定位杆与限位螺钉之间的间隙/mm	导通情况
0.50	导通
0.90	不导通

3. 整理设备与场地

1）做好实习记录，按照实习要求，写出实习报告。

2）完成工具、车辆及场地的清洁整理工作。

知识链接

开关式节气门位置传感器的结构及工作原理

一、结构

开关式节气门位置传感器由一个可动触点和两个固定触点（全负荷触点和怠速触点）构成，结构如图2-67a所示。可动触点可沿导向凸轮沟槽移动，导向凸轮由固定在节气门轴上的控制杆驱动。

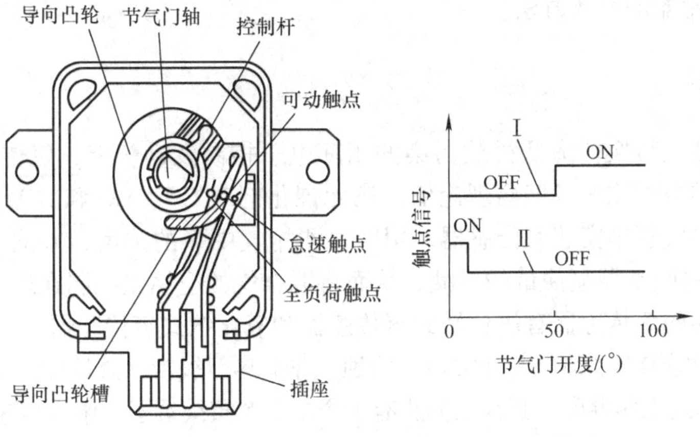

图2-67　开关式节气门位置传感器
a）结构　b）输出特性

二、工作原理

将点火开关置于“ON”，ECU通过可动触点向传感器提供一个参考电压。当节气门全闭时，可动触点与怠速触点接通，向ECU反馈一个电压信号，从而ECU可检测到一个节气门全闭状态。当节气门开度达50%以上（全负荷）时，可动触点与全负荷触点接通，向ECU反馈一个电压信号，从而ECU可检测到节气门的全开状态，若处于中间状态则无检测信号，如图2-68所示。

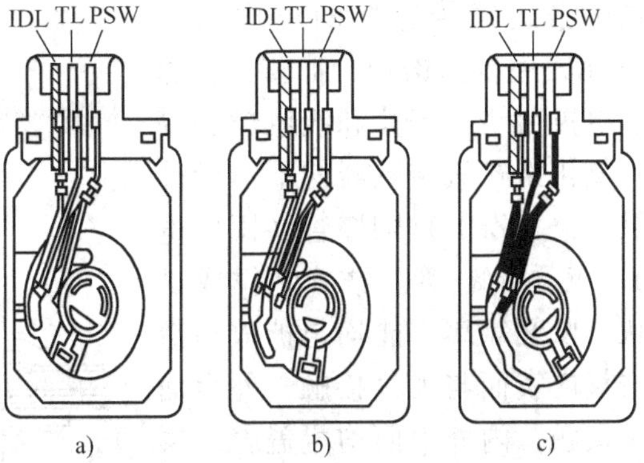

图2-68　开关式节气门位置传感器的工作原理
a）怠速触点接触　b）无触点接触　c）全负荷触点接触

思考练习：

1. 节气门位置传感器的作用是什么？
2. 为什么节气门位置传感器广泛采用可变电阻式而不是开关式呢？

任务九　氧传感器的检测

任务目标

1. 了解氧传感器的结构。
2. 了解氧传感器的工作原理。
3. 掌握氧传感器的检测方法。

相关知识

在使用三元催化转换器降低排放污染的闭环电子控制发动机上，氧传感器是必不可少的。由于混合气的空燃比一旦偏离理论值，三元催化剂对 CO、HC 和 NO_X 的净化能力将急剧下降，因此在排气管中安装氧传感器，用以检测排气中氧的浓度，并向 ECU 发出反馈信号，再由 ECU 控制喷油器喷油量的增减，从而将混合气的空燃比控制在理论值附近。

目前实际应用的氧传感器有氧化锆式氧传感器和氧化钛式氧传感器。

氧化锆式氧传感器有加热型与非加热型两种：非加热型氧传感器靠排气管内的高温废气加热传感器头部来达到工作温度，其线束插头有 1 个或 2 个接线端子。中高档轿车大都采用加热型氧传感器，加热型氧传感器内设加热元件，可以在短时间内达到工作温度，其线束插头有 3 个或 4 个接线端子，例如桑塔纳 2000GSi 型轿车使用的氧传感器就是 4 线氧化锆式氧传感器。

氧化锆式氧传感器的结构及工作原理如下：

一、结构

氧化锆式氧传感器的结构如图 2-69所示，主要由锆管、护套、加热元件、电极引线、壳体和线束插头等组成。氧化锆式氧传感器的基本元件是二氧化锆（ZrO_2）陶瓷管（固体电解质），又称为锆管。锆管制作成试管形状，以便氧离子能均匀扩散与渗透，锆管内表面与大气接触，外表面与废气接触，内外表面均覆盖着一层多孔性的铂膜作为电极，并用电极引线与传感器信号输出端子连接。

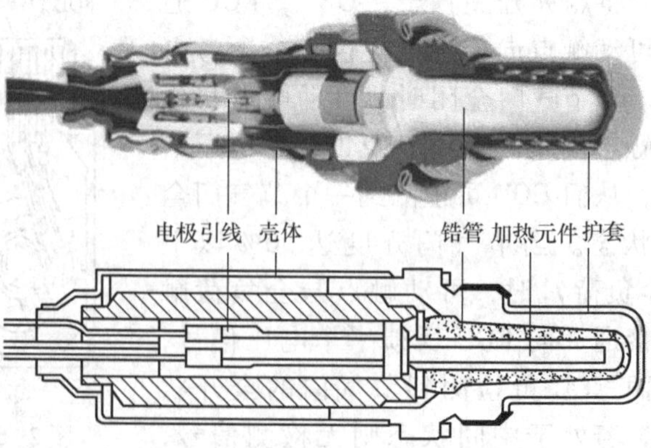

图 2-69　氧化锆式氧传感器的结构

氧传感器安装在排气管上，为防止废气中的杂质腐蚀外层铂膜，在锆管外表覆盖有一层多孔的陶瓷保护层。二氧化锆陶瓷管的强度很低，为了防止锆管受排气压力冲击造成陶瓷管破碎，还加装了一个防护用的钢质护套，护套上开有便于废气进入的通气孔，便于锆管外表面与废气接触。氧传感器线束端的金属壳体上也开有通气孔，便于锆管内表面与大气接触。

二、工作原理

氧化锆式氧传感器的工作原理与干电池相似，传感器中的氧化锆元件起类似电解液的作用。在一定条件下（高温和铂催化），若锆管内（大气）外（废气）侧的氧含量不一致，即存在氧浓度差时，就会在锆管两铂电极间产生电位差，且浓度差越大，电位差越大（如图 2 - 70 所示）。稀混合气（空燃比大）燃烧后生成的废气或因缺火产生的废气中含有较多的氧，锆管内外侧氧浓度差小，在锆管两铂电极间产生的电压很低（接近 0V）；反之，浓混合气（空燃比小）燃烧后的废气中几乎不含氧，锆管内外侧氧浓度差很大，在锆管两铂电极间产生的电压高（约 1V）。电压信号通过线束送到 ECU。

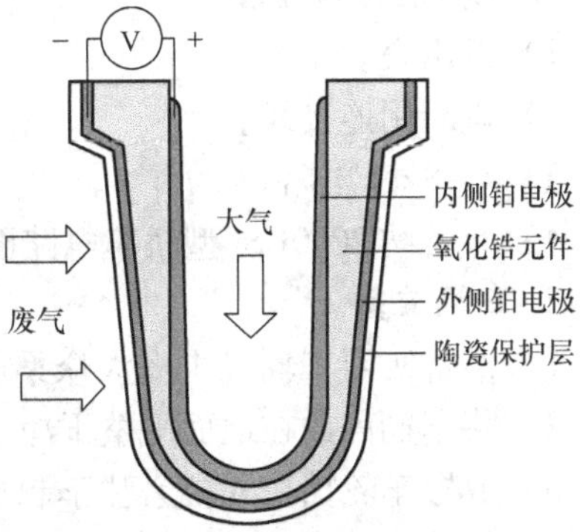

图 2 - 70　氧化锆式氧传感器的工作原理

氧化锆式氧传感器的输出特性如图 2 - 71 所示，在理论空燃比（14. 7:1）附近，它输出的电压会发生突变，ECU 按照尽可能接近 14. 7:1 的理论最佳空燃比来稀释或加浓混合气。ECU 给锆管两电极间提供一个微小的基准电压（约为 0. 45V），当实际空燃比小于理论空燃比（混合气浓）时，氧传感器向 ECU 输入高电压信号（0. 7 ~ 0. 9V），此时 ECU 将减小喷油量，以增大空燃比；当实际空燃比刚刚增大到理论空燃比以上时，氧传感器向 ECU 输入的电压信号将突变下降成低电压信号（0. 1 ~ 0. 3V），此时 ECU 将立即增大喷油量，以减小空燃比；当空燃比刚刚减小到理论空燃比以下时，ECU 又将控制并减小喷油量，这样以达到空燃比动态平衡的目的，电路连接如图 2 - 72 所示。

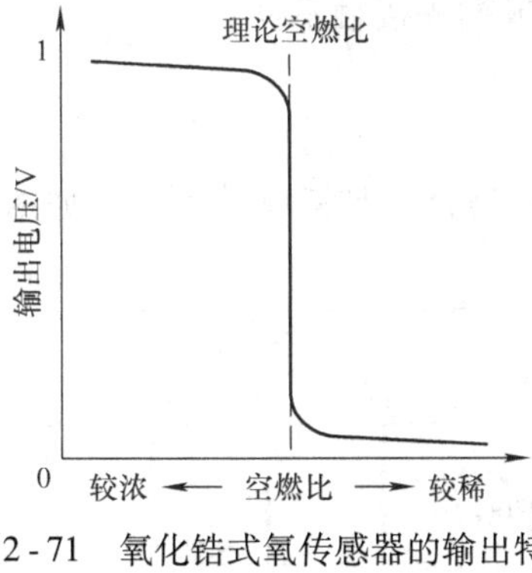

图 2 - 71　氧化锆式氧传感器的输出特性

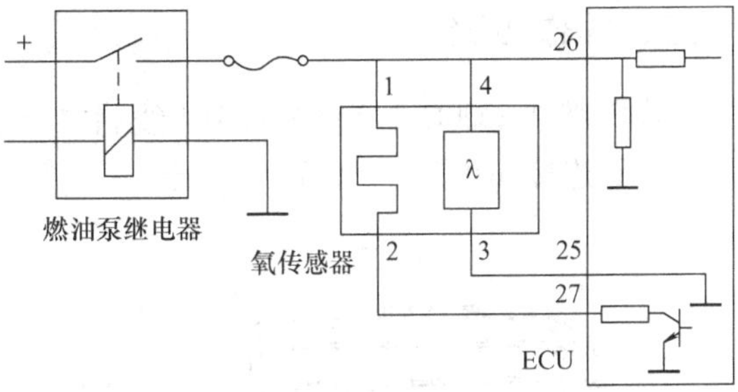

图 2 - 72　氧化锆式氧传感器电路连接

三、氧化锆式氧传感器的工作条件

氧化锆式氧传感器必须满足以下 3 个条件，才能正常调节混合气浓度，即

1）发动机温度高于 60℃。

2）氧传感器自身温度高于300℃。

3）发动机工作在怠速工况和部分负荷工况。

任务实施

一、准备工作

1. 工具及资料准备

1）万用表。

2）诊断用连接线。

3）4 ~ 8kΩ 电阻。

4）桑塔纳2000GSi 型轿车电路图。

2. 车辆准备

1）准备实习车辆（上海大众桑塔纳2000GSi 型轿车）。

2）将车辆停放在地面平整干净、周围无安全隐患的环境下。

3）放置车轮挡块并拉紧驻车制动，避免工作时车辆移动。

4）安装防护套件，防止工作时划伤、弄脏车辆。

5）确定蓄电池电量、电压正常。

二、注意事项

1）在没有拆下蓄电池导线、拔下传感器或执行器线束插头时，应先关闭点火开关再进行操作。

2）在拔下电控单元插头前，要拆下蓄电池负极导线。

3）在拆下蓄电池负极导线前，一定要先关闭点火开关再进行操作。

4）在拔下传感器或执行器线束插头前，应先将插头的锁止装置打开再向外拔。如果插头的锁止装置打开困难，则可先将插头向里推然后再尝试打开锁止装置，一定不要用力硬拉，以避免损坏插头。

5）用万用表测量插头时，不要用力猛插，否则会造成插头接触不良。

三、操作步骤

上海桑塔纳2000GSi 型轿车采用4 线制二氧化锆式氧传感器，其插座端子排列如图2 - 73所示，电路连接如图2 - 74 所示。

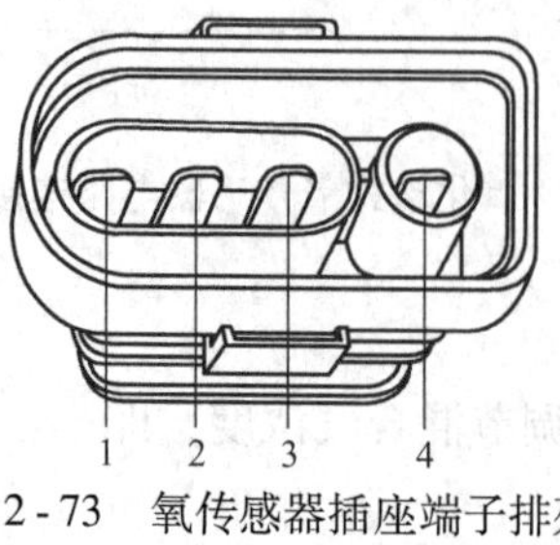

图2 - 73　氧传感器插座端子排列

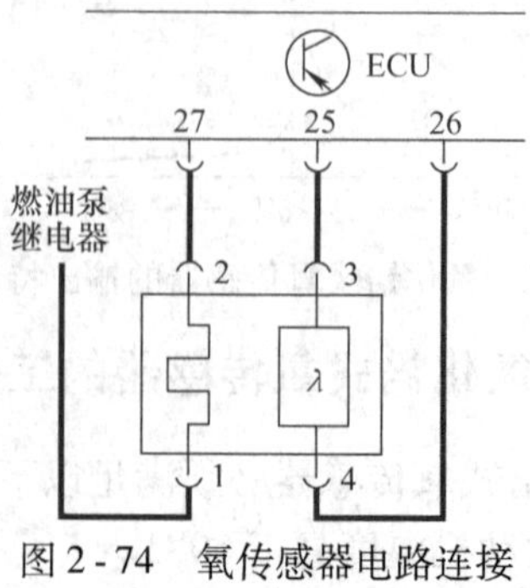

图2 - 74　氧传感器电路连接

1. 氧传感器电路的检测

1）关闭点火开关，拔下氧传感器插头。

2）打开点火开关，用万用表（量程2V）测量线束插头4、3端子间的电压，如图2-75所示，该电压应为0.45～0.55V，否则可能是电路断路、短路或者是ECU未能提供0.45～0.55V电压。

3）起动发动机，用万用表测量线束插头1、2端子间的电压，如图2-75所示，该电压应为蓄电池电压，否则可能是电路断路或短路。

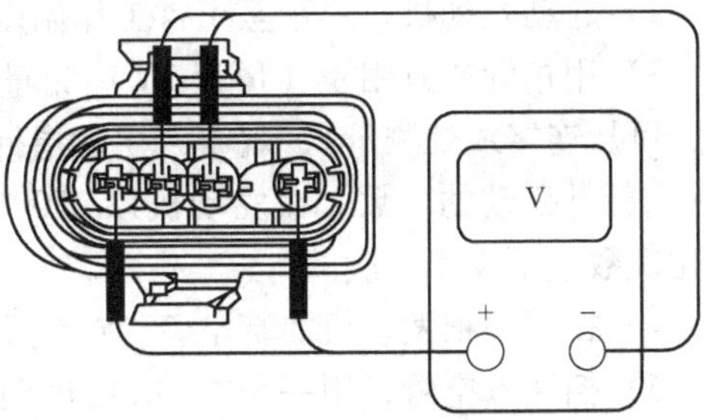

图2-75 线束插头测量电压

4）关闭点火开关，拆下蓄电池负极导线，拔下ECU插头，参照图2-76及表2-4所列，测量传感器插头与ECU插头对应端子之间的电路是否有断路或短路故障。

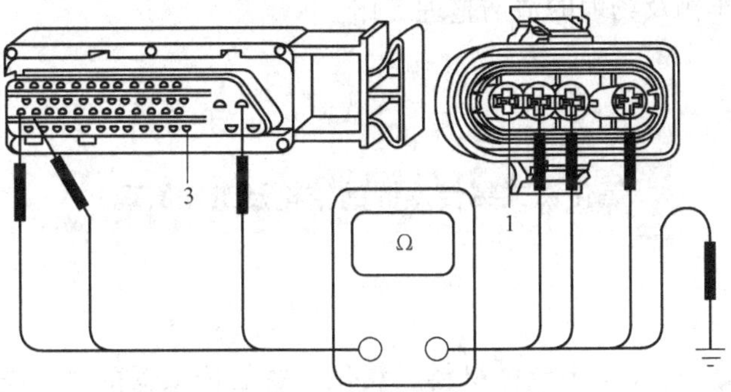

图2-76 氧传感器至ECU电路的测量

表2-4 对应端子及标准值

检测项目	传感器插头端子号	ECU插头端子号/搭铁	标准值/Ω
氧传感器至ECU线路	2	27	<1
		搭铁	∞
	3	25	<1
		搭铁	∞
	4	26	<1
		搭铁	∞

5）插回ECU插头，装好蓄电池负极导线。

2. 氧传感器加热元件电阻的检测

关闭点火开关，用万用表测量氧传感器插座1、2端子间的电阻值，如图2-77所示，室温时其阻值应为1～5Ω。

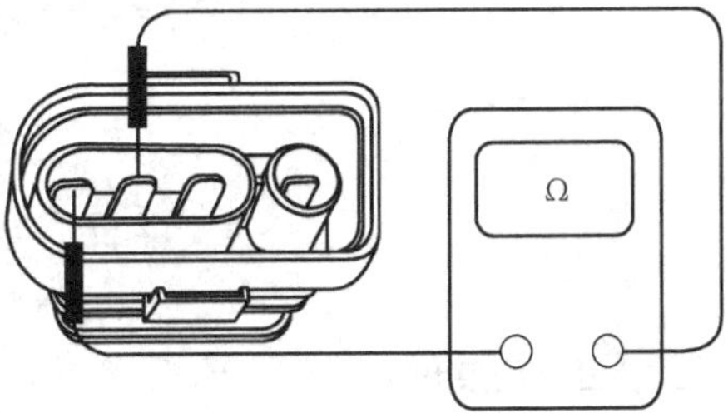

图2-77 氧传感器插座端子间电阻值的测量

3. 氧传感器输出电压的检测

1）关闭点火开关，用诊断连接线将氧传感器的插头与插座连接（注意：连接线间切勿短路，否则可能烧毁 ECU)。

2）起动发动机，热车至正常工作温度（冷却液温度必须大于 80℃)。

3）用指针式万用表（量程 2V）测量 4、3 端子间的电压（此时插头与插座要保持连接，可从连接线处测量)，观察万用表指针能否在 0～1V（0.45V 左右）来回摆动，并记下 10s 内指针摆动的次数。在发动机以 2500r/min 左右转速运转的情况下，10s 内反馈电压的变化次数应不少于 8 次。

4）拔下一根发动机的真空管，产生稀混合气，观察万用表的指示值，应为 0.1～0.3V。

5）插回真空管，用一个 4～8kΩ 电阻代替冷却液温度传感器，人为产生浓混合气，观察万用表的指示值，应为 0.7～1.0V。

6）关闭点火开关，取下诊断连接线，插回氧传感器插头，插回冷却液温度传感器插头。

4. 整理设备与场地

1）做好实习记录，按照实习要求，写出实习报告。

2）完成工具、车辆及场地的清洁整理工作。

知识链接

氧化钛式氧传感器的结构及工作原理

一、结构

二氧化钛（TiO_2）属 N 型半导体材料。氧化钛式氧传感器的外形与氧化锆式氧传感器相似，其结构如图 2-78 所示，主要由二氧化钛厚膜元件、护套、壳体、加热元件和电极引线等组成。钢质壳体上制有螺纹，以便于传感器安装。与氧化锆（ZrO_2）式传感器不同的是，氧化钛式氧传感器不需要与大气进行比较，因此传感元件（即厚膜元件）的密封与防水十分方便，利用二氧化硅或滑石粉等密封即可达到使用要求。此外，在电极引线与护套之间设置一个硅橡胶密封衬垫，可以防止水汽浸入传感器内部而腐蚀电极。

氧化钛式氧传感器一般都为加热型传感器。

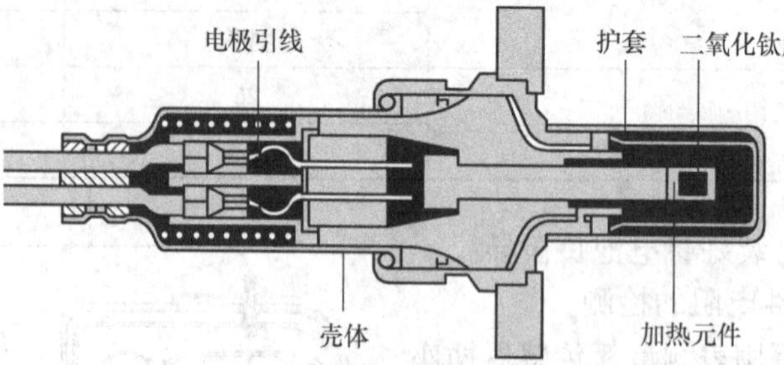

图 2-78　氧化钛式氧传感器的结构

二、工作原理

二氧化钛半导体材料的电阻具有随氧离子浓度的变化而变化的特性，因此氧化钛式氧传感器的信号源相当于一个可变电阻，其电阻值与空燃比的关系即特性曲线如图 2-79 所示。当周围气体介质中的氧元素较多时，二氧化钛的电阻值增大；反之，氧元素较少时，电阻值减小。与氧化锆式氧传感器相同之处是，由于在理论空燃比附近电阻值急剧变化，故其输出电压也急剧变化，同样可以达到空燃比动态平衡的目的，电路连接如图 2-80 所示。

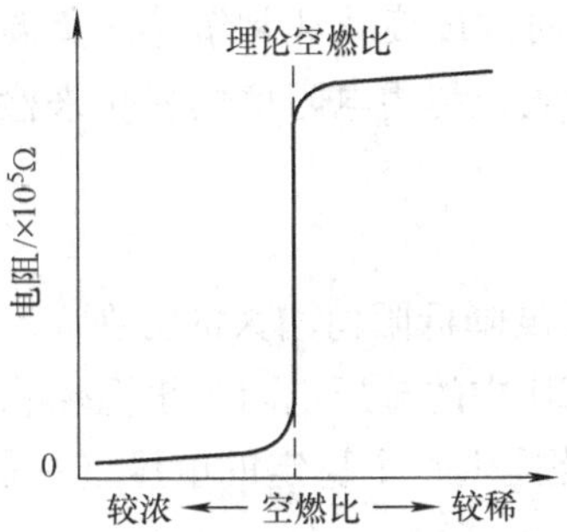

图 2-79　氧化钛式氧传感器特性曲线

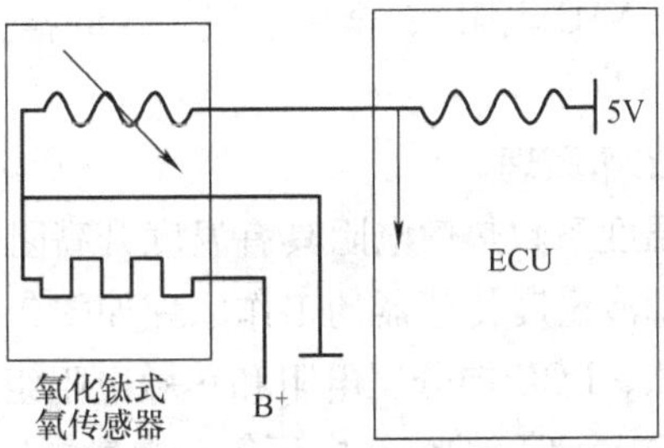

图 2-80　氧化钛式氧传感器电路

三、氧化钛式氧传感器的工作条件

氧化钛式氧传感器也必须满足以下 3 个条件，才能正常调节混合气浓度，即

1）发动机温度高于 60℃。

2）氧传感器自身温度高于 600℃。

3）发动机工作在怠速工况和部分负荷工况。

思考练习：

1. 氧传感器的输出特性是什么?

2. 为什么现在大多数车辆的氧传感器内都有加热元件？如果没有可以吗?

3. 某上海桑塔纳 2000GSi 型轿车用微机解码仪读取氧传感器电压值，电压始终处在 0.1 ~0.3V，试分析发动机的哪些故障会引起这种现象。

任务十　温度传感器的检测

任务目标

1. 了解温度传感器的结构。
2. 了解温度传感器的工作原理。
3. 掌握温度传感器的检测方法。

相关知识

一、冷却液温度传感器的结构和工作原理

1. 结构

冷却液温度传感器的结构如图 2-81 所示，主要由对温度变化非常敏感的负温度系数热敏电阻（NTC 电阻）、金属引线、接线插座和壳体等组成，利用电阻值的变化来检测冷却液的温度。

2. 工作原理

负温度系数热敏电阻具有温度升高阻值减小，而温度降低阻值增大的特性。

冷却液温度传感器的工作原理如图 2-82 所示，ECU 中的分压电阻与水温传感器的热敏电阻串联，ECU 向分压电阻和热敏电阻组成的分压电路提供一个稳定的电压（一般为 5V），传感器输入 ECU 的信号电压等于热敏电阻上的分压值。

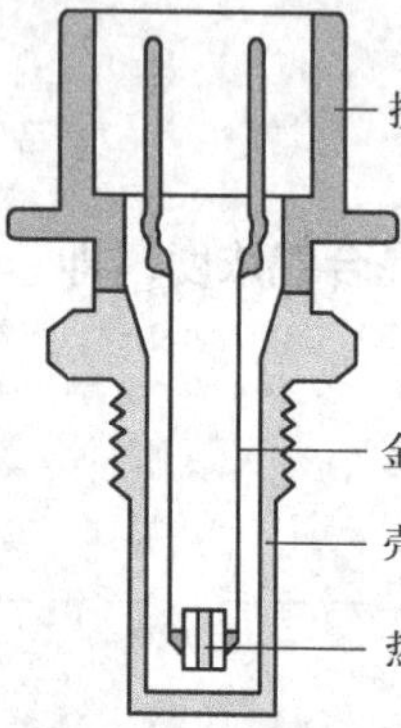

图 2-81　冷却液温度传感器的结构

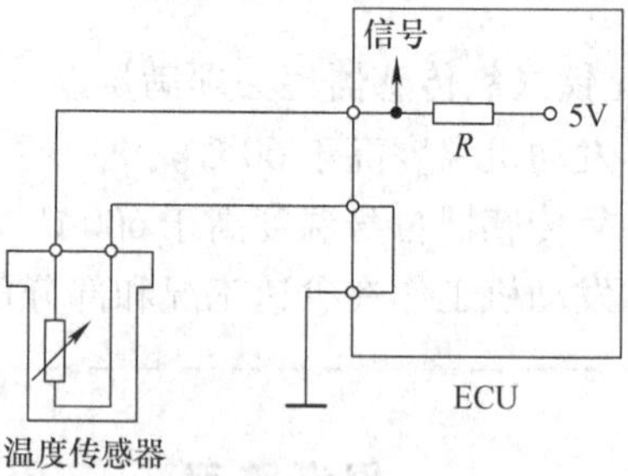

图 2-82　冷却液温度传感器的工作原理

当冷却液温度较低时，传感器的热敏电阻阻值较大，此时 ECU 接收到的分压值高，根据该信号 ECU 给喷油器发出较多额外喷油的指令，使发动机的冷机运转性能得以改善。当发动机冷却液的温度逐渐升高时，热敏电阻的阻值逐渐减小，ECU 接收到的分压值也相应减小，依据这一信号 ECU 控制喷油器逐渐减少额外喷油的指令，直到水温正常后，ECU 控制喷油器进行正常喷油而不再额外喷油，发动机进入正常工作状态。

二、进气温度传感器

进气温度传感器的结构和工作原理与冷却液温度传感器相同，也是采用负温度系数热敏电阻检测温度变化。

无论采用哪种电控燃油喷射系统，均应考虑空气密度对实际进气量的影响。空气密度是随空气的温度和压力而变化的。进气温度传感器的作用就是检测进气温度，并将检测结果送给 ECU，以便根据进气温度的变化对喷油量进行修正，获得最佳空燃比。

任务实施

一、准备工作

1. 工具及资料准备

1）万用表。

2）诊断用连接线。

3）拆卸工具。

4）加热器及盛水器皿。

5）温度计。

6）桑塔纳2000GSi型轿车电路图。

2. 车辆准备

1）准备实习车辆（上海大众桑塔纳2000GSi型轿车）。

2）将车辆停放在地面平整干净、周围无安全隐患的环境下。

3）放置车轮挡块并拉紧驻车制动，避免工作时车辆移动。

4）安装防护套件，防止工作时划伤、弄脏车辆。

5）确定蓄电池电量、电压正常。

二、注意事项

1）在没有拆下蓄电池导线、拔下传感器或执行器线束插头时，应先关闭点火开关再进行操作。

2）在拔下电控单元插头前，要拆下蓄电池负极导线。

3）在拆下蓄电池负极导线前，一定要先关闭点火开关再进行操作。

4）在拔下传感器或执行器线束插头前，应先将插头的锁止装置打开再向外拔。如果插头的锁止装置打开困难，则可先将插头向里推，然后再尝试打开锁止装置，一定不要用力硬拉，以避免损坏插头。

5）用万用表测量插头时，不要用力猛插，否则会造成插头接触不良。

三、操作步骤

（一）冷却液温度传感器的检测

上海桑塔纳2000GSi型轿车冷却液温度传感器与冷却液温度表传感器合装在一起，传感器插座端子排列如图2-83所示，电路连接如图2-84所示。

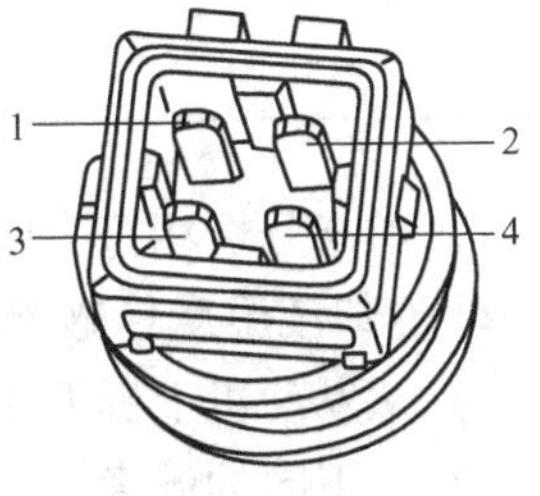

图2-83　冷却液温度传感器插座端子排列

1. 冷却液温度传感器电路的检测

1）关闭点火开关，拔下冷却液温度传感器插头。

2）打开点火开关，用万用表测量线束插头1、3端子的电压，如图2-85所示，该电压应为5V，否则可能是电路断路、短路或者是ECU未能提供5V电压。

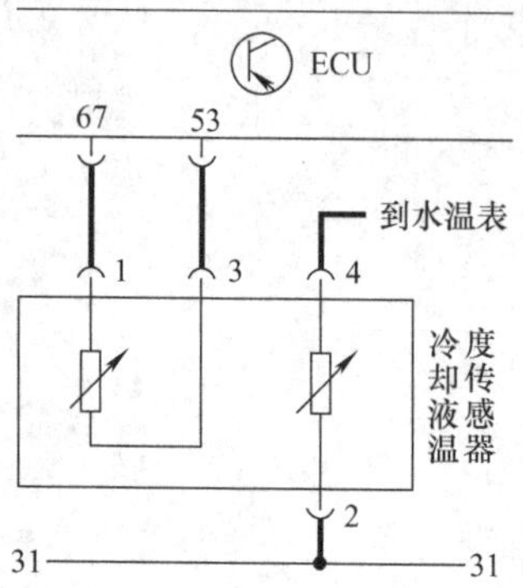

图 2-84 冷却液温度传感器电路连接

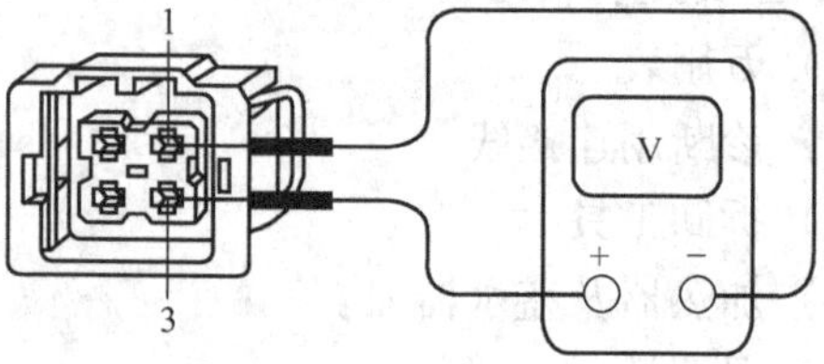

图 2-85 测量电压

3）关闭点火开关，拆下蓄电池负极导线，拔下 ECU 插头，参照图 2-86 及表 2-5，测量传感器插头与 ECU 插头对应端子之间的电路是否有断路或短路故障。

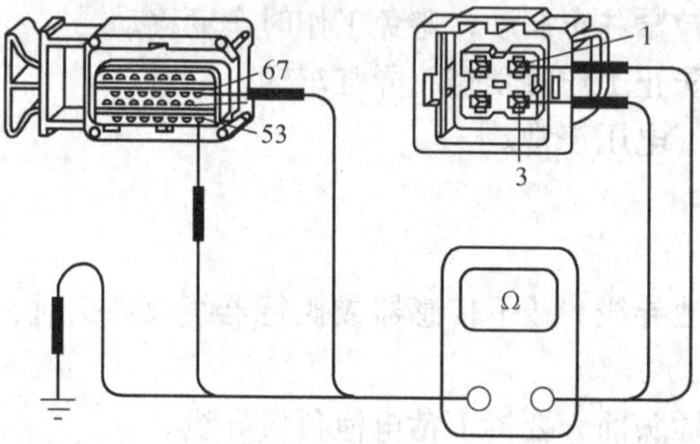

图 2-86 冷却液温度传感器至 ECU 电路的测量

表 2-5 对应端子及标准值

检测项目	传感器插头端子号	ECU 插头端子号/搭铁	标准值/Ω
冷却液温度传感器至 ECU 线路	1	67	<1
		搭铁	∞
	3	53	<0.5
		搭铁	∞

4）如与分析相符，则故障在冷却液温度传感器内，应对传感器电阻进行检测。

2. 冷却液温度传感器电阻的检测

1）从发动机上拆下冷却液温度传感器，如图 2-87 所示。

2）在不同的温度下，用万用表测量冷却液温度传感器 1、3 端子间的电阻，如图 2-88 所示。

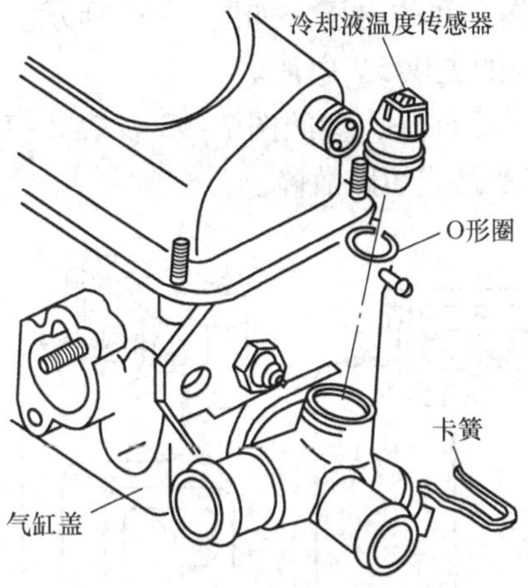

图 2-87 拆下冷却液温度传感器

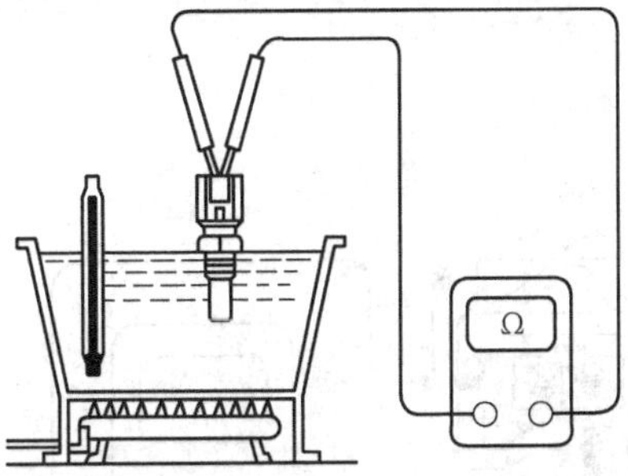

图 2-88 测量冷却液温度传感器的电阻

3）测得的电阻值应符合表 2-6 所列的标准值，如不相符，则应更换冷却液温度传感器。

表 2-6 温度传感器标准电阻值

温度/℃	阻值/Ω	温度/℃	阻值/Ω
0	5000～6500	60	540～675
20	2250～3000	70	400～500
30	1500～2100	80	275～375
40	950～1400	90	200～290
50	700～940	100	150～225

4）操作完毕后插回 ECU 及进气温度传感器插头，装好蓄电池负极导线。

（二）进气温度传感器的检测

进气温度传感器插头如图 2-89 所示，电路连接如图 2-90 所示。

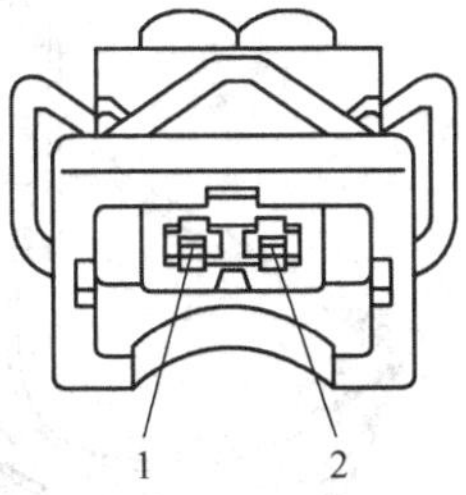

图 2-89 进气温度传感器插头

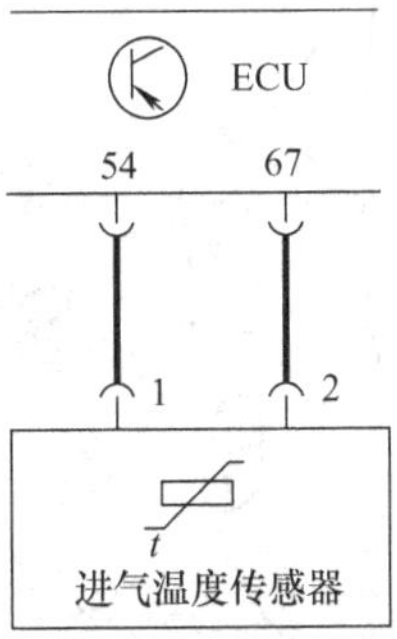

图 2-90 进气温度传感器电路连接

1. 进气温度传感器电路的检测

1）关闭点火开关，拔下进气温度传感器插头。

2）打开点火开关，用万用表测量线束插头 1、2 端子间的电压，如图 2-91 所示。该电压应为 5V，否则可能是电路断路、短路或者是 ECU 未能提供 5V 电压。

3）关闭点火开关，拆下蓄电池负极导线，拔下 ECU 插头，参照图 2-92 及表 2-7，测量传感器插头与 ECU 插头对应端子之间的电路是否有断路或短路故障。

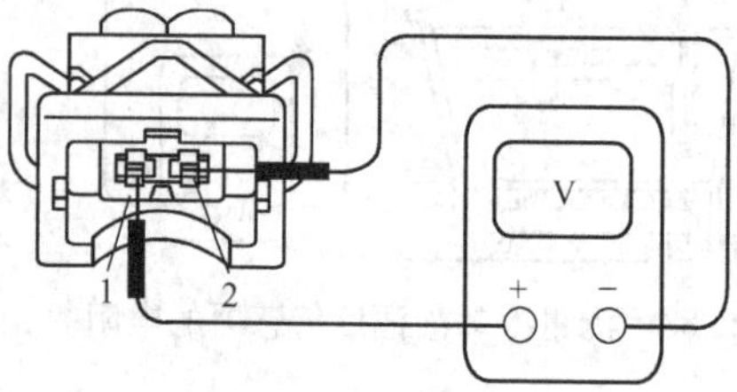

图 2-91　测量电压

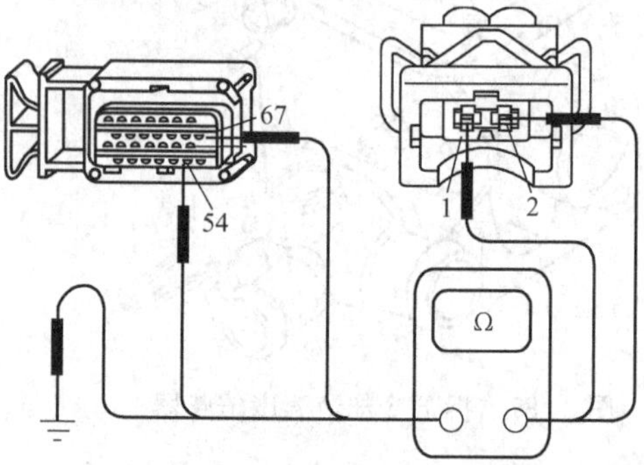

图 2-92　进气温度传感器至 ECU 电路的测量

表 2-7　对应端子及标准值

检测项目	传感器插头端子号	ECU 插头端子号/搭铁	标准值/Ω
进气温度传感器至 ECU 线路	1	54	<0.5
		搭铁	∞
	2	67	<1
		搭铁	∞

4）如与分析相符，则故障在进气温度传感器内，应对传感器电阻进行检测。

2. 进气温度传感器电阻的检测

1）从发动机上拆下进气温度传感器，如图 2-93 所示。

2）在不同的温度下，用万用表测量进气温度传感器 1、2 端子间的电阻，如图 2-94 所示。

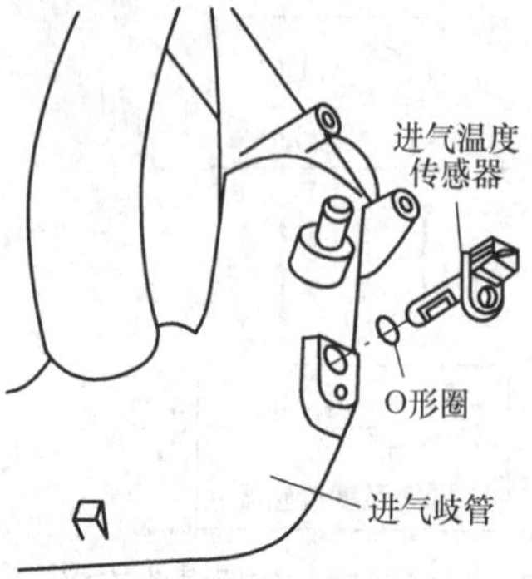

图 2-93　拆下进气温度传感器

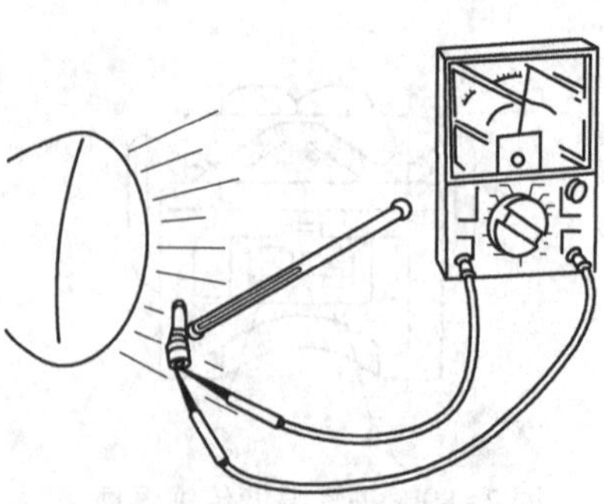

图 2-94　测量进气温度传感器的电阻

3）测得的电阻值应符合表 2-6 所列的标准值，如不符，则应更换进气温度传感器。

3. 操作完毕后插回 ECU 及进气温度传感器插头，装好蓄电池负极导线。

（三）整理设备与场地

1）做好实习记录，根据实习要求，写出实习报告。

2）完成工具、车辆及场地的清洁整理工作。

思考练习：

1. 负温度系数传感器有什么样的特性？

2. 在环境温度为30℃时，用万用表测到的冷却液温度传感器的电阻为∞，请问这可能是怎样造成的？

3. 某辆上海桑塔纳2000GSi 轿车按正常方法检测其冷却液传感器端子1、3 间的电压为0V，同时测得冷却液插头的端子1 与 ECU 的端子67 间的电阻小于1Ω；冷却液插头的端子3 与 ECU 的端子53 间的电阻小于0.5Ω。请找出造成达不到正常电压值（5V）的原因。

任务十一　爆燃传感器的检测

任务目标

1. 了解爆燃传感器的作用。
2. 了解爆燃传感器的类型、结构。
3. 了解爆燃传感器的工作原理。
4. 掌握爆燃传感器的检测方法。

相关知识

在发动机电控系统中，当点火时刻采用闭环控制时，就能有效抑制发动机产生爆燃。爆燃传感器是点火时刻闭环控制必不可少的重要部件，其功用是将发动机爆燃信号转换为电信号传递给 ECU，ECU 根据爆燃信号对点火提前角进行修正，从而使点火提前角保持最佳值。按照发动机气缸体振动频率检测方式的不同，爆燃传感器可分为共振型和非共振型两种：共振型爆燃传感器的显著特点是传感器的共振频率与发动机爆燃的固有频率相匹配，因此其内部设有共振体，并且要使共振体的共振频率与爆燃频率协调一致，其优点是输出电压高，不需要滤波器，因此信号处理比较方便，但是由于机械共振体的频率特性曲线较尖且频带范围较窄，因此无法响应发动机因条件变化而引起的爆燃频率变化，换句话说，共振型爆燃传感器只能用于特定的发动机，不能与其他发动机互换使用，且其装车自由度小，美国汽车多采用这种传感器；非共振型爆燃传感器的突出优点是适用于所有的发动机，装车自由度很大，但其输出电压较低，频率特性曲线较平且频带范围较宽，需要配用带通滤波器，信号处理比较复杂，中国、日本和欧洲汽车大部分采用了这种传感器。按汽车用爆燃传感器结构不同可分为电感式和压电式两种：通用汽车和日产汽车采用的是电感式爆燃传感器；桑塔纳

2000GSi 型轿车采用的是压电式爆燃传感器。

压电式爆燃传感器的结构与工作原理

一、结构

桑塔纳2000GSi 型轿车采用的非共振型压电式爆燃传感器，其外形结构如图 2-95 所示，主要由套筒、压电元件、惯性配重、塑料壳体和接线插座等组成。桑塔纳 2000GSi 型轿车采用了两只爆燃传感器，一只检测 1、2 缸爆燃信号，另一只检测 3、4 缸爆燃信号，安装在发动机气缸体进气道一侧，如图 2-96 所示。压电元件制成垫圈形状，在其两个侧面上制作有金属垫圈作为电极，并用导线引到接线插座上。惯性配重与压电元件以及压电元件与传感器套筒之间安放有绝缘垫圈，套筒中心制作有螺孔，传感器用螺栓固定在发动机缸体上，调整螺栓的拧紧力矩便可以调整传感器的输出电压（传感器的输出特性在出厂时已经调好，使用中拧紧力矩不得随意调整，桑塔纳 2000GSi 型轿车的标准力矩为 20N · m）。

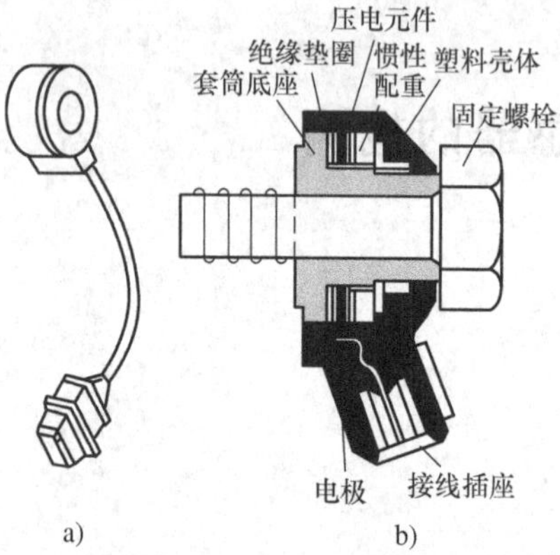

图 2-95　非共振型压电式爆燃传感器的结构
a）外形　b）结构

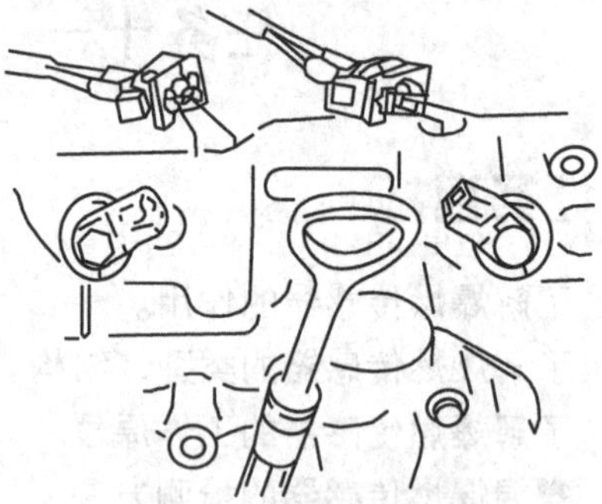

图 2-96　爆燃传感器的安装位置

二、工作原理

惯性配重用来传递发动机振动时产生的惯性力，惯性配重与塑料壳体之间安装有盘形弹簧，借弹簧张力将惯性配重、压电元件和垫圈等部件压紧在一起。传感器插座上有三根引线，其中两根为信号线，一根为屏蔽线。压电元件由压电材料制成，压电材料有压电单晶体（如石英晶体）、压电多晶体（如压电陶瓷钛酸钡 $BaTiO_3$ 和钛酸铅 $PbTiO_3$）、压电半导体（如硫化锌 ZnS、氧化锌 ZnO 等），石英是一种应用最为广泛的压电晶体。爆燃传感器是利用压电效应制成的，某些晶体（如石英、食盐、糖）的薄片受到压力或机械振动之后能够产生电荷的现象称为压电效应，当晶体受到外力作用时，在晶体的某两个表面上就会产生电荷（输出电压）；当外力去掉时，晶体又恢复到不带电状态，晶体受力产生的电荷量与外力大小成正比。当发动机气缸体产生振动时，传感器套筒底座及惯性配重随之产生振动，套筒底座和惯性配重的振动作用在压电元件上，由压电效应可知，压电元件的信号输出端就会输出与振动频率和振动强度有关的交变电压信号，如图 2-97 所示。试验证明，发动机爆燃频率一般在 6 ~ 9kHz 之间，其振动强度较大，信号电压也较高。发动机转速越高，信号电压幅值越大。

共振型压电式爆燃传感器的结构和工作原理与非共振型基本相同，只是在壳体内设有一个共振体。

压电式火花塞座金属垫圈型爆燃传感器是一种非共振型压电式传感器，其结构原理与前述压电式非共振型爆燃传感器相同，如图 2 - 98 所示。传感器安装在火花塞垫圈与发动机气缸盖之间，燃烧压力作用到火花塞上，经过火花塞垫圈再传递给传感器，通过检测火花塞拧紧力矩的变化，即可间接测量燃烧压力。传感器的额定工作温度为 180℃，允许短时间高温为 200℃，拧紧力矩为（25 ± 5）N · m，静电电容为 1000pF。

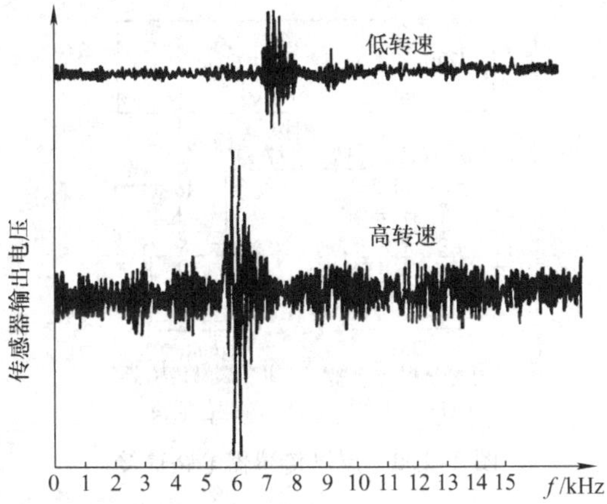

图 2 - 97　转速不同时非共振型压电式爆燃传感器的输出波形

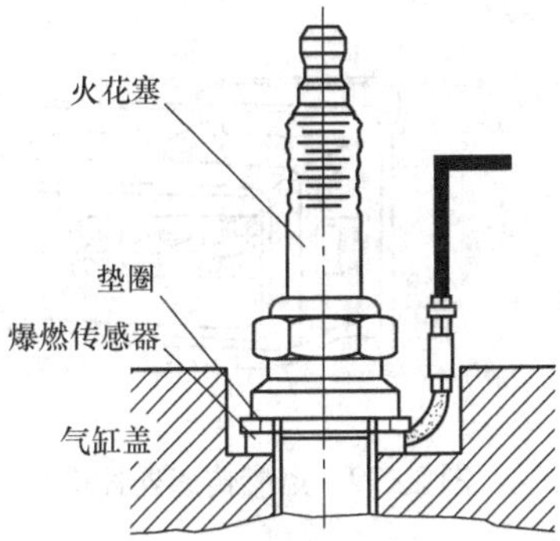

图 2 - 98　压电式火花塞座金属垫圈型爆燃传感器的结构

任务实施

一、准备工作

1. 工具及资料准备

1）万用表。

2）桑塔纳 2000GSi 型轿车电路图。

2. 车辆准备

1）准备实习车辆（上海大众桑塔纳 2000GSi 型轿车）。

2）将车辆停放在地面平整干净、周围无安全隐患的环境下。

3）放置车轮挡块并拉紧驻车制动，避免工作时车辆移动。

4）安装防护套件，防止工作时划伤、弄脏车辆。

二、注意事项

1）在没有拆下蓄电池导线、拔插传感器或执行器线束插头时，应先关闭点火开关再进行操作。

2）在拔下电控单元插头前，要拆下蓄电池负极导线。

3）在拆下蓄电池负极导线前，一定要先关闭点火开关再进行操作。

4）在拔下传感器或执行器线束插头前，应先将插头的锁止装置打开再向外拔。如果插头的锁止装置打开困难，则可先将插头向里推，然后再尝试打开锁止装置，一定不要用力硬拉，以避免损坏插头。

5）用万用表测量插头时，不要用力猛插，否则会造成插头接触不良。

三、操作步骤

上海桑塔纳2000GSi型轿车采用非共振型压电式爆燃传感器，其插座端子排列如图2-99所示，电路连接如图2-100所示。

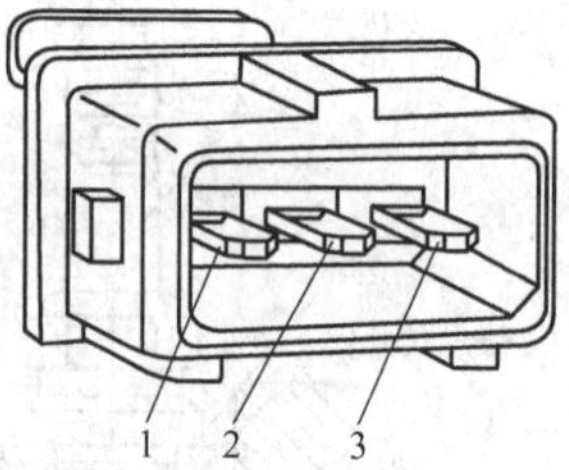

图2-99　爆燃传感器插座端子排列

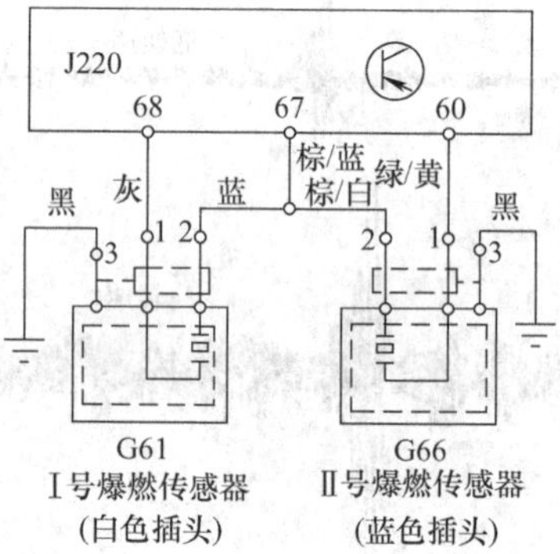

图2-100　爆燃传感器电路连接

1. 爆燃传感器的检测

1）关闭点火开关，拔下两个爆燃传感器插头。

2）元件测量：用万用表分别测量两个传感器1、2和1、3和2、3端子间的电阻值，其电阻值均应大于1MΩ，否则应更换传感器。

3）线路测量：关闭点火开关，拆下蓄电池负极导线，拔下ECU插头。测量传感器插头与ECU插头对应端子之间的电路是否有断路、短路故障（标准值：对应电路导线电阻小于1Ω，相邻导线电阻为∞）。

4）操作完毕后插回ECU及爆燃传感器插头，装好蓄电池负极导线。

2. 整理设备与场地

1）做好实习记录，根据实习要求，写出实习报告。

2）完成工具、车辆及场地的清洁整理工作。

知识链接

电感式爆燃传感器的结构及工作原理

一、结构

电感式爆燃传感器为共振型爆燃传感器，其结构如图2-101所示，主要由感应线圈、磁致伸缩杆、永久磁铁和外壳组成。其外形与润滑油压力传感器相似，不同的是其旋入发动机气缸体的部分为实心结构。磁致伸缩杆用高镍合金制成，在其一端设置有永久磁铁，另一端安放在弹性部件上。

二、工作原理

当发动机产生振动时，传感器的磁致伸缩杆会随之产生振动，感应线圈中的磁通量就会发生变化，由电磁感应原理可知，线圈中就会产生感应交变电动势，即传感器会有信号电压输出，输出电压的高低取决于发动机的振动强度和振动频率，当发动机的振动频率达到6~9kHz时，传感器产生共振，振动强度最大，线圈中产生的电压最高。如图2-102所示为电感式爆燃传感器的输出波形。

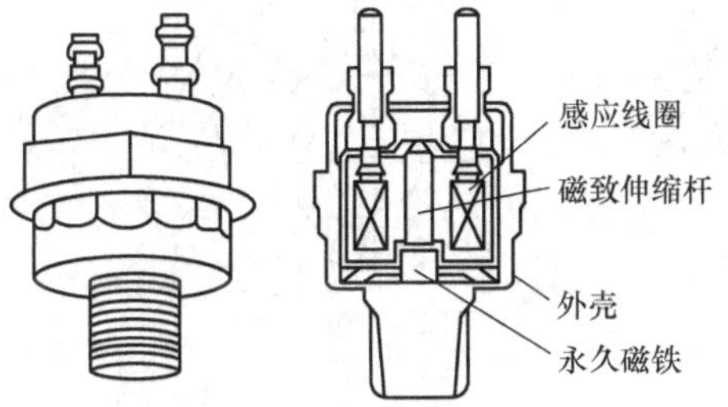

图2-101　电感式爆燃传感器的结构

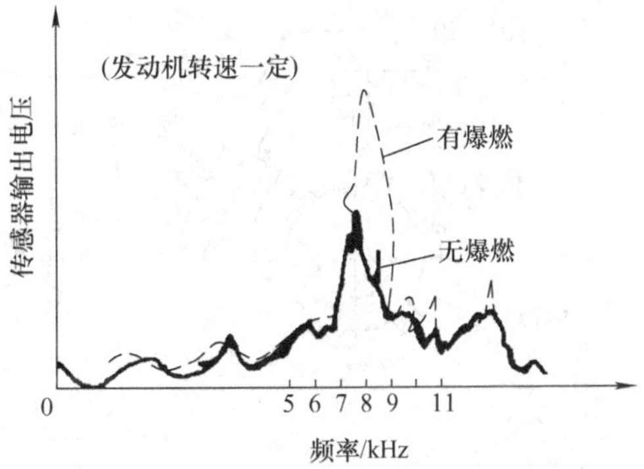

图2-102　电感式爆燃传感器的输出波形

思考练习：

1. 汽车上采用的爆燃传感器的作用是什么？
2. 现代车辆为何要增加爆燃传感器，没有它可不可以？为什么？

任务十二　曲轴位置传感器的检测

任务目标

1. 了解曲轴位置传感器的作用。
2. 了解电磁式曲轴位置传感器的结构。
3. 了解电磁式曲轴位置传感器的工作原理。
4. 掌握电磁式曲轴位置传感器的检测。

相关知识

曲轴位置传感器是发动机电子控制系统中最主要的传感器之一，其作用是控制点火时刻、点火提前角和喷油时刻，检测并输入ECU曲轴转角信号。

根据曲轴位置传感器工作原理的不同，它可分为电磁感应式、光电感应式和霍尔效应式三大类。其安装位置分为曲轴前端、飞轮上和分电器内等。例如丰田皇冠型轿车的曲轴位置传感器就是属于电磁感应式，并且安装在分电器内。

电磁感应式曲轴位置传感器的结构及工作原理如下。

一、结构

电磁感应式曲轴位置传感器的结构如图 2 - 103 所示，主要由永久磁铁、感应线圈、信号转子等组成，信号转子固定在分电器轴上，由发动机凸轮轴带动其旋转，感应线圈固定在分电器壳体上。

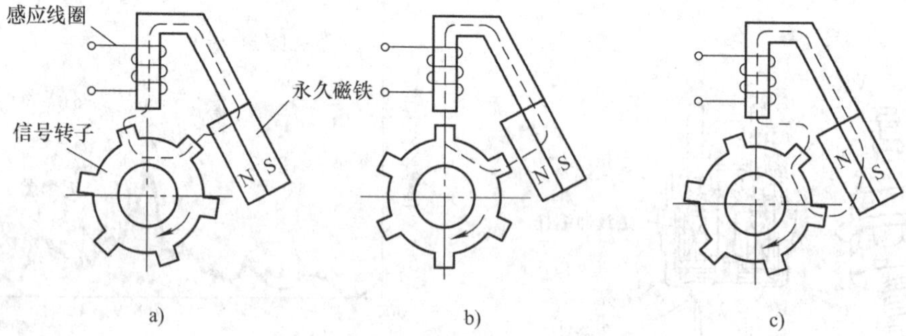

图 2 - 103　电磁感应式曲轴位置传感器的结构

a）接近　b）对正　c）离开

永久磁铁的磁力线经信号转子、感应线圈、托架构成回路，转子由分电器带动其旋转，转子上有与发动机气缸相等的凸轮。转子在旋转时，由于不断地改变凸轮与托架之间的磁隙，通过感应线圈的磁通量将不断变化，线圈中便产生感应电动势，并以交流形式输出。发动机每转动两圈，传感器转子则转一圈，线圈中产生的信号电压周期数与发动机气缸数相同，因此测出单位时间内信号电压的变化次数，即可得知发动机的转速。

在实际应用的结构中，常将曲轴位置传感器和凸轮轴位置传感器一同装于分电器内，使用复合转子和耦合线圈。如图 2 - 104、图 2 - 105 所示，它具有两套信号发生系统，即具有一个凸轮的正时(G)转子和感应线圈 G_1、G_2 以及具有 24 个凸轮的正时转子、Ne 感应线圈。

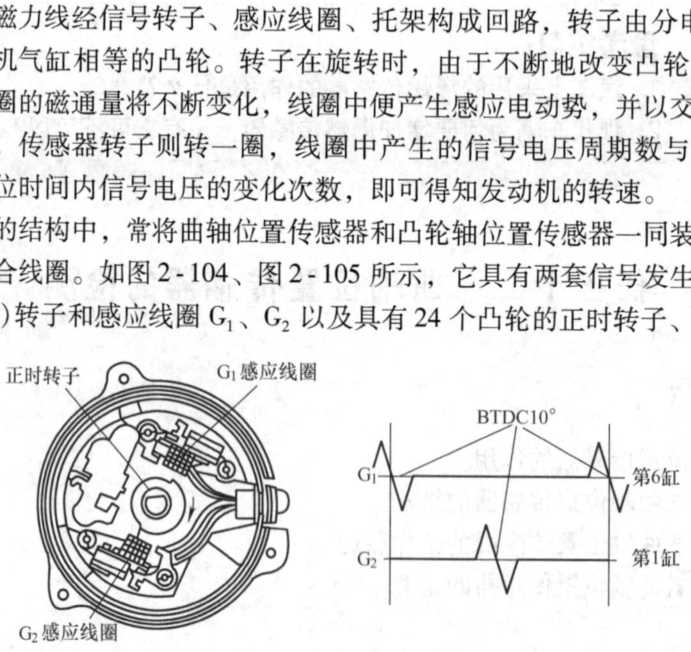

图 2 - 104　丰田皇冠曲轴位置传感器

a）结构　b）输出脉冲

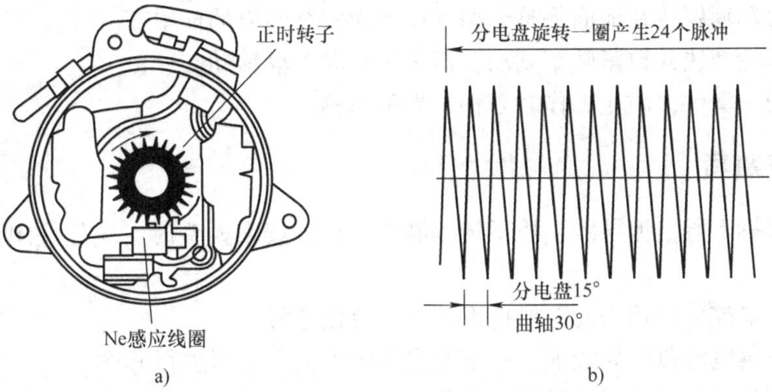

图 2-105　丰田皇冠曲轴位置传感器

a）结构　b）输出脉冲

二、工作原理

分电器轴转动时，G 转子和 Ne 转子与其同步转动。具有一个凸轮的 G 转子与感应线圈 G_1 和 G_2 中各产生一个脉冲电压信号，只要在设计和装配时保证 G 转子的凸轮在第 1 缸或第 6 缸压缩行程上止点时与信号线圈 G_1 或 G_2 最靠近，即可通过检测感应线圈 G_1、G_2 中的电压变化，来判断第 1 缸或第 6 缸压缩行程上止点的位置。通过以上分析可以看出，G 信号作为曲轴位置的参考信号提供给 ECU，用于确定发动机各气缸正确的点火和喷油时刻，如图 2-105b 所示。为了更精确地检测发动机的曲轴转角和转速，确定活塞在气缸内的实际位置，还设有 Ne 转子和 Ne 感应线圈。Ne 转子上的凸轮为 24 个齿，由此可知每两齿之间的间隔角度为 15°分电器轴转角，即 30°曲轴转角，分电器轴转动一圈，便在 Ne 感应线圈中产生出与凸轮齿数相等的脉冲电压信号，将这些脉冲电压信号输入给 ECU，通过计算单位时间内脉冲电压的数目，即可确定发动机的转速。转速传感器的电路原理如图 2-106 所示。

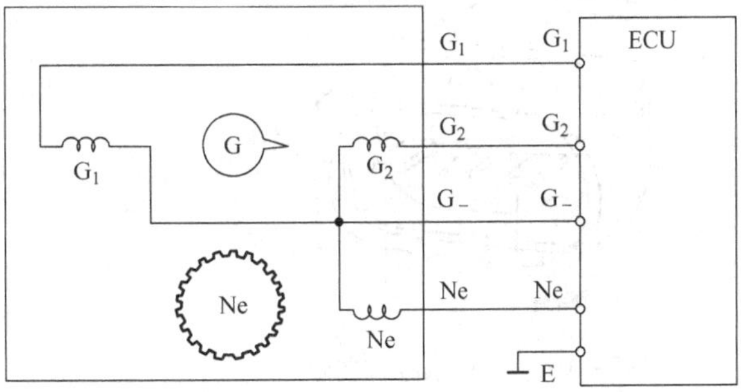

图 2-106　转速传感器的工作原理

任务实施

一、准备工作

1. 工具及资料准备

1）万用表。

2）桑塔纳 2000GSi 型轿车电路图。

2. 车辆准备

1）准备实习车辆（上海大众桑塔纳 2000GSi 型轿车）。

2）将实习车辆停放在地面平整干净、周围无安全隐患的环境下。

3）放置车轮挡块并拉紧驻车制动，避免工作时车辆移动。

4）安装防护套件，防止工作时划伤、弄脏车辆。

二、注意事项

1）在没有拆下蓄电池导线、拔下传感器或执行器线束插头时，应先关闭点火开关再进行操作。

2）在拔下电控单元插头前，要拆下蓄电池负极导线。

3）在拆下蓄电池负极导线前，一定要先关闭点火开关再进行操作。

4）在拔下传感器或执行器线束插头前，应先将插头的锁止装置打开再向外拔。如果插头的锁止装置打开困难，则可先将插头向里推，然后再尝试打开锁止装置，一定不要用力硬拉，以避免损坏插头。

5）用万用表测量插头时，不要用力猛插，否则会造成插头接触不良。

三、操作步骤

上海桑塔纳 2000GSi 型轿车采用的电磁感应式曲轴位置传感器，其插座端子排列如图 2 - 107 所示，电路连接如图 2 - 108 所示。

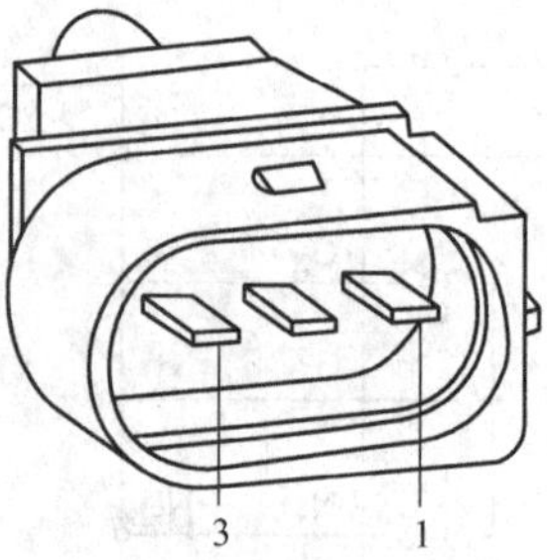

图 2 - 107　电磁感应式曲轴位置传感器插座端子排列

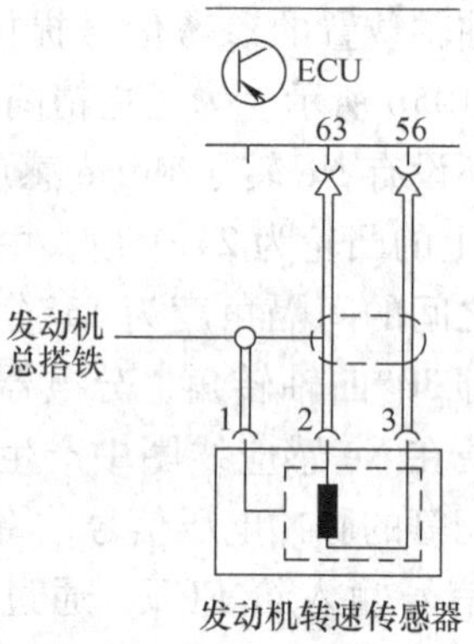

图 2 - 108　电磁感应式曲轴位置传感器连接电路

1. 电磁感应式曲轴位置传感器的检测

1）关闭点火开关，拔下曲轴位置传感器插头。

2）元件测量：测量线束插头 2、3 端子间的阻值，其值应为 480 ~ 1000Ω，否则应更换曲轴位置传感器。

3）电路测量：关闭点火开关，拆下蓄电池负极导线，拔下 ECU 插头。根据电路图，测量对应电路的导通情况，排除断路、短路故障（标准值：对应线路导线电阻小于 1Ω，相邻导线电阻为∞）。

2. 整理设备与场地

1）做好实习记录，根据实习要求，写出实习报告。

2）完成工具、车辆及场地的清洁整理工作。

知识链接

光电感应式转速传感器的结构及工作原理

一、结构

光电感应式转速传感器的结构如图 2 - 109 所示，一般主要由光源、光接收器、遮光盘和控制电路等组成。光电感应式转速传感器的安装位置一般在分电盘上，也有的直接安装在凸轮轴前端。

图 2 - 109　光电感应式转速传感器的结构

二、工作原理

光电感应式转速传感器的工作原理如图 2 - 110 所示，遮光盘固定在分电器轴上，与分电器轴一起转动。遮光盘边缘刻有 360 条缝隙，每转过一条缝隙对应分电器轴 1°转角，在遮光盘边缘还刻有表示第 1 缸上止点位置的缝隙和 60°（六缸机）或 90°（四缸机）间隔的缝隙。遮光盘置于发光二极管与光敏二极管之间，遮光盘随分电器同时旋转时，当光敏二极管接收到光线时，光敏二极管导通；当光敏二极管没接收到光时，就截止。分电器转动一圈，将输出 360 个脉冲信号，每个脉冲信号对应分电器轴 1°转角（曲轴 2°转角），此信号作为向 ECU 输入的转速信号。同缝隙较宽的第 1 缸上止点标记和 60°（六缸机）或 90°（四缸机）间隔缝隙向 ECU 输入第 1 缸上止点位置信号和缸序判别信号。

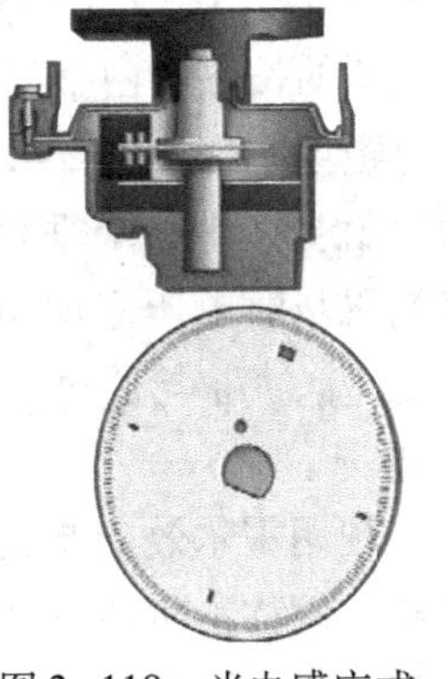

图 2 - 110　光电感应式转速传感器的工作原理

思考练习：

1. 转速传感器的作用是什么？

2. 一辆上海大众桑塔纳 2000 型轿车，在加完油后打火起动时，发现起动不着，试分析故障部位在哪里？如何检测？

任务十三　凸轮轴位置传感器的检测

任务目标

1. 了解凸轮轴位置传感器的作用。
2. 掌握凸轮轴位置传感器的检测方法。

相关知识

凸轮轴位置传感器又称为判缸传感器，为了区别于曲轴位置传感器 CPS，凸轮轴位置传感器一般都用 CIS 表示。凸轮轴位置传感器的功用是采集配气凸轮轴的位置信号，并输入给 ECU，以便 ECU 识别第 1 缸压缩上止点，从而进行顺序喷油控制、点火时刻控制和爆燃控制。此外，凸轮轴位置信号还用于发动机起动时识别出第一次点火时刻。因为凸轮轴位置传感器能够识别哪一缸活塞即将到达上止点，所以称为判缸传感器。有些车辆的凸轮轴位置传感器与曲轴位置传感器安装在一起，如上述的电磁感应式转速传感器和光电感应式传感器均是如此，其结构原理基本相同，不再复述。有些车辆采用的凸轮轴位置传感器与曲轴位置传感器分别安装，如桑塔纳 2000GSi 型轿车采用的霍尔式凸轮轴位置传感器，其安装位置在发动机进气凸轮轴的一端，曲轴位置传感器则安装于曲轴飞轮末端。下面就独立安装的桑塔纳 2000GSi 型轿车的霍尔式凸轮轴位置传感器进行介绍。

霍尔效应是美国约翰·霍普金斯大学物理学家德华·霍尔博士于 1879 年首先发现的。霍尔效应是指将一个通有电流 I 的长方形白金导体垂直于磁力线放入磁感应强度为 B 的磁场中，如图 2-111 所示，在白金导体的两个横向侧面上就会产生一个垂直于电流方向和磁场方向的电压，当取消磁场时电压立即消失。产生的电压后来被称之为霍尔电压 U_H，U_H 与通过白金导体的电流 I 和磁感应强度 B 成正比。

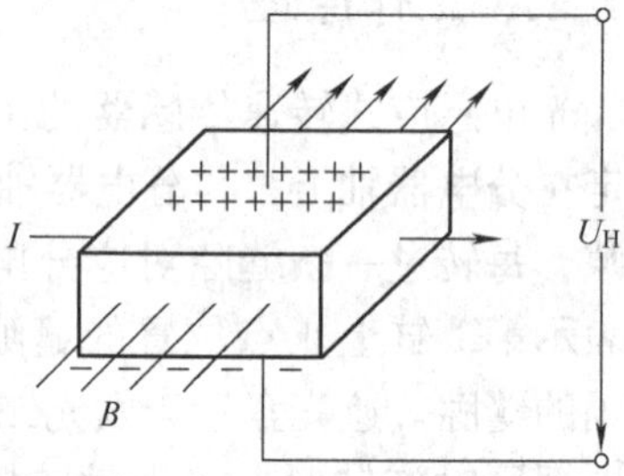

图 2-111　霍尔效应原理图

利用霍尔效应制成的元件称为霍尔元件，利用霍尔元件制成的传感器称为霍尔效应式传感器，简称霍尔传感器。由于半导体材料也存在霍尔效应，其霍尔系数远远大于金属材料的霍尔系数，因此一般都采用半导体材料制作霍尔元件。利用霍尔效应不仅可以通过接通和切断磁场来检测电压，而且还可以检测导线中流过的电流，因为导线周围的磁场强度与流过导线的电流成正比关系。20 世纪 80 年代以来，汽车电子产品中应用的霍尔效应式传感器与日俱增，主要原因在于霍尔效应式传感器有两个显著的优点：一是输出电压信号近似于方波信号；二是输出电压的高低与被测物体的转速无关。霍尔效应式传感器与磁感应式传感器的不同之处是需要外加电源。

霍尔效应式传感器的基本结构与工作原理如图 2-112 所示。它主要由触发叶轮、霍尔集成电路、导磁钢片（磁轭）与永久磁铁组成。

触发叶轮安装在转子轴上，叶轮上有叶片。当触发叶轮随转子轴一同转动时，叶片便在

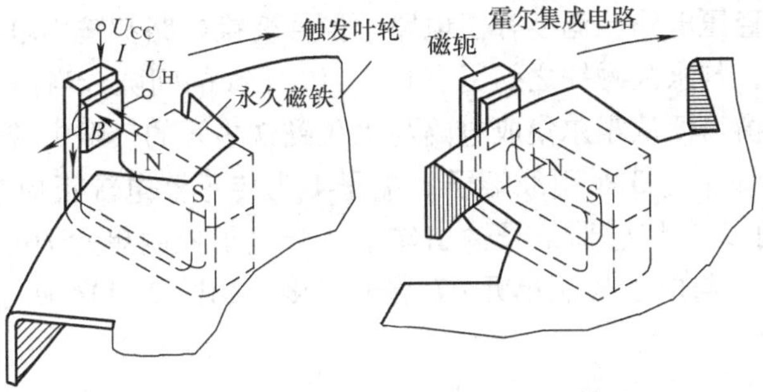

图 2-112　霍尔传效应式感器的基本结构与原理
a）叶片离开气隙，磁场饱和　b）叶片进入气隙，磁场被旁路

霍尔集成电路与永久磁铁之间转动。霍尔集成电路由霍尔元件、放大电路、稳压电路、温度补偿电路、信号变换电路和输出电路等组成。

当传感器轴转动时，触发叶轮的叶片便从霍尔集成电路与永久磁铁之间的气隙中转过。当叶片离开气隙时，永久磁铁的磁通便经霍尔集成电路和导磁钢片构成回路，如图 2-112a 所示，此时霍尔元件产生的电压为 1.9～2.0V，霍尔集成电路输出级的晶体管导通，传感器输出的信号电压为低电平。

当叶片进入气隙时，霍尔集成电路中的磁场被叶片旁路，如图 2-112b 所示，霍尔电压 U_H 为零，集成电路输出级的晶体管截止，传感器输出的信号电压为高电平。

霍尔效应式凸轮轴位置传感器的结构及工作原理如下：

一、结构

霍尔效应式凸轮轴位置传感器的结构如图 2-113 所示，主要由霍尔信号发生器和信号转子组成。

图 2-113　霍尔效应式凸轮轴位置传感器的结构

信号转子又称为触发叶轮，安装在进气凸轮轴上，用定位螺栓和座圈固定。信号转子的隔板又称为叶片，在隔板上有一个窗口，窗口对应产生的信号为低电平信号，隔板对应产生的信号为高电平信号。

霍尔信号发生器主要由霍尔集成电路、永久磁铁和导磁钢片等组成。霍尔集成电路由霍尔元件、放大电路、稳压电路、温度补偿电路、信号变换电路和输出电路等组成。霍尔元件用硅半导体材料制成，与永久磁铁之间留有 0.2～0.4mm 的间隙，当信号转子随进气凸轮轴一同转动时，隔板和窗口便从霍尔集成电路与永久磁铁之间的气隙中转过。

该传感器接线插座上有 3 个引线端子，端子 1 为传感器电源正极端子，与电子控制单元 62 端子连接；端子 2 为传感器信号输出端子，与电子控制单元 76 端子连接；端子 3 为传感器电源负极端子，与电子控制单元 67 端子连接，如图 2-116 所示。

二、工作原理

由霍尔效应式传感器的工作原理可知，当隔板进入气隙时，霍尔元件不产生电压，传感器输出高电平(5V)信号；当隔板离开气隙时，霍尔元件产生电压，传感器输出低电平信号（0.1V）。凸轮轴位置传感器输出的信号电压与曲轴位置传感器输出的信号电压之间的关系，即两者输出波形的对应关系如图 2-114 所示。发动机曲轴每转两转，霍尔传感器信号转子就转一圈，对应产生一个低电平信号和一个高电平信号，其中低电平信号对应于 1 缸压缩上止点前一定角度。

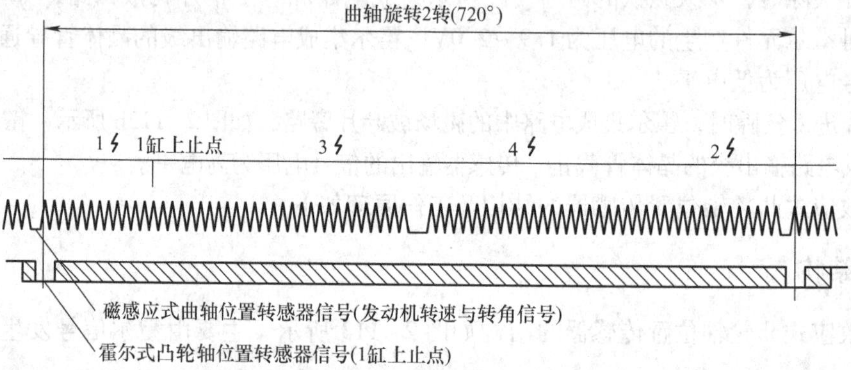

图 2-114 凸轮轴位置传感器与曲轴位置传感器输出波形的对应关系

发动机工作时，磁感应式曲轴位置传感器(CPS)和霍尔效应式凸轮轴位置传感器(CIS)产生的信号电压不断输入到控制单元 ECU。当 ECU 同时接收到曲轴位置传感器大齿缺对应的低电平信号和凸轮轴位置传感器窗口对应的低电平信号时，便可识别出此时为第 1 缸活塞处于压缩行程，第 4 缸活塞处于排气行程，并根据曲轴位置传感器小齿缺对应输出的信号控制点火提前角。控制单元识别出第 1 缸压缩行程上止点位置后，便可进行顺序喷油控制和各缸点火时刻控制。如果发动机产生了爆燃，电子控制单元还能根据爆燃传感器输入的信号判别出是哪一缸产生了爆燃，从而减小点火提前角，以便消除爆燃。

任务实施

一、准备工作

1. 工具及资料准备

1）万用表。

2）桑塔纳 2000GSi 型轿车电路图。

2. 车辆准备

1）准备实习车辆（上海大众桑塔纳 2000GSi 型轿车）。

2）将车辆停放在地面平整干净、周围无安全隐患的环境下。

3）放置车轮挡块并拉紧驻车制动，避免工作时车辆移动。

4）安装防护套件，防止工作时划伤、弄脏车辆。

5）确定蓄电池电量、电压正常。

二、注意事项

1）在没有拆下蓄电池导线、拔下传感器或执行器线束插头时，应先关闭点火开关再进行操作。

2）在拔下电控单元插头前，要拆下蓄电池负极导线。

3）在拆下蓄电池负极导线前，一定要先关闭点火开关再进行操作。

4）在拔下传感器或执行器线束插头前，应先将插头的锁止装置打开再向外拔。如果插头的锁止装置打开困难，则可先将插头向里推，然后再尝试打开锁止装置，一定不要用力硬拉，以避免损坏插头。

5）用万用表测量插头时，不要用力猛插，否则会造成插头接触不良。

三、操作步骤

上海桑塔纳 2000GSi 型轿车采用霍尔效应式转速传感器，其元件位置及插座如图 2-115 所示，电路连接如图 2-116 所示。

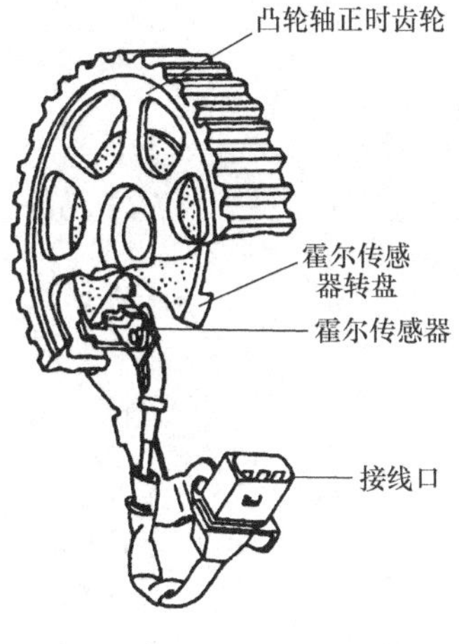

图 2-115　霍尔效应式转速传感器元件位置及插座

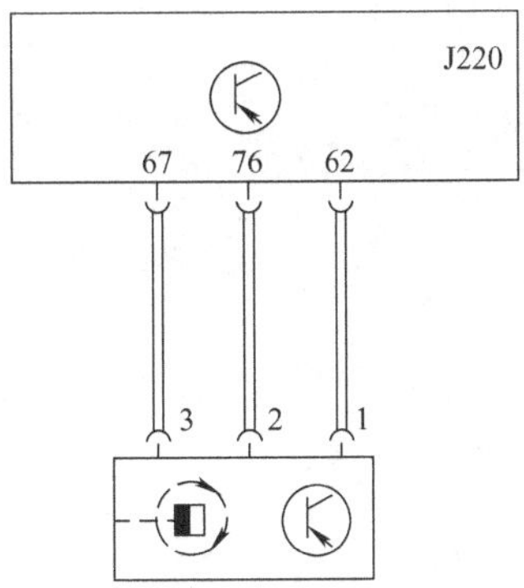

图 2-116　霍尔式转速传感器电路连接

1. 霍尔效应式凸轮轴位置传感器电路的检测

1）关闭点火开关，拔下霍尔效应式凸轮轴位置传感器插头。

2）打开点火开关，用万用表测量线束插头 1、3 端子间的电压，如图 2-116 所示。该电压应为 5V，否则可能是电路断路、短路或者是 ECU 未能提供 5V 电压。

3）关闭点火开关，拆下蓄电池负极导线，拔下 ECU 插头，如图 2-115 所示，测量传感器插头与 ECU 插头对应端子之间的线路是否有断路或短路故障（标准值：对应线路导线电阻小于 1Ω，相邻导线电阻为∞）。

4）如与分析相符，则故障在霍尔效应式转速传感器内，应对传感器进行更换。

5）操作完毕后插回 ECU 及霍尔效应式转速传感器插头，装好蓄电池负极导线。

2. 整理设备与场地

1）做好实习记录，根据实习要求，写出实习报告。

2）完成工具、车辆及场地的清洁整理工作。

思考练习：

1. 霍尔效应式转速传感器的工作原理是什么？

2. 一辆加满油的上海大众桑塔纳 2000GSi 轿车出现发动机无法起动的情况，该故障可能与霍尔效应式凸轮轴位置传感器有关吗？如果有的话，你认为故障点在哪里？为什么？

单元三

燃油喷射系统的控制

任务一　喷油正时的控制

任务目标

1. 了解同时喷射控制的工作过程。
2. 了解分组喷射控制的工作过程。
3. 了解顺序喷射控制的工作过程。

相关知识

ECU 对喷油器的控制形式分为同时喷射控制、分组喷射控制和顺序喷射控制。控制内容主要是对喷油时刻和喷油量的控制。

一、同时喷射的控制

由图 3-1 中可以看出，所有喷油器均为并联连接。当点火开关置于“ON”时，电源“+”极便同时加到四个喷油器电磁线圈的一端。ECU 根据发动机转速传感器输送的喷油基准信号，向喷油器发出控制指令，控制大功率晶体管的导通或截止，从而控制各喷油器电磁线圈的电路同时接通或切断，使各缸喷油器同时喷油。

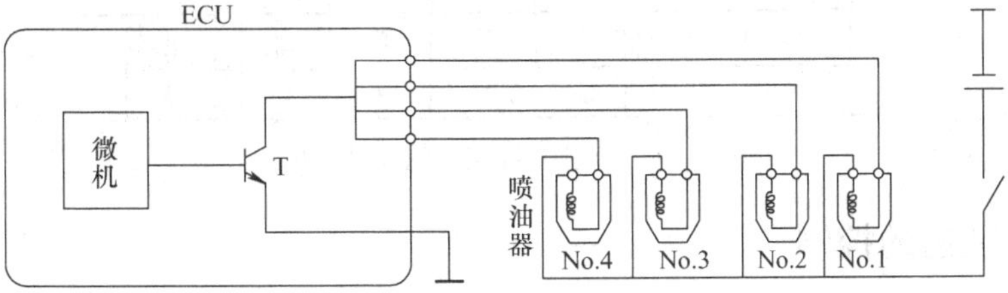

图 3-1　同时喷射

通常曲轴每转 360°，各缸喷油器同时喷油一次。由于在发动机的一个工作循环中各缸同时喷油两次，因此这种喷油方式也称为同时双次喷射。两次喷射的汽油在进气门打开时一起进入气缸。如图 3-2 所示为同时喷射控制的喷油正时。

由于这种喷射方式是所有各缸喷油器同时喷射，所以喷油正时与发动机进气、压缩、做功、排气的工作循环没有关系。其缺点是由于各缸所有对应的喷油时间不可能最佳，因此会造成各缸的混合气形成不一样，但这种喷射方式不需要气缸判别信号，且控制电路结构和软件比较简单，因此，目前这种喷射方式仍有一定的应用。

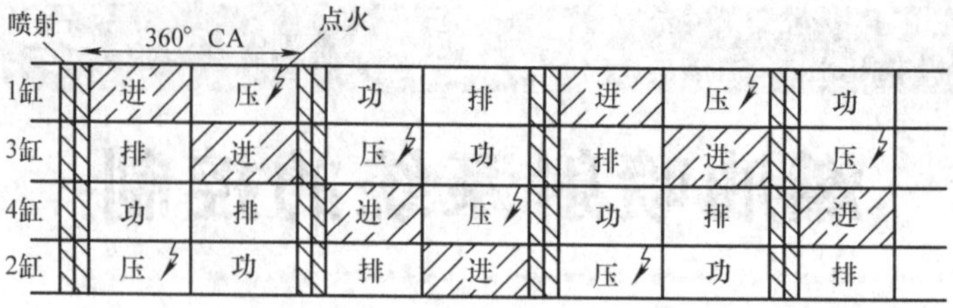

图 3-2　同时喷射控制的喷油正时

二、分组喷射的控制

分组喷射控制电路如图 3-3 所示。从图中可以看出，每组中的喷油器为并联，两组喷油器的搭铁回路分别由不同的大功率晶体管控制。一般是四缸发动机分成两组，六缸发动机分成两组或三组。当 ECU 从发动机转速传感器收到某组喷油器传来的喷射控制信号后，便发出喷油控制指令，控制该组中的大功率晶体管导通从而接通喷油器电磁线圈的电路，喷油器开始喷油。

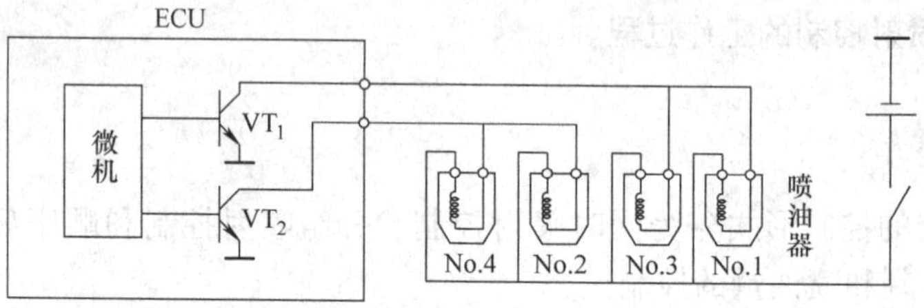

图 3-3　分组喷射控制电路

发动机在每一个工作循环中，各缸喷油器均为喷射一次或两次，一般发动机每转 360°，只有一组喷油器喷油。如图 3-4 所示为分组喷射控制的喷油正时。

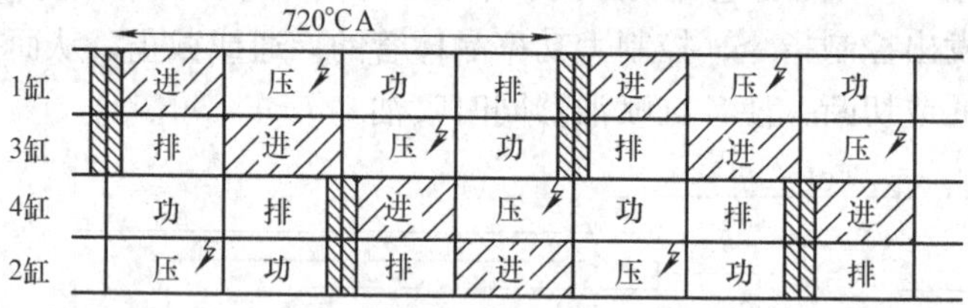

图 3-4　分组喷射控制的喷油正时

三、顺序喷射的控制

顺序喷射也称为独立喷射。发动机在一个工作循环中，各缸喷油器顺序依次轮流喷油一次。部分北京切诺基发动机就是采用的顺序喷射控制，顺序喷射控制电路如图 3-5 所示。

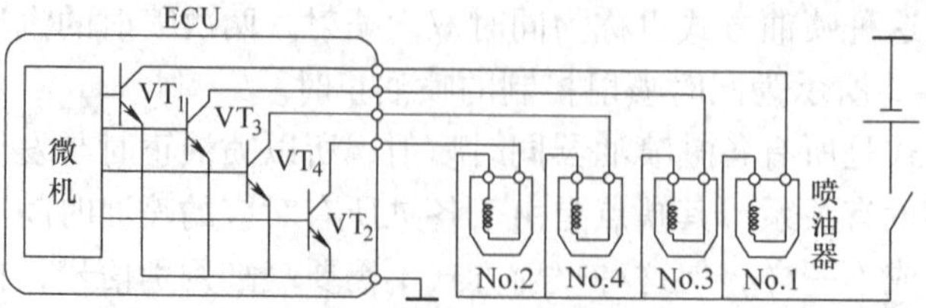

图 3-5　顺序喷射控制电路

从图中可以看出，各缸喷油器分别由 ECU 独立进行控制，控制电路数与发动机气缸数相等。

在顺序喷射控制中，ECU 通过发动机转速传感器的信号，可以确定瞬间活塞在气缸内的具体位置，即哪一缸正在向上止点运动，是压缩行程还是排气行程。当确知某缸在排气行程上止点前一定角度时，便向该缸发出喷油控制指令，与其对应的大功率晶体管导通，接通喷油器电磁线圈的电路，喷油器开始喷油。喷油顺序一般为：四缸发动机 1—3—4—2；六缸发动机 1—5—3—6—2—4。如图 3 - 6 所示为顺序喷射控制的喷油正时。

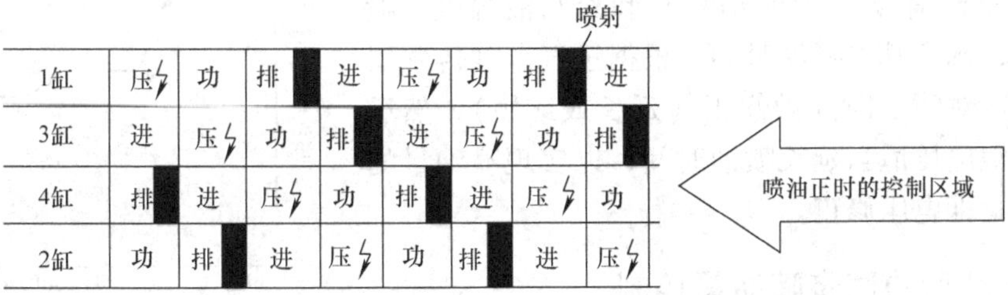

图 3 - 6　顺序喷射控制的喷油正时

由于顺序喷射可以在最佳时间喷油，有利于混合气的形成，可提高发动机的动力性和燃油经济性，并降低排放污染，故目前在汽车发动机中得到广泛的应用，但是其控制电路结构和软件均比较复杂。顺序喷射控制既适合进气歧管内喷射，也适用于气缸喷射。

思考练习：

1. 喷油器的控制形式分为哪几种？
2. 分析之前所学的内容，总结现代车辆对喷油器的控制采取何种方式？

任务二　喷油量的控制

任务目标

1. 了解喷油量控制的目的。
2. 了解喷油量控制的方法。
3. 了解喷油量控制的原理。

相关知识

对喷油量的控制即是对喷油器喷射持续时间的控制，其目的是使混合气的空燃比符合发动机燃烧的要求。喷油量的控制实际上是由 ECU 根据发动机的运转工况及影响因素，进而输出控制信号加以控制的。

ECU 控制汽油喷射时间的对策、措施和方法，不同生产厂家是不一样的。现仅就常见的基本控制理论介绍如下。

汽油喷射持续时间的控制大致可分为两大类：一是发动机起动时的控制，它不是根据发动机吸入的空气质量计算得出的；二是发动机起动后运行时的控制，它是根据发动机吸入的空气质量计算得出的。

一、起步时的同步喷油量控制

在发动机转速低于规定值或点火开关接通位于 STA（起动）挡时，喷油时间的确定如图 3-7 所示，ECU 根据冷却液传感器信号（THW 信号）和冷却液温度—喷油时间曲线，确定基本喷油时间，根据进气温度传感器（THA 信号）对喷油时间做修正（延长或缩短），然后再根据蓄电池电压适当延长喷油时间，以实现喷油量的进一步修正，即电压修正。

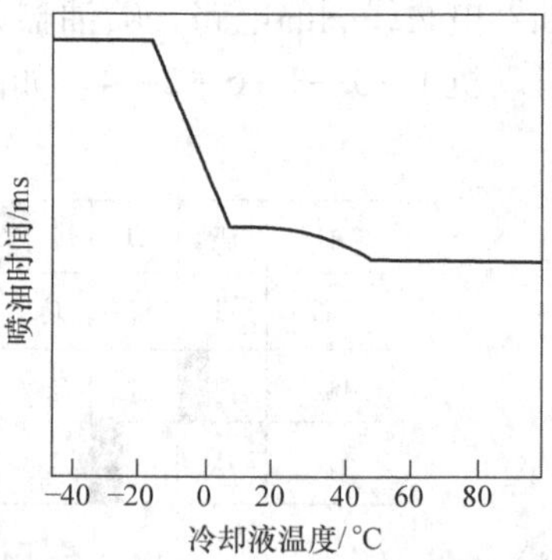

图 3-7　起步时的同步喷油量控制

二、起动后的同步喷油量控制

（一）起步后同步喷射时间的计算方法

汽油喷射持续时间是以一个进气行程中填充气缸的空气质量为基准而设计的。对于一个进气行程中填充气缸的空气质量，ECU 可以利用安装在进气管中的空气流量传感器、进气温度传感器及进气压力传感器等输入的信号计算得出。计算实际喷射时间时，要考虑到发动机的动力性、响应性、排气净化及燃油经济性等因素，即按照目标空燃比来决定，目标空燃比的计算公式为

$$目标空燃比(A/F) = G_a/G_f$$

式中　G_a——每个进气行程中填充气缸的空气质量；

G_f——每次燃烧需要的燃油量。

喷油持续时间的计算公式为

$$喷油持续时间 = 基本喷油持续时间 \times 喷油修正系数 + 电压修正$$

其中 D 型电控汽油喷射系统根据发动机转速信号和进气管绝对压力信号确定基本喷油时间；而 L 型电控汽油喷射系统根据发动机转速信号和空气流量计信号确定基本喷油时间。同时，还必须根据各种传感器输送来的各种运行工况信息，对基本喷油时间进行修正。

（二）燃油修正系数

1. 与发动机温度有关的燃油修正系数

（1）起动后燃油增量的修正系数　发动机在冷车起动后（靠本身的动力能够维持转速状态）的数十秒内，应进行起动后的燃油修正。发动机温度越低，燃油增量应越大，需要修正的时间也越长，这是因为在低温起动后的一段时间内，进气门及气缸壁处的汽油雾化不良，造成燃油供给不足，即使低温起动后把符合空燃比为 14.7 的汽油量供给发动机，但由于汽油雾化不良，附着在进气门及气缸壁上的汽油不能与空气相混合，仍会使实际参与燃烧的混合气变稀，如果不进行燃油增量修正，就会造成发动机怠速运转不稳、振动、熄火等现象。由此可知，发动机在冷车起动后对燃油增量的修正，是对此时造成燃油供给不足的一种补偿措施。

ECU 对发动机起动后燃油增量的修正处理，应按下述顺序进行：

1）根据发动机起动时的冷却温度，决定起动后增量修正系数的初期值，如图 3-8a 所示。

2）发动机完成爆发后，每隔一定时间或每隔一定的发动机转数，对起动后燃油增量修正系数进行衰减，如图 3-8b 所示。

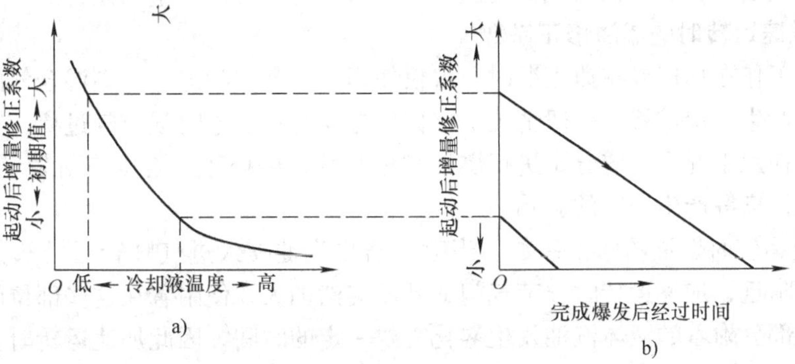

图 3-8　起动后燃油增量的修正系数

a）初期值　b）衰减系数

（2）暖机时燃油增量修正系数　发动机在冷车起动后，接着就进入发动机暖机时期。暖机时燃油的增量修正，也是对发动机冷态时燃油供给不足的一种补偿措施。在进行起动后燃油增量修正的同时，需要进行暖机燃油增量的修正。起动后燃油增量修正在发动机完成爆发后数十秒内即告结束，而暖机增量修正时间较长，在冷却液温度达到规定值以前应一直持续进行。

发动机完成爆发后不久，进气门和气缸内壁的温度随着燃烧过程的进行会很快上升，与此同时冷却液温度也不断上升，发动机逐步达到暖机状态。可以说，暖机时燃油增量修正是与冷却液温度的整个上升过程伴随而进行的。如图 3-9 所示为暖机时燃油增量修正系数的变化规律，它随冷却液温度的上升而逐渐衰减。

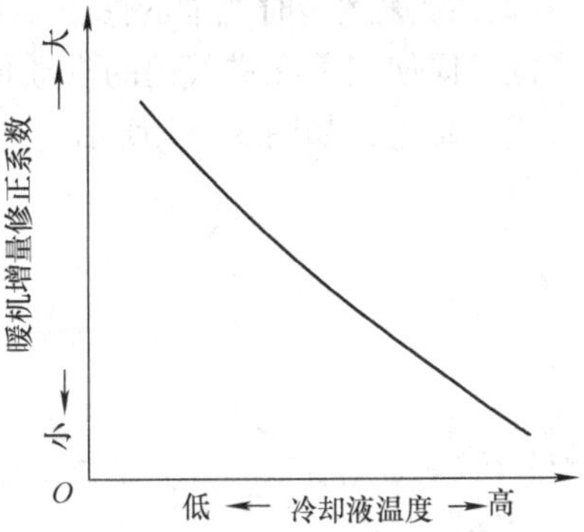

图 3-9　暖机时燃油增量修正系数

（3）高温起动时燃油增量的修正系数　高温时燃油增量的修正是在发动机高温起动工况下进行的。例如，汽车经过高速行驶后在发动机熄火 10～30min 内，此时发动机处于高温下，若再起动应进行高温燃油增量修正。汽车在高速行驶时，由于行驶过程中风力冷却作用的增强，汽油温度不会太高，一般在 50℃左右，此时发动机熄火后，其本身就成为热源，会使汽油温度向 80～100℃上升。由于温度的升高喷油器内的汽油会产生汽油蒸气，在喷油器喷射的汽油中，因含有汽油蒸气而使汽油喷射量减少，造成混合气浓度变稀。为了解决因汽油蒸气引起的混合气稀化问题，应采取高温起动时燃油增量修正的措施。一般是当冷却温度上升到设定值（如 100℃）以上时，进行高温燃油增量修正，修正系数随温度变化的规律如图 3-10所示。

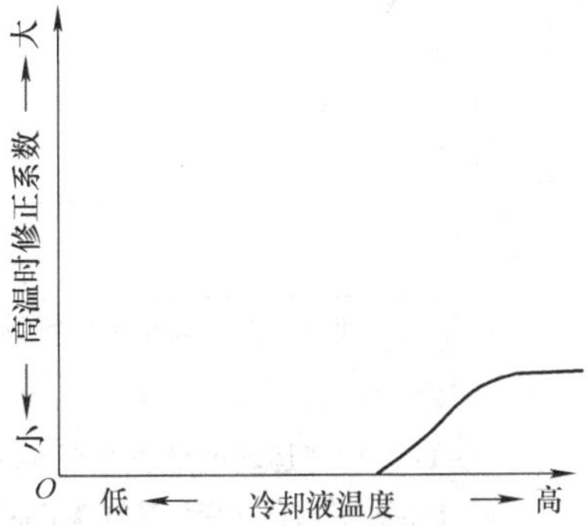

图 3-10　高温起动时燃油增量的修正

另外，在有的电控发动机上，对高温起动燃油增量的修正，不是利用水温传感器信号，而是开发了另一种新型的汽油温度传感器。在高温工况下，ECU 利用汽油温度传感器的信号直接检测到汽油的温度，根据汽油的温度，进行高温时燃油增量的修正。

2. 加、减速运转时的燃油修正系数

当发动机工作在加速或减速工况时，仅仅使用燃油基本喷射量，则混合气的空燃比相对于目标价值会产生一定偏移，一般情况下，偏移趋向是：加速时混合气过稀，减速时混合气过浓，因此，在此工况下，应分别进行燃油增量和减量的修正，否则将对发动机的动力性、经济性和排放污染等产生一定的影响。

（1）加速运转时燃油的修正系数　当喷油器将汽油喷入进气歧管后，部分汽油将附着在进气门及其附近，加速运转时，节气门的开度突然加大，使附着在这些部位的汽油量不断增加。由于这部分附着的液体汽油发生雾化需要一定的时间，因此加速运转时实际供给发动机的汽油量相对不足，导致此时混合气浓度过稀，如图 3 - 11a 所示，进气管压力和汽油附着部位温度的高低，对附着汽油的雾化速度均有一定的影响，进气管内的压力越高（发动机大负荷）、汽油附着部位的温度越低，则汽油的雾化速度越慢。在加速工况时，由于进气管内的压力升高，使附着汽油的雾化速度降低，因此，附着汽油的数量增加，此时应增大燃油修正系数，如图 3 - 11b 所示。

（2）减速运转时燃油的修正系数　由于减速运转时节气门开度减小，进气管内压力不断降低，促使附着在进气门的汽油加速雾化，因此与加速工况相反，此时应减小燃油修正系数，或无修正，如图 3 - 12 所示。

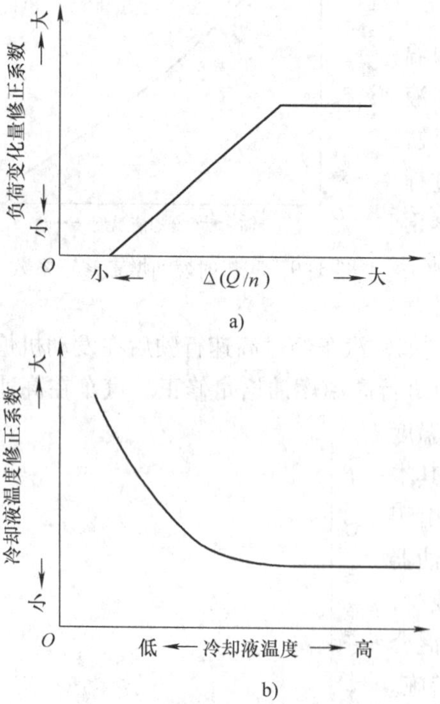

图 3 - 11　加速运转时燃油增量的修正

a）加速运转时负荷变化量的修正系数

b）加速运转时冷却液温度的修正系数

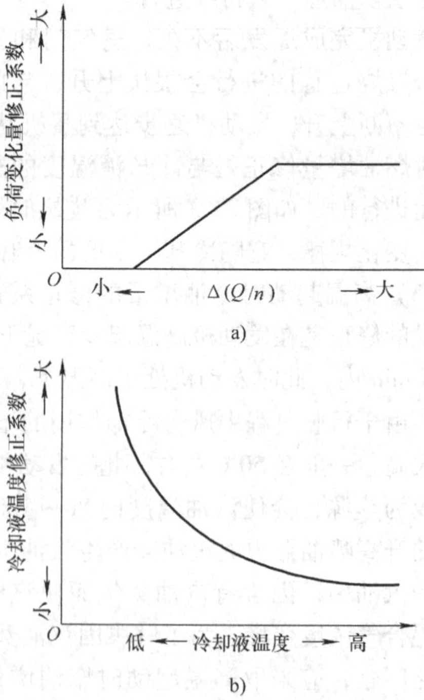

图 3 - 12　减速运转时燃油的修正系数

a）减速运转时负荷变化量的修正系数

b）减速运转时冷却液温度的修正系数

3. 急加速运转时的异步喷射

急加速运转时的异步喷射是与曲轴转动角度不同步的临时喷射。前面介绍的加速运转时燃油量修正是与曲轴转动角度同步的燃油喷射，而异步喷射虽然也同样是加速运转时的燃油量修正，但它是在急加速工况下，由于燃油来不及供给而实行的临时性燃油增量喷射。

为了有效地进行异步喷射，需要快速准确地检测出加速工况。在表征发动机状态的各种参数中，利用节气门开度的变化量可以最快检测急加速工况。假设节气门开度为 T_{HA}，用一定时间间隔（如 10～20ms）的节气门开度变化量 ΔT_{HA} 就可以确定异步喷射量，如图 3-13 所示。节气门开度变化量 ΔT_{HA} 越大，吸入的空气质量越多，则所需要的异步喷射油量也越大。

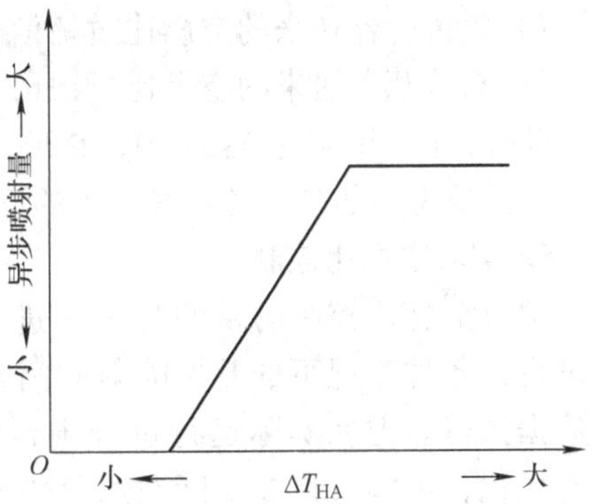

图 3-13　急加速运转时燃油增量的修正

4. 理论空燃比的反馈控制

为了满足排放法规中的要求，许多汽车上（特别是美、日等国的汽车）都装有三元催化转换器。三元催化转换器起作用时，混合气必须是在理论空燃比附近，才能使 CO、HC 的氧化作用与 NO_x 的还原作用同时进行，这样才具有向 CO_2、H_2O、O_2、N_2 无害化充分转化的能力。为了有效地利用三元催化转换器，充分净化发动机排气，就要提高空燃比的配制精度，使其尽可能地维持在以理论空燃比为中心的非常小的范围内。

为获得三元催化转换器所要求的空燃比，必须精确地控制汽油喷射量。在这种情况下，单凭空气流量传感器的信号还不够，必须借助于氧传感器的反馈信号，对理论空燃比进行反馈控制。

ECU 根据氧传感器的输入信号，对混合气空燃比进行控制的方法称为闭环控制。该控制系统由于需要经过一定的控制过程，即从进气管内形成混合气至氧传感器检测排气中的含氧浓度，需要经过一定时间，这一过程所需要的时间包括混合气吸入气缸、排气流过氧传感器，以及氧传感器的响应时间等。由于存在一定滞后时间，因此要完全准确地使空燃比保持在理论值 14.7 附近。

采用氧传感器进行反馈控制即闭环控制期间，原则上供给的混合气是在理论空燃比附近，但是在有些条件下是不适用的。如果在发动机起动时以及刚起动未暖机时，由于发动机冷却液温度低，这时需要较浓的混合气，如果按照反馈控制供给的混合气在理论空燃比附近，发动机可能会熄火。又如发动机在大负荷、高速运转时，也需要较浓的混合气，如果按照反馈控制供给的混合气也在理论空燃比附近，发动机则会运转不良。所以在有些情况下应停止反馈控制，即进入开环控制状态。一般地在以下情况下解除反馈控制：

1）发动机起动时。

2）起动后燃油增量修正（加浓）时。

3）冷却水温度使燃油增量修正时。

4）节气门全开（大负荷、高转速）时。

5）加、减速燃油增量修正时。

6）燃油中断停供时。

7）氧传感器送来的空燃比过稀信号持续时间大于规定值（如10s以上）时。

8）氧传感器送来的空燃比过浓信号持续时间大于规定值（4s以上）时。

此外，由于氧传感器的温度在300℃以下不会产生电压信号，当然反馈控制也不会发生作用。需要说明的是，各种发动机的反馈控制作用解除情况不完全一样。

5. 学习空燃比控制

学习空燃比控制的目的是为了进一步提高空燃比的控制精度。对于某一型号的发动机来说，各种工况下的基本喷射时间是标准数据，它们都按ECU存储器（ROM）中存储的数据执行。但在实际运行过程中，由于发动机性能的变化，如空气系统、供油系统的性能变化，可能会造成实际空燃比相对于理论空燃比的偏离不断增大。虽然空燃比修正系数为反馈修正，它可以修正空燃比的偏差，但是反馈修正时，反馈修正值的中心偏向稀或浓的一边，如图3-14a所示，当修正值的中心回到理论空燃比的位置时，就会造成控制上的困难。为了使修正值回到可以控制的修正范围内，并使反馈值的中心回到理论空燃比的位置上，ECU根据反馈修正值的偏离情况设定一个学习修正值，以实现燃油喷射时间的总修正。

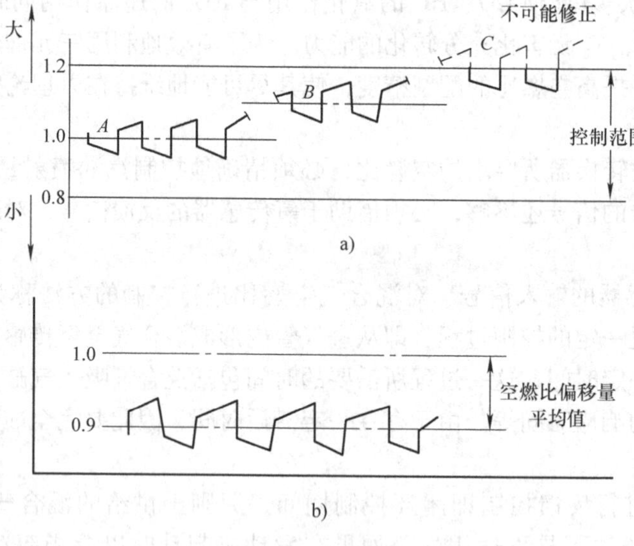

图3-14　学习控制示意图

a）反馈修正值的中心位置　b）空燃比偏离量

学习控制大致可分为三个阶段，即

1）计算出实际空燃比与理论空燃比中心值的偏离量。

2）计算出空燃比偏离量的修正系数。被储存的学习修正值在点火开关断开时也不应消除。

3）把符合当前条件的学习修正值反映到喷射时间上。

例如，由于某种原因造成流过叶片式空气流量计或旁通空气道中的空气量减少时，将出现实际空燃比偏离理论空燃比的现象，致使混合气偏浓。在这种情况下，若不进行反馈，实际空燃比要比理论空燃比减小10%，因此在进行反馈时，其反馈修正值的中心位置约为0.9的位置，此时相当于实际空燃比偏离理论值0.1，如图3-14b所示。若使反馈修正值的中心回到理论空燃比1.0的位置上，根据空燃比中心值的偏离量，即可确定学习控制修正值约为0.90。ECU计算出学习修正值后，将该值存入存储器中，在以后使用过程中，把符合当前条件的学习修正值反映到喷射时间上，并做到持续进行修正。由于学习控制修正值能随运转条件的变化立即反映到喷射时间上，所以提高了过渡工况运转下空燃比的控制精度。

6. 大负荷、高转速时燃油增量的修正

一般发动机在部分负荷下工作时，空燃比调整是在考虑保持一定排放性能的前提下，尽量提供经济混合气成分，以得到最低油耗。相对于部分负荷，当汽车在节气门全开的情况下大负荷行驶时，要求发动机输出更大转矩。在大负荷行驶时，根据转矩随空燃比的变化规律，应将空燃比设定在转矩峰值（空燃比12.5:1）的附近，如图3-15所示。节气门开度是传送发动机负荷状态的传感器，通过节气门位置传感器可把全负荷信号输入到ECU中，实现大负荷开环控制，此时氧传感器的反馈控制停止起作用。

7. 无效喷射时间

当ECU输出信号驱动喷油器工作时，在喷油器动作的滞后期中，开阀时间比关阀时间长。在实际工作中，开阀时间受蓄电池电压的影响较大，而关阀时间受电压的影响较小。当蓄电池电压降低时，无效喷射时间延长；当蓄电池电压升高时，无效喷射时间变短。鉴于这个原因，当蓄电池电压发生变化时，应考虑对无效喷射时间进行修正。无效喷射时间随蓄电池电压的变化规律，即无效喷射时间特性如图3-16所示。

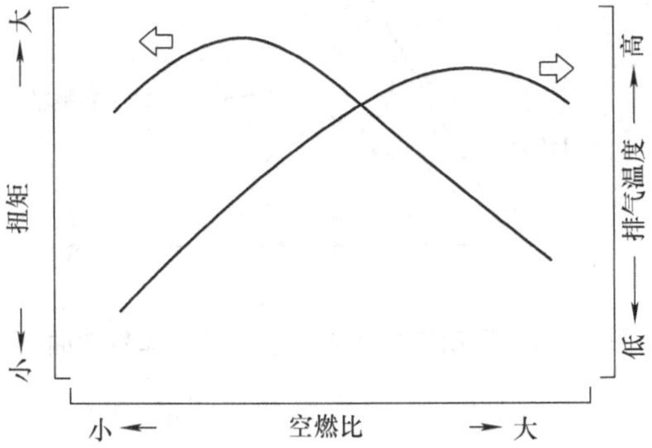

图3-15　转矩、排气温度与空燃比的关系

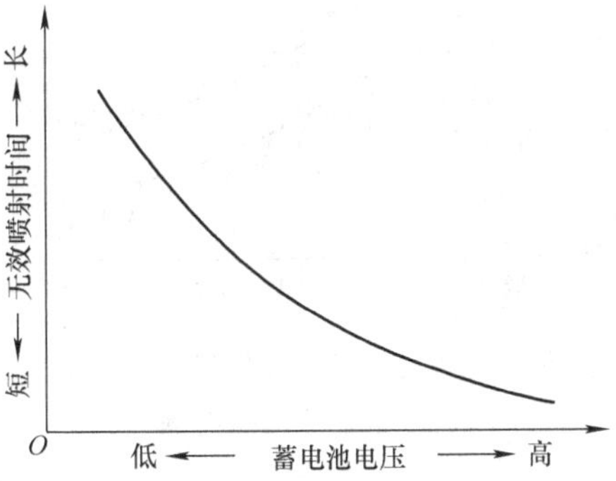

图3-16　无效喷射时间特性

8. 燃油停供

燃油停供是指ECU停止给喷油器发送燃油喷射信号，喷油器停止喷油。

燃油停供大致分为两种情况：第一种是减速时以降低燃油消耗和改善排气净化为目的，即减速燃油停供；第二种是发动机高速运转时以防止发动机损坏为目的的燃油停供，即发动机超速断油。

（1）减速燃油停供　如果遇到节气门关闭而发动机转速在设定转速以上工况时，ECU将判定该工况为不需要供给燃油的减速状态，此时ECU实施燃油停供。燃油停供转速还要根据发动机冷却液温度、有无空调负荷等因素精确确定，并依此确定燃油停供范围，如图 3 - 17 所示为根据发动机冷却液温度确定的燃油停供转速和复供转速曲线，即燃油停供与复供特性。所谓复供转速，就是指汽车在持续惯性行驶时，开始恢复喷射燃油的转速，复供转速是在停供转速下降到一定程度时开始的。发动机冷却液温度越低，燃油停供转速越高，这是因为发动机在冷态下工作时，怠速设定的转速比较高，以防止发动机在怠速状态下进入燃油停供状态。

另外，在燃油停供期间，一旦节气门被打开，ECU 就立即恢复燃油喷射。

（2）发动机超速断油　为了防止发动机转速过高而引起损坏，需要对发动机的最高转速进行限制。过去为了防止发动机转速过高或飞车，常采用在发动机达到最高转速时切断点火或使点火瞬时延迟的办法，这种办法对排放净化和节约燃油都是十分不利的，这种措施已明显落后。目前电子控制燃油喷射发动机多采用切断燃油的转速限制装置。ECU 将根据发动机的实际转速与 ECU 内存储的最高转速进行比较，当达到设定的最高转速时，ECU 立即发出指令，控制喷油器停止喷油；当发动机转速降低至规定值时，又发出指令控制喷油器恢复喷油，如此反复，从而防止了转速的不断上升。

如图 3 - 18 所示为德国博世公司在莫特朗尼克发动机电子控制系统中采用的电子转速限制装置工作特性曲线，从图中可以看出，围绕最高转速值 n_0 有一个 ±80r/min 的变化范围。

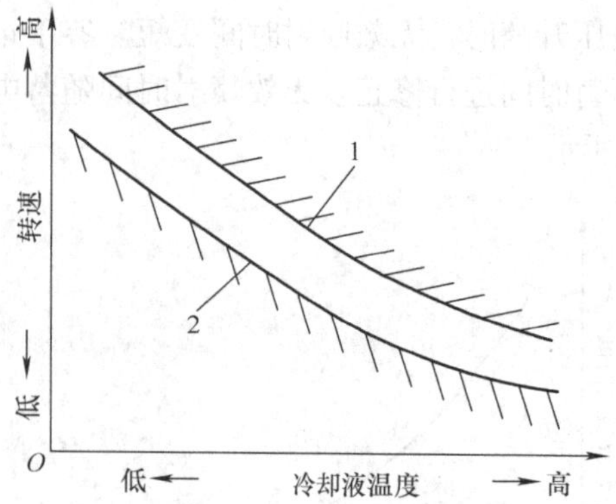

图 3 - 17　减速时燃油停供与复供特性
1—停供转速　2—复供转速

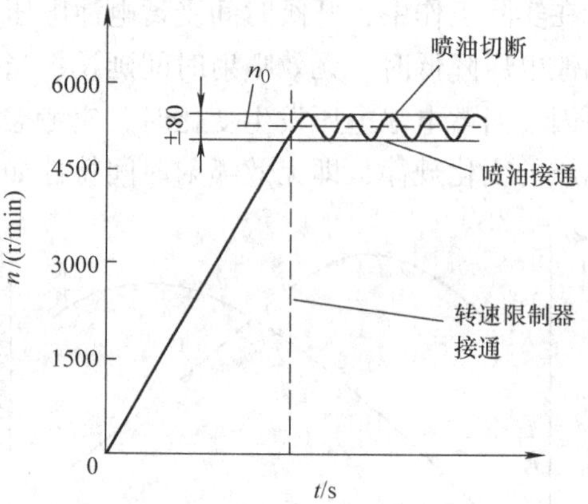

图 3 - 18　发动机超速断油装置的工作特性曲线

此外，在有些汽车上还装有超速行驶装置，当车速超过限定值时，停止供油。其工作原理与上述情况相同，这里不再重复。

三、异步喷油量控制

异步喷油量控制是指发动机在起动和加速时，采用的与曲轴转角无关的、在正常喷油基础上的额外喷油。亦即在同步喷射的基础上，再加上异步喷射。

（1）起动喷油控制　在有些电控发动机中，为了改善发动机的起动性能，在起动时使混合气加浓。除了一般正常的曲轴旋转一周喷一次油外，在起动信号 STA 处于接通状态时，ECU 控制喷油器向各缸增加一次喷油。

（2）加速喷油控制　在发动机从怠速工况向起步工况过渡时，由于燃油惯性等原因，会出现混合气变稀的现象。为了改善起步加速性能，在正常喷油的基础上，ECU 根据怠速触点 IDL 信号从接通到断开时，增加一次固定喷油持续时间的喷油。

思考练习：

1. 汽车起步时的喷油量控制为何不以进气量或进气压力的信号作为主要信号？如果以上述信号为依据，发动机会出现何种情况？

2. 什么是燃油停供？燃油停供主要包括哪几个方面？

单元四

发动机的电控点火系统

任务一　认识电控点火系统部件并进行电路检测

任务目标

1. 了解电控点火系统的组成、部件结构、工作原理。
2. 掌握电控点火系统部件的检测方法。
3. 掌握电控点火系统的检测方法。

相关知识

由微机控制的汽油机点火系统主要由ECU、执行器（电子点火器）、点火线圈、火花塞和各种传感器组成，可分为有分电器式和无分电器式点火系统，如图4-1、图4-2所示。其中无分电器式点火系统又有同时点火方式和单独点火方式之分。

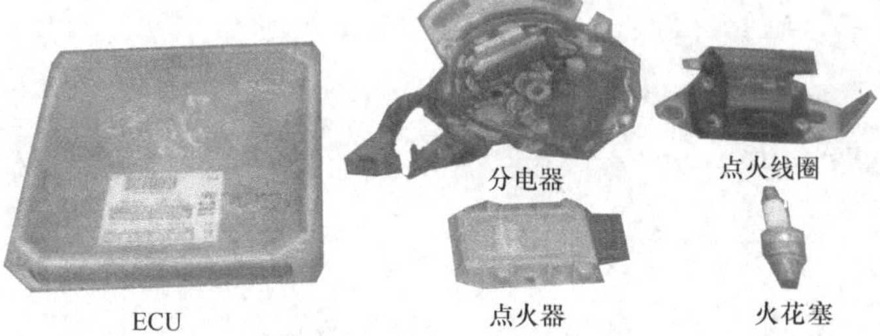

图4-1　有分电器式点火系统

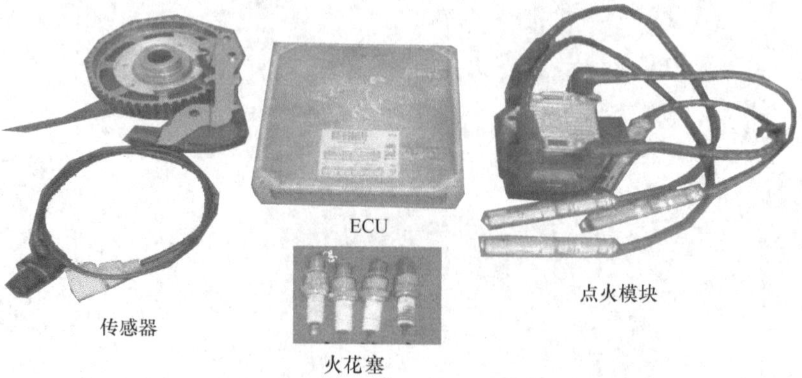

图4-2　无分电器式点火系统

一、电子控制单元（ECU）

ECU 的作用是接收与发动机工作状况相关的各种传感器及其他装置的信号，并经运算、分析、判断后发出指令，控制电子点火器，以实现点火控制，如图 4-3 所示。

图 4-3 电子控制单元 ECU

二、执行器（电子点火器）

1. 结构

电子点火器的作用是按照点火的电压脉冲信号（ECU 提供），定时接通和切断点火线圈的一次回路，从而在点火线圈二次绕组中产生出高电压（约 2 万伏）。电子点火器主要由信号放大电路、整形电路、直流放大电路、开关电路和一些特殊功能电路等组成，如图 4-4、图 4-5 所示。

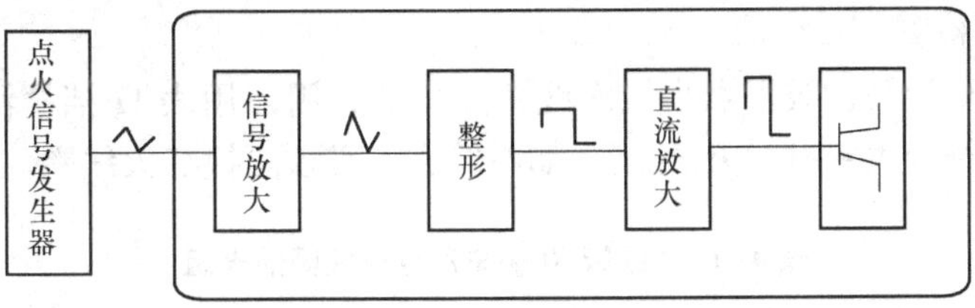

图 4-4 电子点火器的组成

2. 工作原理

电子点火器中的大功率晶体管与点火线圈的一次绕组串联在一起。在发动机工作过程中，ECU 控制大功率晶体管的导通与截止。当 ECU 发出点火指令后，立即切断大功率晶体管的基极电路，大功率晶体管由导通变为截止，切断点火线圈的一次回路，由于电磁感应原理，在二次绕组中便感应出高电压。

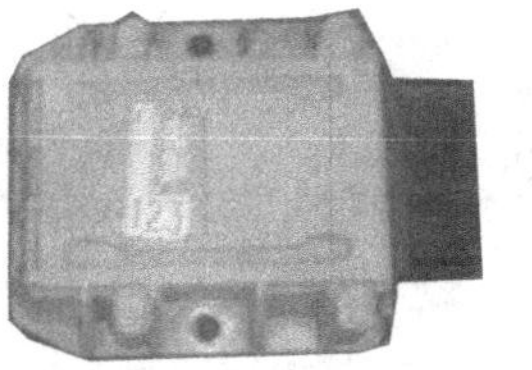
图 4-5 电子点火器的结构

三、点火线圈

1. 组成

点火线圈由铁心（硅钢片叠加而成）、一次绕组（200～300 匝，导线直径为 0.6～0.8mm）、二次绕组（11000～23000 匝，导线直径为 0.06～0.10mm）和壳体等组成。传统点火系统中通常采用开磁路点火线圈。而电控点火系统中一般多采用闭磁路点火线圈，如图 4-6 所示。

无分电器式点火（DLI）系统中采用的是小型闭磁路点火线圈，每个点火线圈供两个气缸的火花塞同时点火，故又称其为双缸点火，如图 4-7 所示。

有些无分电器式点火系统的闭磁路点火线圈与上述闭磁路点火线圈相比，在结构上有所区别：同时点火的 DLI 闭磁路点火线圈的一次绕组与二次绕组中间没有连接，各自分别独立。为了避免当电子点火器中的大功率晶体管导通时，点火线圈中产生的高压电（1500V 左右）造成火花塞误跳火的现象发生，有些点火线圈在二次绕组中串联一只高压二极管。

图 4-6　电控点火系统的闭磁路点火线圈

图 4-7　无分电器式点火（DLI）系统的闭磁路点火线圈

2. 点火线圈的检测

以皇冠 3.0 轿车为例，拔下点火线圈线束连接器，用万用表 Ω 挡检测点火线圈各线圈的电阻值，其值应符合表 4-1 中的规定，如不符合，必须更换点火线圈。

表 4-1　皇冠 3.0 轿车用点火线圈的电阻

点火线圈绕组名称	检测条件	电阻值/Ω
一次绕组	冷态	0.36～0.55
	热态	0.45～0.65
二次绕组	冷态	9000～15400
	热态	11400～13800

四、火花塞

火花塞的作用是将点火线圈产生的高电压引入发动机的燃烧室内，并在其两电极间产生电火花，点燃可燃混合气。

火花塞的检测方法是：用万用表 Ω 挡测量火花塞绝缘电阻的方法来判断火花塞能否继续使用，其绝缘电阻值应不小于 10MΩ。另外，也可以连续 5 次将发动机转速迅速提高到 4000r/min，然后熄火，拆下火花塞，检查其电极状况：若电极干燥，则火花塞可用；若电极潮湿，则需要更换火花塞。

五、点火系统的工作原理及故障诊断

如图 4-8 所示为皇冠 3.0 轿车 2JZ－GE 型发动机点火系统的工作原理图。

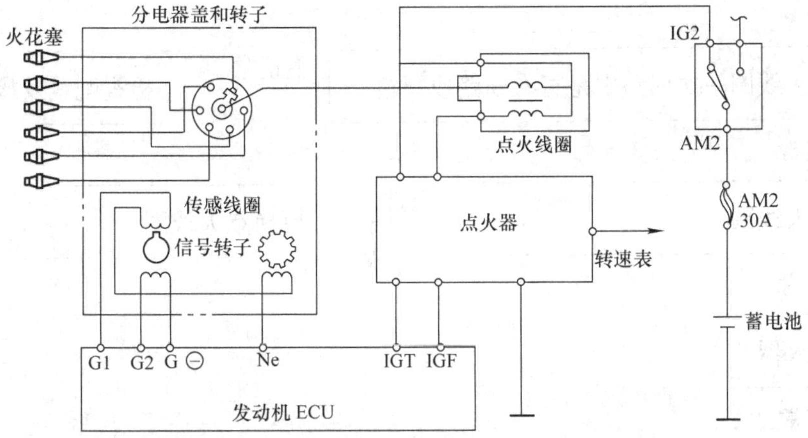

图 4-8 2JZ-GE 型发动机点火系统的工作原理

当点火系统出现故障时，可按下列步骤进行查找：

检查电火花：从分电器上脱开高压线，握住它，使其端部离搭铁点约 12.5mm，观察发动机转动时是否跳火。为防止在试验中有太多的燃油从喷油器喷出，故发动机每次转动不超过 2s

↓ 正常

检查点火器与 ECU 之间的 IGF 信号电路是否断路或短路 —不正常→ 修理配线

↓ 正常

检查点火器 IGF 端子的接地电压：将点火开关置于“ON”，用万用表电压挡检查点火器 IGF 端子与接地端之间的电压（标准电压值为 1.5V 或更小） —不正常→ 更换点火器

↓ 正常

检查点火线圈、点火器和分电器的接插器 —不正常→ 更换接插器

↓ 正常

检查高压线的电阻值（最大为 25kΩ） —不正常→ 更换高压线

↓ 正常

检查 IGT 电压脉冲：脱开点火器线束接插器，当用起动机转动发动机时，用万用表电压挡检查发动机 ECU 的 IGT 端子与接地间是否有脉冲电压

↓ 正常

检查点火器的电源电压（应为 9～14V） —不正常→ 检查点火器的电源电路

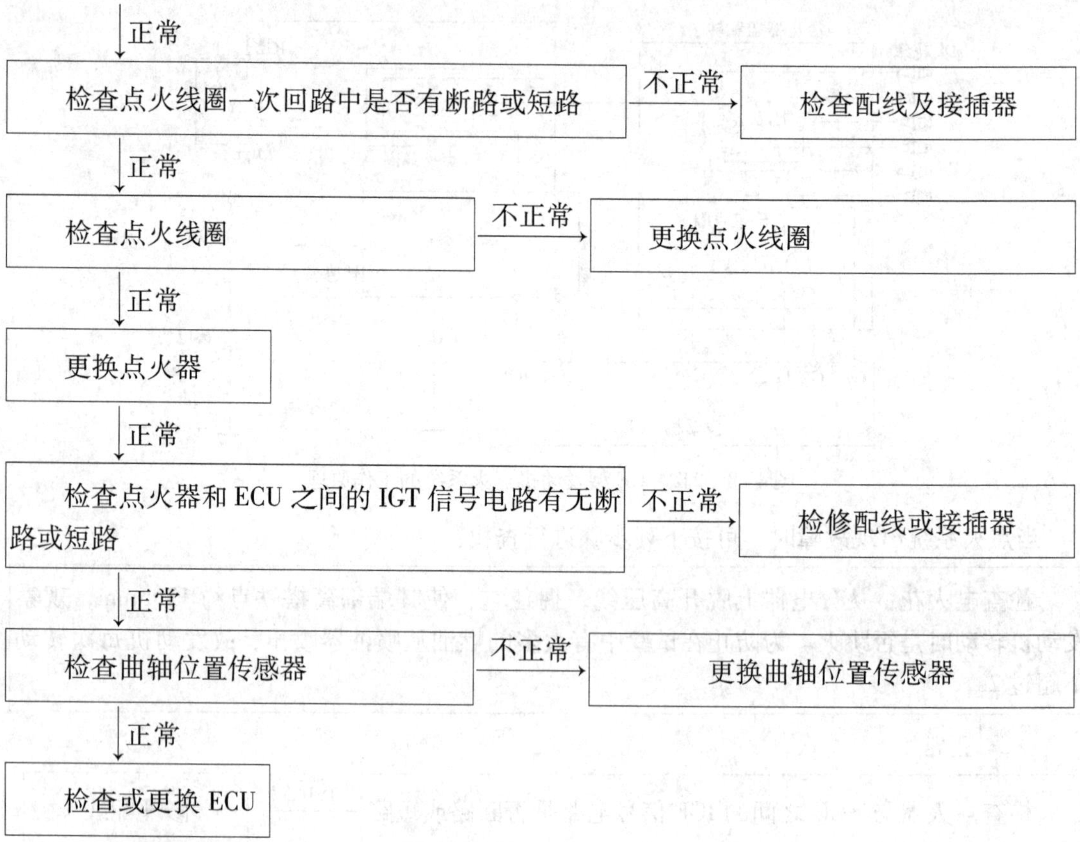

任务实施

一、准备工作

1. 工具及资料准备

1）万用表、发光二极管测试灯。

2）诊断用连接线。

3）桑塔纳2000GSi型轿车电路图。

2. 车辆准备

1）准备实习车辆（上海大众桑塔纳2000GSi型轿车）。

2）将车辆停放在地面平整干净、周围无安全隐患的环境下。

3）放置车轮挡块并拉紧驻手制动，避免工作时车辆移动。

4）安装防护套件，防止工作时划伤、弄脏车辆。

5）确定蓄电池电量、电压正常。

二、注意事项

1）在没有拆下蓄电池导线，拔下传感器或执行器线束插头时，应先关闭点火开关再进行操作。

2）在拔下电控单元插头前，要拆下蓄电池负极导线。

3）在拆下蓄电池负极导线前，一定要先关闭点火开关再进行操作。

4）在拔下传感器或执行器线束插头前，应先将插头的锁止装置打开再向外拔。如果插头的锁止装置打开困难，则可先将插头向里推，然后再尝试打开锁止装置，一定不要用力硬拉，以避免损坏插头。

5）用万用表测量插头时，不要用力猛插，否则会造成插头接触不良。

三、操作步骤

上海桑塔纳2000GSi型轿车采用的点火系统是无分电器式双火花直接点火系统，其插座端子排列如图4-9所示，电路连接如图4-10所示。

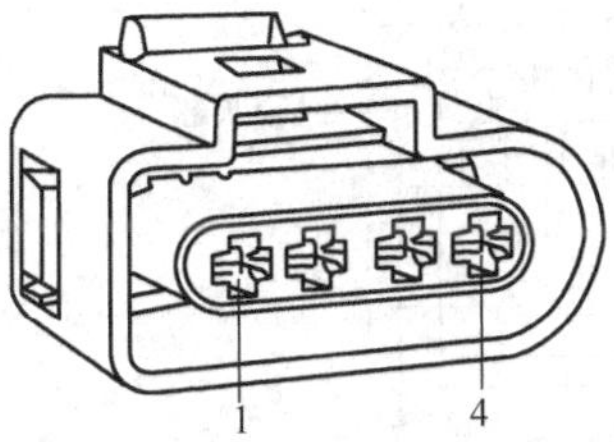

图4-9　点火线圈插座端子排列

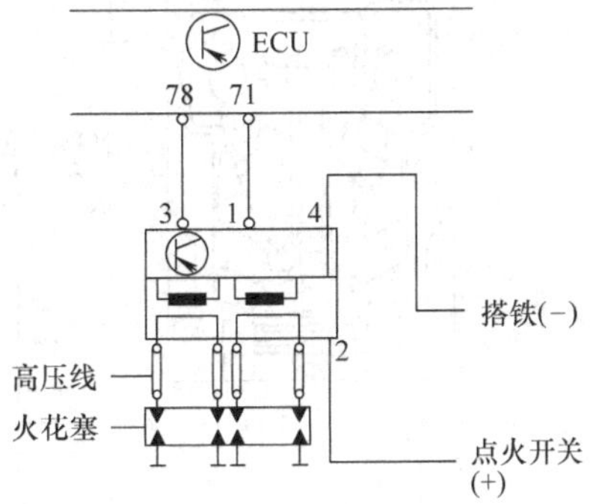

图4-10　点火系电路接线

1. 双火花点火系的线路检测

1）关闭点火开关，拔下点火线圈插头。

2）打开点火开关，用万用表测量线束插头2、4端子间的电压，如图4-10所示。该电压应为12V，否则可能是电路断路、短路或者是点火开关未能提供12V电压。

3）关闭点火开关，测量传感器插头2与点火开关“15”插头对应端子之间的电路是否有断路、短路故障。测量传感器插头4与搭铁是否导通，如不导通则应检查发动机搭铁电路。

4）打开点火开关，用发光二极管测试灯连接发动机接地点和插头上端子1，接通起动机数秒，测试灯应闪亮；然后用测试灯连接发动机接地点和端子3，接通起动机数秒，测试灯应闪亮。如果测试灯不闪，则应检查点火线圈插头上端子和发动机电子控制单元线束插头间的导线是否开路或短路。

5）电路测量：关闭点火开关，拆下蓄电池负极导线，拔下ECU插头。如图4-10所示，测量对应电路的导通情况，排除断路、短路故障。正常值为对应电路导线电阻小于1Ω，相邻导线电阻为∞。

6）如果电路正常，则应更换发动机ECU。

7）操作完毕后插回ECU及点火线圈插头，装好蓄电池负极导线。

2. 整理设备与场地

1）做好实习记录，根据实习要求，写出实习报告。

2）完成工具、车辆及场地的清洁整理工作。

知识链接

无分电器式单独点火系统

无分电器式单独点火系统在德国于1983年开发并得以采用，这种点火方式特别适合应用在四气门发动机上，如图4-11所示，从图中还可以看出，火花塞安装在两根凸轮轴的中间，每缸火花塞上直接压装一个点火线圈，这在布局上很容易实现。

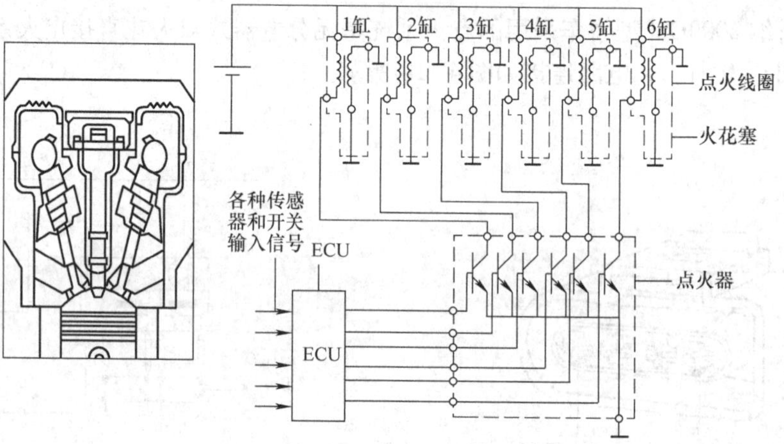

图4-11　无分电器式单独点火系统

如图4-12所示为奥迪轿车四气门五缸发动机采用的无分电器式点火系统的电路控制原理图。该点火系统中的五个点火线圈分别由两个电子点火器N122和N127控制，其中N122控制1、2、3缸的点火，N127控制4、5缸的点火，两个电子点火器均由ECU控制。ECU根据传感器输入的信息，分别按照点火顺序通过两个电子点火器内的大功率晶体管控制对应气缸的点火线圈工作，从而点燃可燃混合气。

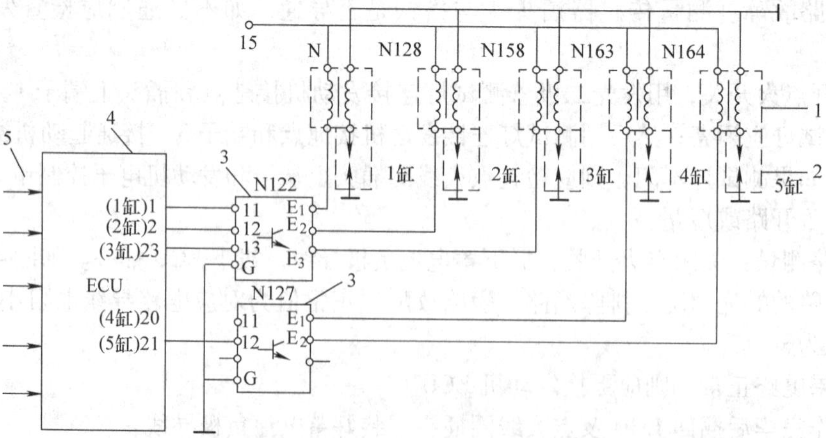

图4-12　奥迪轿车四气门五缸发动机无分电器式点火系统的电路控制原理图

无分电器式单独点火系统的主要特点如下：

1）点火线圈二次侧输出不使用高压二极管，而是采用点火线圈二次侧输出端与火花塞接柱之间留有3～4mm的间隙，以此来防止一次电路接通时二次绕组产生的感应电动势在缸内误点火。

2）点火线圈二次侧输出端即火花塞中心电极为负极性，因而击穿电压低，且火花塞放电频率小，故电极寿命长。

3）取消了高压线而由点火线圈直接向火花塞供电，因而能量损失小，效率高，电磁干扰少。

4）由于点火线圈能安装在双凸轮轴的中间，因而节省了发动机周围的安装空间。

思考练习：

1. 电控点火系统由哪些元件组成？
2. 一辆上海大众桑塔纳2000型轿车，起动多次无法着车，如果该故障发生在点火系统，那么应该如何进行故障排除？请做出一张故障排除流程图。
3. 简述无分电器式点火系统的优点。

任务二　点火提前角及闭合角的控制

任务目标

1. 了解点火提前角的控制方法。
2. 了解点火提前角的控制过程。
3. 了解点火提前角的修正内容。

相关知识

下面以丰田汽车计算机控制系统（TCCS）为例，讨论点火提前角的控制。

一、点火提前角的控制

1. 点火提前角的计算

丰田汽车计算机控制系统（TCCS），其实际点火提前角=初始点火提前角+基本点火提前角+修正点火提前角（或延迟角）。ECU根据进气歧管压力或进气量和发动机转速，从存储器存储的数据中找到相应的基本点火提前角，再根据有关传感器信号值加以修正，得出实际点火提前角。

1）初始点火提前角：初始点火提前角也称为固定点火提前角。如：丰田汽车的IC—GEL发动机，其值为上止点前10°，在下列情况下，IG—GEL发动机的实际点火提前角为固定点火提前角。

① 当发动机起动时，发动机的转速变化很大，无法正确计算点火提前角。

② 当发动机的转速低于400r/min。

③ 当车速在 2km/h，或节气门位置传感器怠速（IDL）触点闭合时。

④ 当 ECU 由后备系统控制工作时。

2）基本点火提前角：ECU 根据发动机转速信号和进气歧管压力信号（或进气量信号）等，从存储器中获得基本点火提前角。

3）修正点火提前角：初始点火提前角和基本点火提前角相加得到的点火提前必须根据相关因素加以修正。修正项目因发动机而异，且应根据发动机各自的特性曲线进行修正。

2. 点火提前角的控制

点火提前角的控制包括发动机起动期间的点火时间控制和起动后正常运行期间的点火时间控制，即点火正时控制，如图 4 - 13 所示。

- 点火正时控制
  - 起动时点火提前角控制—初始点火提前角
  - 起动后点火提前角控制
    - 基本点火提前角—由进气歧管压力(或进气量)和转速确定
    - 修正点火提前角
      - 暖机修正量
      - 稳定怠速修正量
      - 空燃比反馈修正量
      - 过热修正量
      - 爆燃修正量
      - 最大提前/延迟角控制
      - 其他修正量

图 4 - 13　点火正时控制

（1）起动期间的点火时间控制　在发动机起动期间，其实际点火提前角等于初始点火提前角（因发动机而异），此时的控制信号主要是发动机转速信号（Ne）和起动开关信号（STA）。

（2）起动后正常运行期间的点火时间控制

1）基本点火提前角的控制：怠速时的基本点火提前角是指节气门位置传感器的怠速（IDL）触点闭合时，ECU 根据发动机转速和空调开关是否接通而确定的基本点火提前角。

在空调器工作时，发动机基本点火提前角要大一些，以防因空调器负荷过大而使发动机工作不稳定。

发动机在怠速工况下运转时，节气门位置传感器的怠速（IDL）触点断开，ECU 根据存储器中的数据确定基本点火提前角。

发动机在正常运行工况下运转时，节气门位置传感器的怠速（IDL）触点断开，ECU 根据存储器的数据确定基本点火提前角。

在正常运行工况下运行时，发动机的控制信号主要有：进气歧管压力或进气量信号、发动机转速信号（Ne）、节气门位置信号（IDL）、燃油选择开关或插头（R—P）、爆燃信号（KNK）等。

在某些发动机中，由于燃油辛烷值不同，因此在存储器中存放着两种基本点火提前角的数据。驾驶员可根据使用燃油的辛烷值，通过燃油选择开关或插头进行选择。

2）点火提前角的修正。

① 暖机修正：暖机点火提前角是指节气门位置传感器怠速（IDL）触点闭合时，ECU 根据水温传感器进行修正的点火提前角。当发动机冷却水温度较低时，应增大点火提前角，

以促使发动机尽快暖机；当冷却水温度较高时，超过 90℃，为避免发动机过热，其点火提前角必须减小。

在暖机过程中，发动机的控制信号主要有：冷却水温度信号（THW）、进气歧管压力或进气量信号、节气门位置信号（IDL）等。

② 怠速稳定性的修正：稳定怠速点火提前角控制是指为了使怠速稳定运转而对点火提前角进行修正。由于发动机负荷变化等原因引起发动机转速变化时，ECU 根据转速信号和规定的怠速转速进行比较，相应地增加或减小点火提前角，以保证发动机怠速时运转稳定，防止发动机怠速熄火。

二、闭合角（通电时间）的控制

1. 通电时间对发动机性能的影响

闭合角是指点火线圈一次回路导通对应的凸轮转角。一次回路被断开的瞬间，一次电流能达到的值与一次回路接通的时间长短有关，只有通电时间达到一定值时，一次电流才可能达到饱和。由于断开电流影响二次电压的最大值，二次电压的高低又直接影响点火系统工作的可靠性，所以在发动机工作时，必须保证点火线圈的一次回路有足够的通电时间。

2. 闭合角的控制方法

现代电控点火系统和传统的分电器式点火系统不同，传统的点火线圈一次回路的通电时间取决于断电器触点的闭合角和发动机转速，而现代点火线圈一次回路的通电时间由 ECU 控制，根据发动机的转速信号和电源电压信号来确定最佳的闭合角（通电时间），并控制点火器输出指令信号（IGT 信号），以控制点火器中晶体管的导通时间。

思考练习：

1. 试分析点火提前角的大小与哪些因素有关?
2. 一辆桑塔纳 2000 型轿车，早上起动车辆时一切正常，当运行一段时间后，再次起动不易着车，油路正常，触摸点火线圈时，温度异常高，试分析点火线圈温度异常的原因?

任务三　爆燃的控制

任务目标

1. 了解爆燃的控制方法。
2. 了解爆燃的控制过程。

相关知识

火花塞跳火点燃混合气后，如果火焰在传播途中压力异常升高，则一些部位的混合气在没有等到火焰传到时，自己就会着火燃烧，造成瞬时爆发燃烧，这种现象称为爆燃。发动机爆燃的主要危害是：一是噪声大，爆燃时气缸内伴随有压力波产生，当压力波与气缸壁发生撞击时，便发出类似发动机敲缸的声音；二是如果发动机在工作过程中持续产生爆燃，那么火花塞电极或活塞就可能产生过热、熔损等现象，造成严重的机械损伤。爆燃还会带来发动机动力性和经济性的下降，因此，必须防止发动机爆燃的产生。

试验证明，发动机发出最大功率的点火时刻就发生在开始产生爆燃的时刻附近。无论是传统点火系统、电子点火系统，还是电子控制点火系统，为了使发动机在最恶劣的条件下也不会产生爆燃，其点火时刻均应设定在爆燃边缘并留有一定的余量。无爆燃控制的点火系统所留余量必须较大些，但过大的余量会因点火过晚而使发动机的功率降低，燃油消耗增加。爆燃控制系统则能实现使发动机发出最大功率而又避免爆燃现象的发生。避免发动机爆燃的方法有：

1）采用抗爆性能好的汽油。

2）改进燃烧室的结构。

3）加强冷却液循环。

4）减小点火提前角等。在电子控制点火系统中，利用减小点火提前角可防止爆燃的发生。爆燃与点火时刻之间的关系如图 4 - 14 所示。

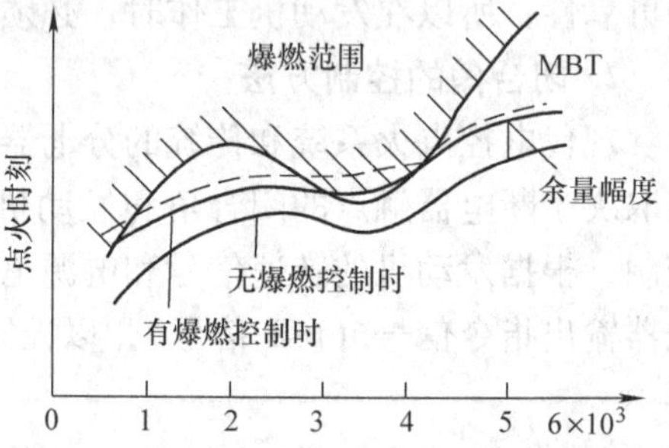

图 4 - 14　爆燃与点火时刻之间的关系

在发动机工作过程中，振动频率不同，传感器产生的电压信号便不同，当发动机发生爆燃时，产生的电压信号最大，如图 4 - 15 所示。由于来自爆燃传感器的信号中含有各种不同的频率，因此，首先必须经过滤波电路滤波，再将此信号的最大值与爆燃强度基准值进行比较，如大于或等于基准值，则将爆燃信号电压输入到 ECU 中，表示已发生爆燃，由 ECU 进行处理后发出控制指令。ECU 对爆燃现象的判断原理如图 4 - 16 所示。

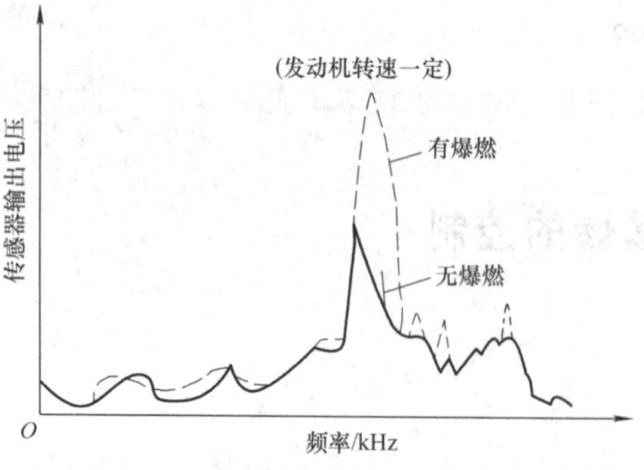

图 4 - 15　爆燃传感器振动频率与输出电压

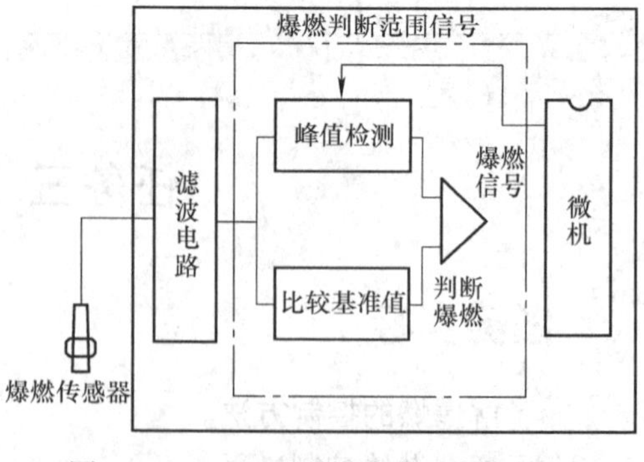

图 4 - 16　ECU 对爆燃现象的判断原理

在发动机强烈振动时，为了只检测爆燃信号，防止发生错误的爆燃判断，爆燃信号的输入并非随时进行，它有一个判断范围，如图 4 - 17 所示，即只限于判断发动机点火后爆燃可能发生时的振动，只有在这个范围内，爆燃传感器的信号才会被输入到比较电路中。

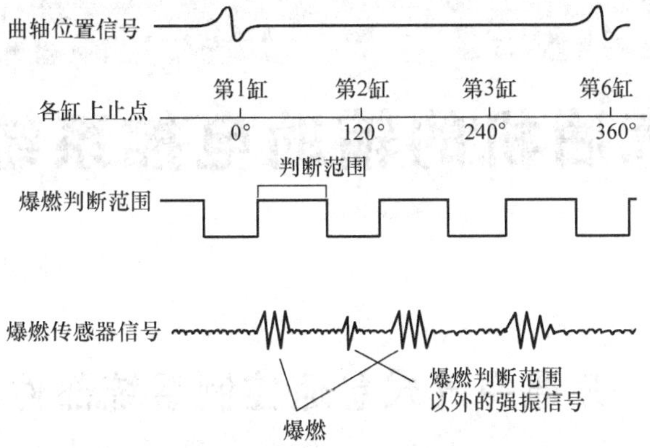

图 4-17 爆燃的判断范围

爆燃强度的判断：爆燃强度以超过基准值的次数来衡量，超过次数越多，则爆燃强度越大；反之，则爆燃强度越小。ECU 对爆燃强度的判断如图 4-18 所示。

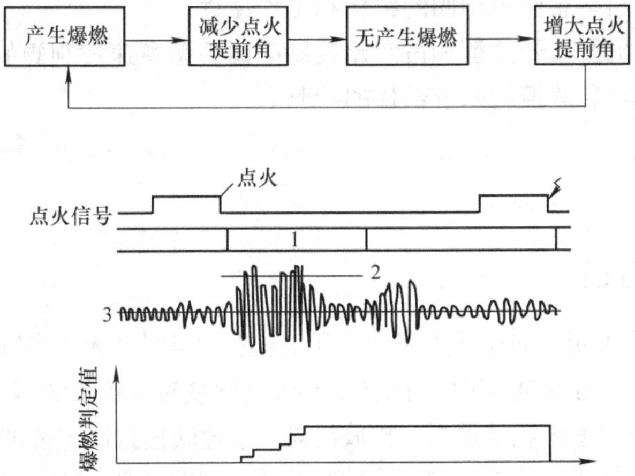

图 4-18 ECU 对爆燃强度的判断

1—爆燃判定期间 2—爆燃判定基准值 3—爆燃传感器输出信号

电控单元（ECU）将根据爆燃强度的大小确定点火提前角减小的幅度。当爆燃消失后，恢复正常的点火提前角，爆燃控制过程如下：

思考练习：

1. 避免爆燃的方法有哪些？

2. 通过学习，分析一下汽车在发生爆燃时，爆燃通常集中在车辆的哪些工况上？为什么？

单元五

汽油机的辅助电控系统

任务一　旁通空气式怠速控制系统部件的检测

任务目标

1. 了解怠速控制系统的组成及分类。
2. 了解旋转电磁阀型怠速控制阀的结构和工作原理。
3. 了解步进电动机型、开关型和占空比控制电磁阀型怠速控制阀的结构和工作原理。
4. 掌握旁通空气式怠速控制系统部件的检测。

相关知识

一、怠速控制概述

怠速是指在节气门关闭，加速踏板完全松开，且发动机对外无功率输出并保持最低转速稳定运转时的工况。当汽车在交通密度大的城市道路上行驶时，约有30%的燃油消耗在怠速阶段。怠速转速的高低直接影响燃油消耗和排放污染。怠速转速过高，燃油消耗增加；怠速转速过低，则又会增加排放污染。此外，如怠速转速过低，当发动机在冷车运转、空调器打开、电器负荷增大、自动变速器挂入挡位、动力转向时，由于运行条件较差或负载增加，还容易导致发动机运转不稳甚至熄火。在传统的化油器式发动机上，一般由人工调整怠速转速，因此在发动机工作过程中，不能根据运行工况和负载的变化适时调整怠速转速。虽然有些发动机设有机械装置用以控制其怠速转速，但其结构比较复杂，且工作稳定性也较差。随着电控技术在汽车上的广泛应用，怠速控制已成为发动机集中控制系统的基本控制内容之一。

怠速控制的目的是在保证发动机排放要求且运转稳定的前提下，尽量使发动机的怠速保持最低，以降低怠速时的燃油消耗量。

电控燃油喷射式发动机在怠速工况时，空气通过节气门的缝隙或旁通节气门的怠速空气道进入发动机，并由空气流量计（或进气管绝对压力传感器）对进气量进行检测，电控燃油喷射系统（EFI）则根据各传感器信号控制喷油量，保证发动机的怠速运转。

怠速控制系统的功能是根据发动机的工作温度和负载大小，由ECU自动控制怠速工况下的空气供给量，维持发动机以稳定怠速运转。

怠速控制系统主要由传感器、ECU和执行元件三部分组成，如图5-1所示。传感器的作用是检测发动机的运行工况和负载设备的工况，ECU则根据各种传感器的输入信号确定一个怠速运行的目标转速，并与实际转速进行比较，根据比较结果控制执行元件工作，以调节进气量，使发动机的怠速转速达到所确定的目标转速。在怠速控制系统中，ECU 需要根据节气门位置信号和车速信号确认怠速工况，只有在节气门全关、车速为零时，才进行怠速控制，以免与驾驶员通过加速踏板对进气量做的调节发生干涉。

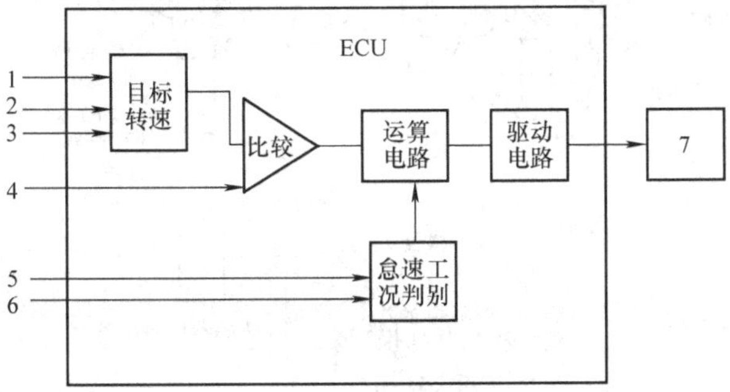

图 5-1　怠速控制系统的组成

1—冷却液温度信号　2—A/C 开关信号　3—空挡位置开关信号
4—转速信号　5—节气门位置信号　6—车速信号　7—执行元件

怠速控制的实质就是对怠速工况下的进气量进行控制。在发动机集中控制系统中，控制怠速进气量的方法可分为两种基本类型：节气门直动式和旁通空气式，如图 5-2、图 5-3 所示。节气门直动式是通过执行元件改变节气门的最小开度来控制怠速进气量，而在旁通空气式怠速控制系统中，设有旁通节气门的怠速空气道，由执行元件控制流经怠速空气道的空气量。

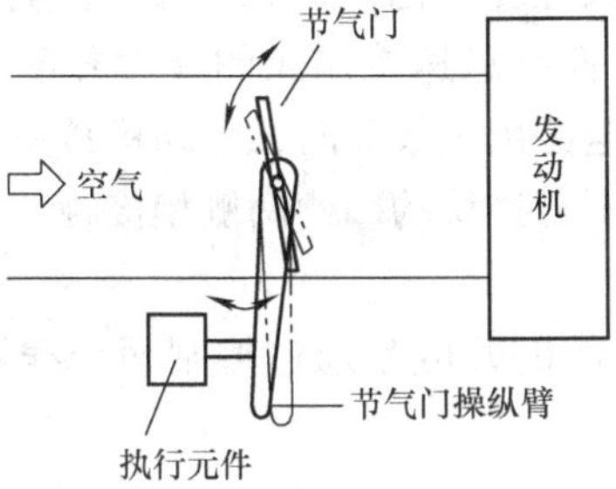

图 5-2　节气门直动式怠速控制系统

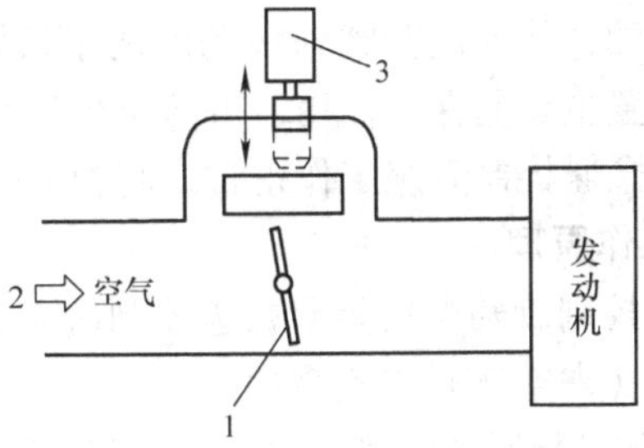

图 5-3　旁通空气式怠速控制系统

1—节气门　2—怠速空气道　3—执行元件

目前应用比较广泛的是旁通空气式怠速控制系统。按执行元件的类型不同，旁通空气式怠速控制系统又分为步进电动机型、旋转电磁阀型、占空比控制电磁阀型、开关型等。怠速控制的方法及执行元件的类型因车型而异，目前应用较多的旁通空气式怠速控制系统是旋转电磁阀型。不同车型的怠速控制系统的控制内容也不完全相同，控制内容通常包括：起动控制、暖机控制（快怠速控制）、负荷变化控制、反馈控制和学习控制等。

二、旋转电磁阀型怠速控制阀

1. 结构

旋转电磁阀型怠速控制阀的结构如图 5-4 所示。

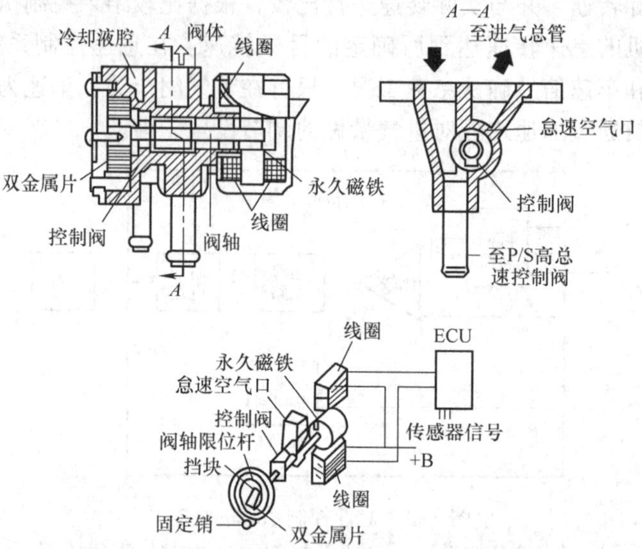

图 5-4　旋转电磁阀型怠速控制阀的结构

控制阀安装在阀轴的中部，阀轴的一端装有圆柱形永久磁铁，永久磁铁对应的圆周位置上装有位置相对的两个线圈。由 ECU 控制两个线圈的通电或断电，以改变两个线圈产生的磁场强度，即可改变控制阀的位置，从而调节怠速空气口的开度，以实现怠速空气量的控制。

在旋转电磁阀型怠速控制阀中有一个制成卷簧形的双金属片，其外端用固定销固定在阀体上，内端与阀轴端部的挡块相连接。阀轴上的限位杆穿过挡块的凹槽，使阀轴只能在挡块凹槽限定的范围内摆动。当流过阀体冷却液腔的冷却液温度变化时，双金属片发生变形，带动挡块转动，从而改变阀轴转动的两个极限位置，以控制怠速控制阀的最大开度和最小开度，此装置主要起保护作用，可防止当怠速控制系统电路出现故障时，发动机转速过高或过低。只要怠速控制系统工作正常，阀轴上的限位杆就不与挡块的凹槽两侧相接触。

2. 工作原理

ECU 控制旋转电磁阀型怠速控制阀工作时，控制阀的开度是通过控制两个线圈的平均通电时间（占空比）来实现的。

占空比是指脉冲信号的通电时间与通电周期之比，如图 5-5 所示。通电周期一般是固定不变的，所以占空比增大，也就是延长了通电时间。当占空比为 50% 时，两线圈的平均通电时间相等，两者产生的磁场强度相同，电磁力相互抵消，阀轴不发生偏转。当占空比大于 50% 时，两个线圈的平均通电时间一个增加，而另一个减小，两者产生的磁场强度不同，所以会使阀轴偏转一定角度，控制阀开启怠速空气口。占空比越大，两个线圈产生的磁场强度相差越大，控制阀开度越大。因此，ECU 通过控制脉冲信号的占空比即可改变控制阀开度，从而控制怠速时的空气量。控制阀从全闭位置到全开位置之间，旋转角度限定在 90°以内，ECU 控制的占空比调整范围为 18% ~82%。

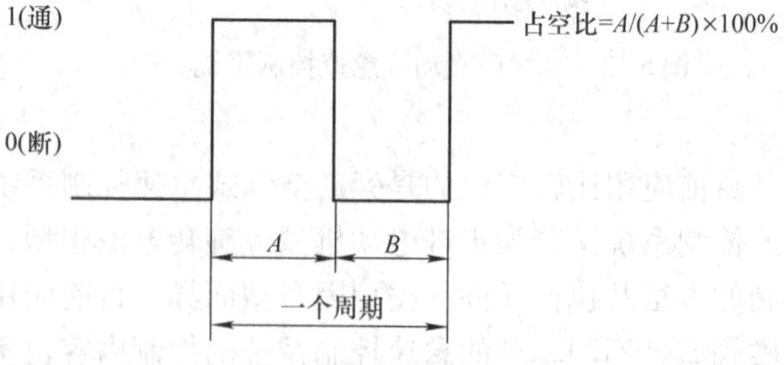

图 5-5　占空比

任务实施

一、准备工作

1. 工具及资料准备

1）万用表。

2）诊断用连接线。

3）一汽丰田威驰型轿车电路图。

2. 车辆准备

1）准备实习车辆（一汽丰田威驰型轿车）。

2）将车辆停放在地面平整干净、周围无安全隐患的环境下。

3）放置车轮挡块并拉紧驻车制动，避免工作时车辆移动。

4）安装防护套件，防止工作时划伤、弄脏车辆。

5）拆下蓄电池负极导线。

二、注意事项

1）在没有拆下蓄电池导线、拔下传感器或执行器线束插头时，应先关闭点火开关再进行操作。

2）在拔下电控单元插头前，要拆下蓄电池负极导线。

3）在拆下蓄电池负极导线前，一定要先关闭点火开关再进行操作。

4）在拔下传感器或执行器线束插头前，应先将插头的锁止装置打开再向外拔。如果插头的锁止装置打开困难，则可先将插头向里推，然后再尝试打开锁止装置，一定不要用力硬拉，以避免损坏插头。

5）用万用表测量插头时，不要用力猛插，否则会造成插头接触不良。

三、任务实施

一汽丰田威驰型轿车采用旋转电磁阀型怠速控制阀，其插座端子排列如图 5 - 6 所示，电路连接如图 5 - 7 所示。

图 5 - 6　旋转电磁阀插座端子排列

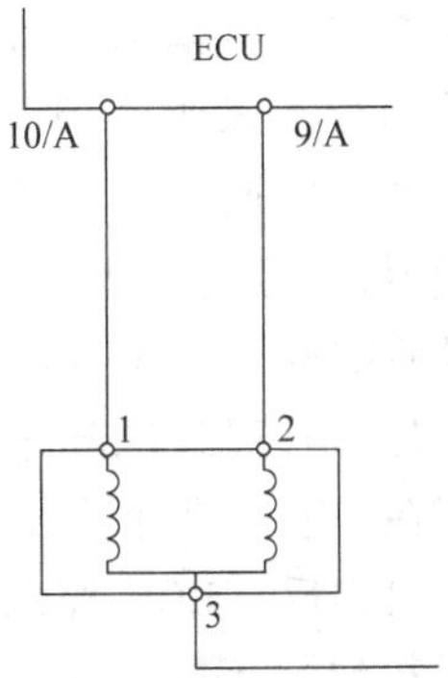

图 5 - 7　旋转电磁阀电路连接

1. 旋转电磁阀型怠速控制阀电路及元件的检测

1）关闭点火开关，拔下旋转电磁阀型怠速控制阀插头。

2）打开点火开关，用万用表测量线束插头3和搭铁间的电压。该电压应为12V，若电压不符合要求，应检查端子3和点火开关间有无开路情况。

3）关闭点火开关，拆下蓄电池负极导线，拔下ECU插头。如图5-7所示，测量传感器插头1、2与ECU插头对应端子之间的电路是否有断路、短路故障（标准值：对应线路导线电阻小于1Ω，相邻导线电阻值为∞）。

4）如与分析相符，则故障在旋转电磁阀型怠速控制阀内，应对其进行检测。

5）元件测量：用万用表测量旋转电磁阀型怠速控制阀两组线圈的电阻，如图5-7所示，其阻值应为18.8～22.8Ω。如上述情况不符合标准，则应更换元件。

6）操作完毕后插回ECU及旋转电磁阀型怠速控制阀插头，装好蓄电池负极导线。

2. 整理设备与场地

1）做好实习记录，根据实习要求，写出实习报告。

2）完成工具、车辆及场地的清洁整理工作。

知识链接

一、步进电动机型怠速控制阀

1. 结构

步进电动机型怠速控制阀的作用是改变节气门最小开度限制器的位置，从而控制节气门的最小开度，实现对怠速时进气量进行控制的目的。步进电动机型怠速控制阀的结构如图5-8所示。步进电动机由转子和定子构成。丝杠机构将步进电动机的旋转运动转变为阀杆的直线运动，控制阀与阀杆制成一体。步进电动机型怠速控制阀安装在节气门体上，控制阀伸入到设在怠速空气道内的阀座处，发动机怠速运转时，ECU根据各传感器的信号，控制步进电动机的正反转和转动量，以调节控制阀与阀座之间的间隙，从而改变怠速空气道的流通截面大小，进而控制发动机在怠速工况下的空气供给量。

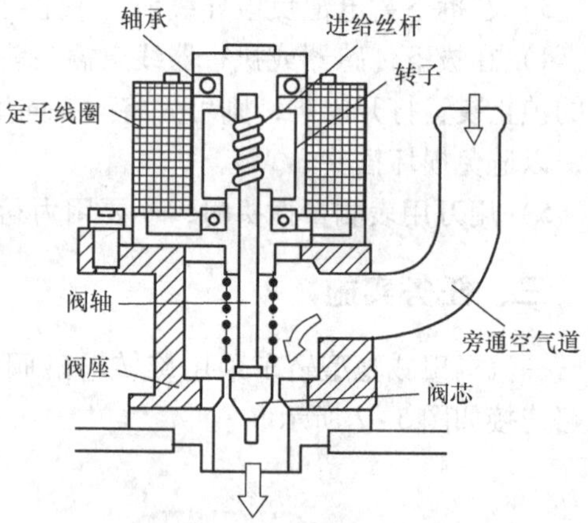

图5-8　步进电动机型怠速控制阀的结构

步进电动机的结构如图5-9、图5-10所示，它主要由用永久磁铁制成的16个（8对磁极沿圆周均匀分布）磁极的转子和两个定子铁心组成。每个定子都由两个带16个爪极的铁心交错装配在一起，两个定子上分别绕有1、3相和2、4相两组线圈，每个定子上两组线圈的绕制方向相反。ECU控制步进电动机工作时，给线圈输送的是脉冲电压，4个线圈的通电顺序（相位）不同，步进电动机的转动方向就不同，当按一定顺序输入一定数量的脉冲时，步进电动机就向某一方向转过一定的角度，步进电动机的转动量取决于输入脉冲的数量。因此，ECU通过对定子线圈通电顺序和输入脉冲数量的控制，即可改变步进电动机型怠速控制阀的位置（即开度），从而控制发动机在怠速工况下的空气供给量。由于给步进电动机每输入一定数量的脉冲转子只转过一定的角度，其转动是不连续的，所以称为步进电动机。

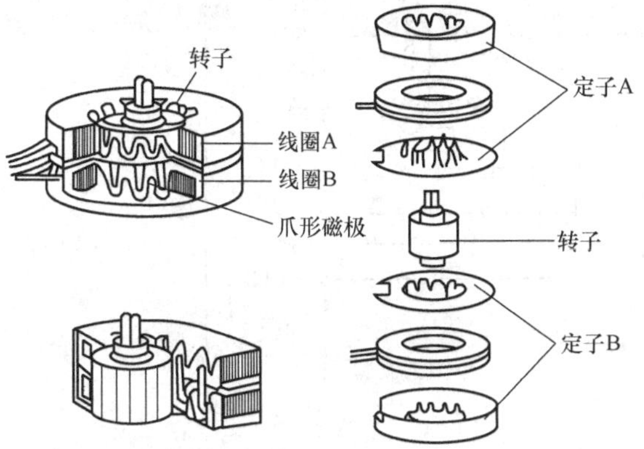

图 5-9　步进电动机的结构（一）

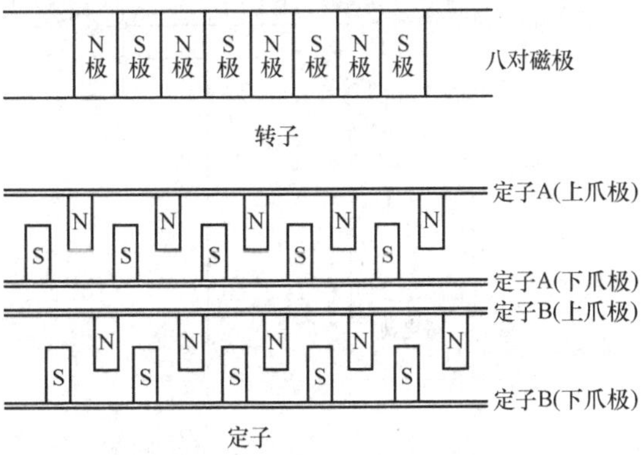

图 5-10　步进电动机的结构（二）

2. 工作原理

步进电动机的工作原理如图 5-11 所示。

发动机怠速运转时，ECU 根据各传感器的信号，控制步进电动机的正反转和转动量，以调节控制阀与阀座之间的间隙，从而改变怠速空气道的流通截面大小，控制发动机在怠速工况下的空气供给量。

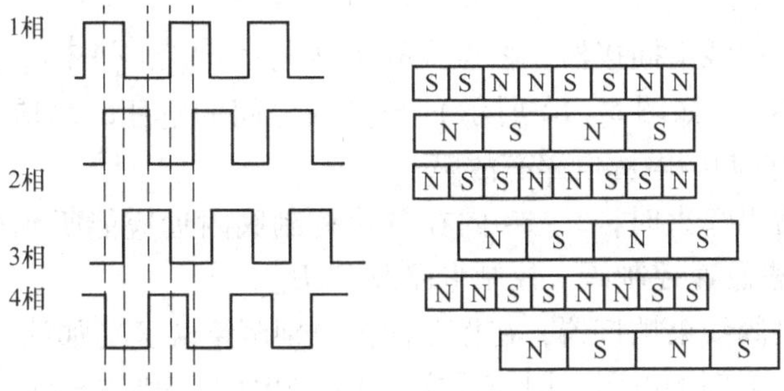

a)　　b)

图 5-11　步进电动机的工作原理

a）输入脉冲　b）工作过程

当 ECU 控制步进电动机的线圈按 1－2－3－4 的顺序依次搭铁时，定子磁场顺时针转动（如图 5-11b 所示），由于与转子磁场间的相互作用（同性相斥，异性相吸），使转子随定子磁场同步转动。同理，步进电动机的线圈按相反的顺序通电时，转子则随定子磁场同步反转。转子每转一步便与定子错开一个爪极的位置，由于定子有 32 个爪极（上、下两个铁心各 16 个），所以步进电动机每转一步为 1/32 圈（约 11°转角），步进电动机的工作范围为 0～125 个步进级。

步进电动机型怠速控制阀电路（以日本丰田皇冠 3.0 轿车为例）如图 5-12 所示。主继电器触点闭合后，蓄电池电源经主继电器到达怠速控制阀的 B1 和 B2 端子及 ECU 的＋B 和＋B1 端子。B1 端子向步进电动机的 1、3 相两个线圈供电，B2 端子向 2、4 相两个线圈供电。4 个线圈分别通过端子 S1、S2、S3、S4 与 ECU 端子 ISC1、ISC2、ISC3、ISC4 相连接，ECU 控制各线圈的搭铁回路，以控制怠速控制阀的工作。

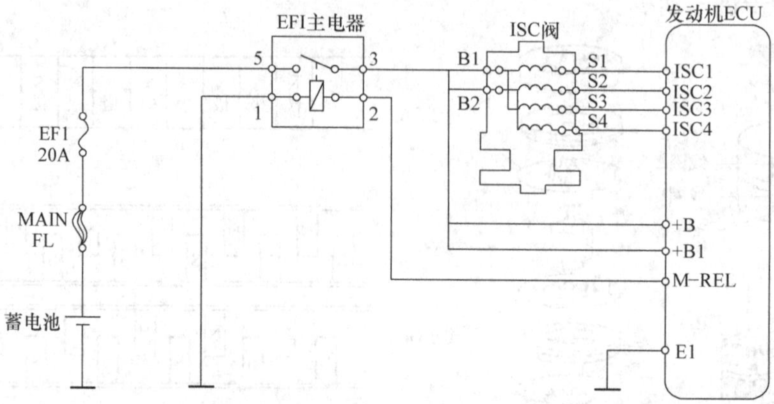

图 5-12　步进电动机型怠速控制阀电路

3. 检修

（1）注意事项

1）不要用手推或拉控制阀，以免损坏丝杆机构的螺纹。

2）不要将控制阀浸泡在任何清洗液中，以免损坏步进电动机。

3）安装前，应检查密封圈，确保无任何损伤，并在密封圈上涂少量润滑油。

（2）检修方法

1）拆开怠速控制阀线束插接器，将点火开关转至“ON”，但不起动发动机，在线束侧分别测量 B1 和 B2 端子（如图 5-12 所示）与搭铁之间的电压，均应为蓄电池电压（9 ~ 14V），否则说明怠速控制阀电源电路有故障。

2）发动机起动后再熄火时，2 ~ 3s 内在怠速控制阀附近应能听到内部发出的“嗡嗡”声，否则应进一步检查怠速控制阀、控制电路及 ECU。

3）拆开怠速控制阀线束插接器，在控制阀侧分别测量端子（如图 5-12 所示）B1 与 S1 和 S3、B2 与 S2 和 S4 之间的电阻，阻值均应为 10 ~ 30Ω，否则应更换怠速控制阀。

4）如图 5-13 所示，拆下怠速控制阀后，将蓄电池正极接至 B1 和 B2 端子，负极按顺序依次接通 S1 – S2 – S3 – S4 端子时，随步进电动机的旋转，控制阀应向外伸出；若蓄电池负极按相反顺序依次接通 S4 – S3 – S2 – S1 时，则控制阀应向内缩回。若工作情况不符合上述要求，则应更换怠速控制阀。

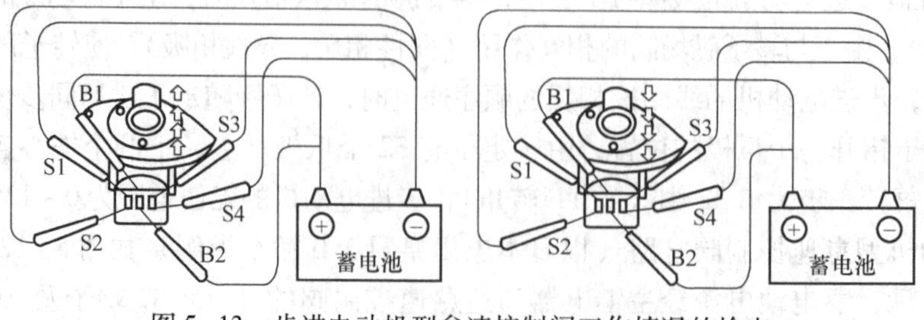

图 5-13　步进电动机型怠速控制阀工作情况的检查

4. 控制内容

（1）起动初始位置的设定　为了改善发动机的再起动性，在发动机点火开关关闭后，ECU 的 M－REL 端子向主继电器线圈供电一段时间（2s），在这段时间内，蓄电池继续给 ECU 和步进电动机供电（2s），ECU 使怠速控制阀回到起动初始位置（全开），待步进电动机回到起动初始位置后，主继电器线圈断电，蓄电池停止给 ECU 和步进电动机供电，怠速控制阀保持全开位置（125 步）不变，为下次起动做好准备。

（2）起动控制　发动机起动时，由于怠速控制阀预先设定在全开位置，在起动期间经怠速空气道可供给最大的空气量，发动机容易起动。在发动机起动后，如果怠速控制阀仍保持在全开位置，怠速转速就会过高，所以在起动期间或起动后，ECU 根据冷却液温度的高低控制步进电动机的运动步数，调节怠速控制阀的开度，以达到最佳位置，此位置随冷却液温度的升高而减小（步进电动机的步数与冷却液温度的关系曲线存储在 ECU 内）。

（3）暖机控制　暖机控制又称为快怠速控制，在暖机过程中，ECU 根据冷却液温度信号按存储器中的控制特性控制步进电机的运动步数，从而控制怠速控制阀开度，随着温度的上升，怠速控制阀开始逐渐关闭，当冷却液温度达到 70℃时，暖机控制过程结束。

（4）怠速稳定控制　在怠速运转时，ECU 将接收到的实际转速信号与存储器中的目标转速进行比较，当其差值超过一定值（一般为 20r/min）时，ECU 将通过步进电动机控制怠速控制阀，调节怠速空气供给量，使发动机的实际转速与目标转速相同。

（5）怠速预测控制　发动机在怠速运转时，空挡起动开关、空调开关的接通或断开都将使发动机的负荷立即发生变化。为了避免发动机怠速时发生转速波动或熄火，在发动机负荷出现变化前，ECU 就控制怠速控制阀事先开大或关小一个固定数值。

（6）电器负载增多时的怠速控制　在怠速运转时，如使用的电器负载增大到一定程度时，蓄电池电压就会降低。为了保证电控系统正常的供电电压，ECU 将根据需要控制步进电动机的运动步数，调节怠速控制阀的开度，相应地增加进气量，以提高发动机的怠速转速，提高发电机的输出功率。

（7）学习控制　在发动机使用过程中，由于磨损等原因会导致怠速控制阀的性能发生改变，虽然怠速控制阀的位置相同，但实际的怠速转速会与初设的目标转速略有不同。在此情况下，ECU 在利用反馈控制使怠速回归到目标值的同时，还可将步进电动机转过的步数存储在存储器中，以便在此后的怠速控制过程中出现相同情况时直接调用。

二、占空比控制电磁阀型怠速控制阀

1. 结构

占空比控制电磁阀型怠速控制阀的结构如图 5-14 所示，它主要由控制阀、阀杆、电磁线圈和回位弹簧、进气口、出气口等组成。

2. 工作原理

控制阀与阀杆制成一体，当电磁线圈通电时，电磁线圈就会产生电磁吸力，当它超过回位弹簧的弹力时，阀杆将被吸起，使阀杆离开阀座，将旁通空气道打开；当电磁线圈断电时，阀杆在回位弹簧的作用下回位，旁通空气道关闭。

控制阀的开度取决于电磁线圈产生的电磁吸力的大小，ECU 也是通过控制输入电磁线圈的脉冲信号的占空比来控制磁场强度，以调节控制阀的开度大小，实现对怠速空气量的控制。

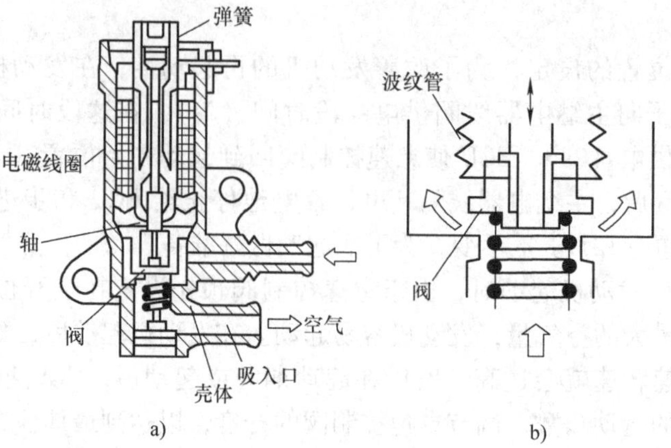

图 5-14　占空比控制电磁阀型怠速控制阀的结构

a）结构　b）示意图

3. 控制内容

占空比控制电磁阀型怠速控制系统的控制内容包括起动控制、暖机控制、反馈控制、怠速预测控制和学习控制。但是，由于占空比控制电磁阀型怠速控制阀控制的旁通空气量少，因此在采用此种控制阀的怠速控制系统中，仍需要快怠速控制阀辅助控制发动机暖机过程的空气供给量，快怠速控制阀的结构如图 5-15 所示，主要由石蜡感温器、控制阀和弹簧等组成。在发动机起动后的暖机过程中，冷却液温度较低，石蜡收缩，控制阀在弹簧的作用下打开，增加怠速供给空气量，使发动机快怠速运转，随着温度的升高，石蜡膨胀，推动连接杆使控制阀开度逐渐减小，怠速逐渐下降，在发动机达到正常工作温度后，控制阀将完全关闭其空气道，发动机恢复正常怠速。有些快怠速控制阀的感温元件采用双金属片，双金属片式快怠速控制阀和石蜡式的工作原理类似，它也是利用金属元件的热胀冷缩变形来控制阀门的开度，从而控制发动机暖机过程的空气供给量。

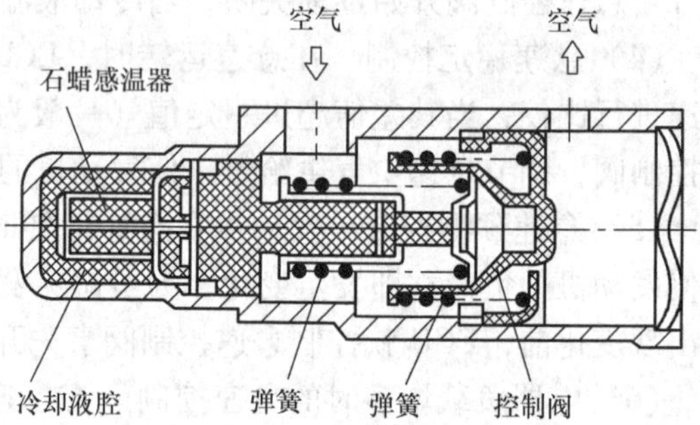

图 5-15　快怠速控制阀的结构

4. 检查方法

占空比控制电磁阀型怠速控制阀电路（以日本本田轿车为例）如图 5-16 所示。

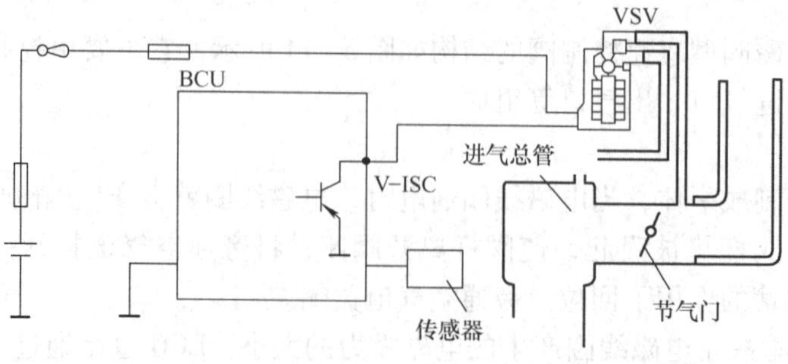

图 5-16　占空比控制电磁阀型怠速控制阀电路

在使用中，主要对占空比控制电磁阀型怠速控制阀进行以下检查：

1）拆开怠速控制阀线束插接器，将点火开关转至“ON”，但不起动发动机，在线束插接器侧测量电源端子与搭铁之间的电压，该电压应等于蓄电池电压，否则说明怠速控制阀电源电路有故障。

2）拆开怠速控制阀上的两端子线束插接器，在控制阀侧分别测量两端子之间的电阻，正常电阻值应为 10 ~ 15Ω，否则应更换怠速控制阀。

三、开关型怠速控制阀

1. 结构

开关型怠速控制阀的结构如图 5 - 17 所示，主要由线圈和控制阀组成。

2. 工作原理

开关型怠速控制阀的工作原理与占空比控制电磁阀型怠速控制阀类似。不同的是在开关型怠速控制阀工作时，ECU 只对阀内线圈通电或断电两种状态进行控制，电磁线圈通电时，控制阀开启，线圈断电时，则控制阀关闭。开关型怠速控制阀也只有开或关两个位置。

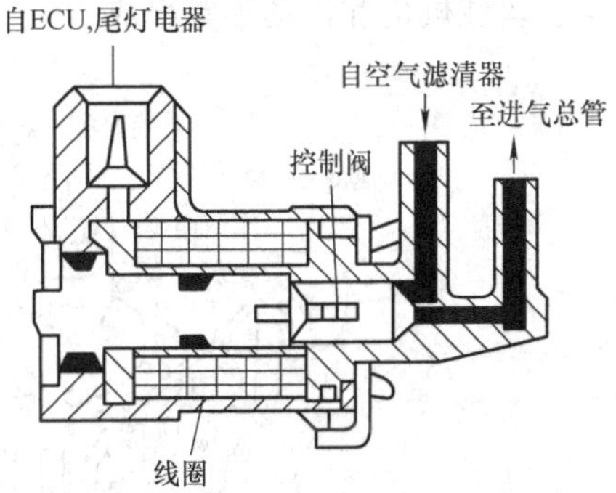

图 5 - 17　开关型怠速控制阀的结构

思考练习：

1. 怠速控制系统的组成及分类是怎么样的?
2. 旋转电磁阀型怠速控制阀的结构和工作原理是什么?
3. 步进电动机型怠速控制阀的作用、结构和工作原理是什么?
4. 旋转电磁阀型怠速控制阀损坏后，车辆会出现哪些故障现象? 请写出故障排除流程。

任务二　节气门直动式怠速控制系统部件的检测

任务目标

1. 了解节气门直动式怠速控制器的作用和结构。
2. 了解节气门直动式怠速控制器的工作原理。
3. 了解节气门直动式怠速控制器的特点。
4. 掌握节气门直动式怠速控制系统部件的检测。

相关知识

一、节气门直动式怠速控制器的作用

改变节气门最小开度限制器的位置，从而控制节气门的最小开度，实现对怠速时进气量进行控制的目的。

二、节气门直动式怠速控制器的结构

节气门直动式怠速控制器的外形及结构如图 5 - 18 所示，主要由直流电动机、减速齿轮机构、丝杠机构和传动轴等组成。

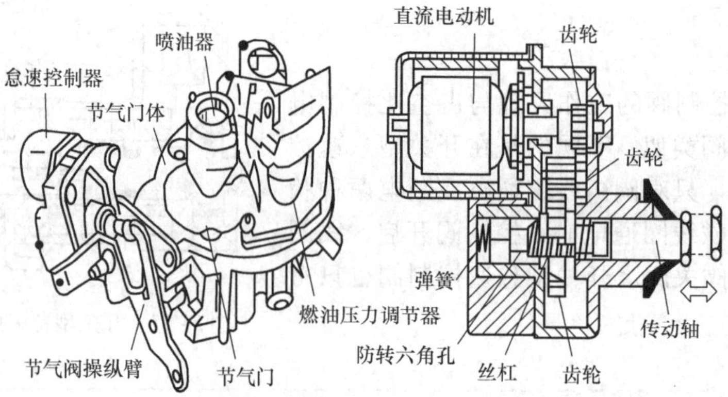

图 5 - 18　节气门直动式怠速控制器的外形及结构

三、节气门直动式怠速控制器的工作原理

直流电动机可正转或反转，当直流电动机通电转动时，经减速齿轮机构减速增扭后，再由丝杠机构将其旋转运动转换为传动轴的直线运动。

传动轴顶靠在节气门最小开度限制器上，当发动机怠速运转时，ECU 根据各传感器的信号，控制直流电动机的正反转和转动量，以改变节气门最小开度限制器的位置，从而控制节气门的最小开度，实现对怠速时进气量进行控制的目的。

四、节气门直动式怠速控制器的特点

节气门直动式怠速控制器的结构比较简单，但采用齿轮减速机构后，会导致执行速度变慢，动态响应性差，控制器的外形尺寸也比较大，所以目前除部分单点喷射系统外，一般不采用这种怠速控制系统。

任务实施

一、准备工作

1. 工具及资料准备

1）万用表。

2）诊断用连接线。

3）桑塔纳2000GSi型轿车电路图。

2. 车辆准备

1）准备实习车辆（上海大众桑塔纳2000GSi型轿车）。

2）将车辆停放在地面平整干净、周围无安全隐患的环境下。

3）放置车轮挡块并拉紧驻车制动，避免工作时车辆移动。

4）安装防护套件，防止工作时划伤、弄脏车辆。

5）拆下蓄电池负极导线。

二、注意事项

1）在没有拆下蓄电池导线、拔下传感器或执行器线束插头时，应先关闭点火开关再进行操作。

2）在拔下电控单元插头前，要拆下蓄电池负极导线。

3）在拆下蓄电池负极导线前，一定要先关闭点火开关再进行操作。

4）在拔下传感器或执行器线束插头前，应先将插头的锁止装置打开再向外拔。如果插头的锁止装置打开困难，则可先将插头向里推，然后再尝试打开锁止装置，一定不要用力硬拉，以避免损坏插头。

5）用万用表测量插头时，不要用力猛插，否则会造成插头接触不良。

三、任务实施

上海桑塔纳2000GSi型轿车采用节气门直动式怠速控制方式，其节气门定位器（V60）起着控制怠速的作用，能适当开大或关小节气门，怠速开关（F60）用以向发动机的电子控制单元ECU提供怠速位置信号。怠速开关闭合时，由节气门定位器来决定怠速时节气门的开度，其插座端子排列如图5-19所示，电路连接如图5-20所示。

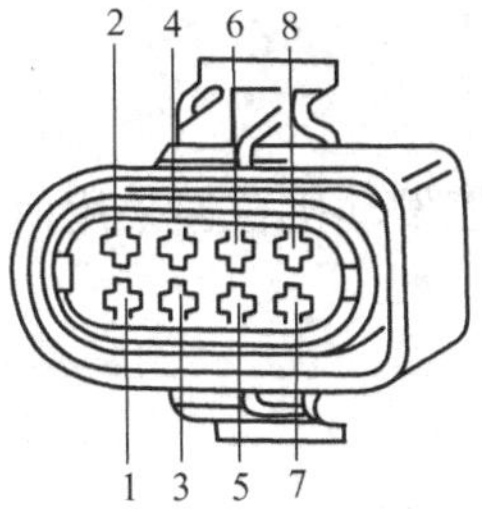

图5-19　节气门控制组件插座端子排列

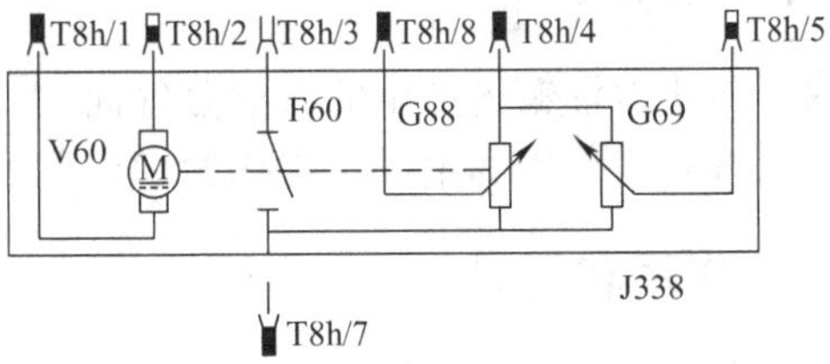

图5-20　节气门控制组件电路连接

1. 怠速控制元件的检测

1）关闭点火开关，拔下节气门控制组件插头。

2）打开点火开关，用万用表测量线束插头4、7端子间的电压，如图5-20所示。该电压应为5V，否则可能是电路断路、短路或者是ECU未能提供5V电压。

3）关闭点火开关，拆下蓄电池负极导线，拔下ECU插头。如图5-20所示，测量控制组件插头与ECU插头对应端子之间的电路是否有断路、短路故障（标准值：对应线路导线电阻小于1Ω，相邻导线电阻为∞）。

4）如与分析相符，则故障在节气门控制组件，应对其进行检查。

5）元件测量：用万用表测量节气门定位器（V60）1、2 端子间的阻值，其阻值应为 3～200Ω。测量怠速开关（F60）在节气门打开、关闭瞬间端子 3、7 之间的导通情况，标准值为关闭时电阻小于 1Ω，打开时为∞，如上述情况不符合标准，则应更换元件。

6）操作完毕后插回 ECU 及旋转电磁阀型怠速控制阀插头，装好蓄电池负极导线。

2. 整理设备与场地

1）做好实习记录，根据实习要求，写出实习报告。

2）完成工具、车辆及场地的清洁整理工作。

思考练习：

1. 节气门直动式怠速控制器的工作原理是怎样的？与旁通气道式比较有何特点？

2. 一辆上海大众桑塔纳 2000GSi 轿车，经常出现怠速转速不稳，急加速时有将要熄火的情况，通过本节课程的学习，分析该车故障点在哪里？如在怠速控制系统，则应如何进行检测，请写出故障排除流程。

任务三　汽油蒸发排放控制系统的检测

任务目标

1. 了解汽油蒸发排放（EVAP）控制系统的作用和组成。
2. 了解汽油蒸发排放（EVAP）控制系统的工作原理。
3. 掌握汽油蒸发排放控制系统的检测。

相关知识

为了防止汽油箱内产生的汽油蒸气向大气中扩散，电控发动机普遍采用汽油蒸发排放控制系统，现对其作用和组成及工作原理说明如下。

一、作用和组成

汽油蒸发排放（EVAP）控制系统的作用是收集汽油箱和浮子室（化油器式汽油器）内蒸发的燃油蒸气，并将燃油蒸气导入气缸内进行燃烧，以防止燃油蒸气直接排入大气造成污染，同时，它还可根据发动机的具体工况，控制导入气缸参加燃烧的燃油蒸气量。

汽油蒸发排放（EVAP）控制系统的组成如图 5-21 所示。

在装有 EVAP 控制系统的汽车上，汽油箱盖上只有空气阀，不设蒸气放出阀。活性炭罐与汽油箱之间设有排气管和单向阀，当汽油箱内的燃油蒸气超过一定压力时，燃油蒸气顶开单向阀经排气管进入活性炭罐，活性炭罐内的活性炭将燃油蒸气吸附在炭罐内。

二、工作原理

汽油蒸发排放（EVAP）控制系统的工作原理是当发动机工作时，活性炭罐内的燃油蒸气经定量排放孔被吸入进气管，然后进入气缸被烧掉，如图 5-22 所示。

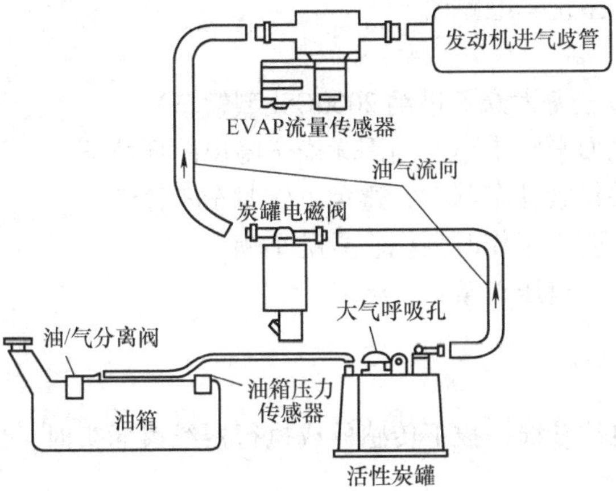

图 5-21　汽油蒸发排放（EVAP）控制系统的组成

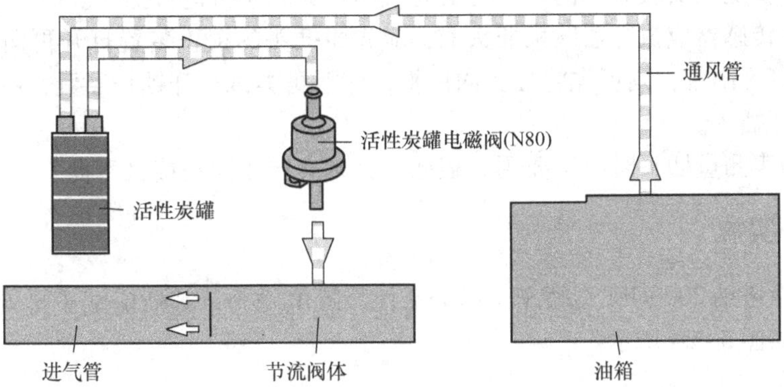

图 5-22　汽油蒸发排放（EVAP）控制系统的工作原理

活性炭罐的上端设有一个真空控制阀，真空控制阀是一个膜片阀，膜片上方为真空室，控制阀可以用来控制定量排放孔的开闭。

真空控制阀与进气管之间的真空管路中设有受 ECU 控制的电磁阀，用以调节真空控制阀上方真空室的真空度，通过改变真空控制阀的开度，从而控制吸入进气管的燃油蒸气量，这样也有利于抑制爆燃。

为防止活性炭罐内燃油蒸气被吸入进气管后使混合气变浓，活性炭罐下方设有进气滤芯并与大气相通，使部分清洁空气与活性炭罐内的燃油蒸气一起被吸入进气管，同时空气从炭罐下部进入时还可清洗活性炭。

任务实施

一、准备工作

1. 工具及资料准备

1）万用表、发光二极管试灯。

2）诊断用连接线。

3）桑塔纳2000GSi型轿车电路图。

2. 车辆准备

1）准备实习车辆（上海大众桑塔纳2000GSi型轿车）。

2）将车辆停放在地面平整干净、周围无安全隐患的环境下。

3）放置车轮挡块并拉紧驻车制动，避免工作时车辆移动。

4）安装防护套件，防止工作时划伤、弄脏车辆。

5）确定蓄电池电量、电压正常。

二、注意事项

1）在没有拆下蓄电池导线，拔下传感器或执行器线束插头时，应先关闭点火开关再进行操作。

2）在拔下电控单元插头前，要拆下蓄电池负极导线。

3）在拆下蓄电池负极导线前，一定要先关闭点火开关再进行操作。

4）在拔下传感器或执行器线束插头前，应先将插头的锁止装置打开再向外拔。如果插头的锁止装置打开困难，则可先将插头向里推，然后再尝试打开锁止装置，一定不要用力硬拉，以避免损坏插头。

5）用万用表测量插头时，不要用力猛插，否则会造成插头接触不良。

三、任务实施

上海大众桑塔纳2000GLi型轿车采用的活性炭罐电磁阀，其插座端子排列如图5-23所示，电路连接如图5-24所示。

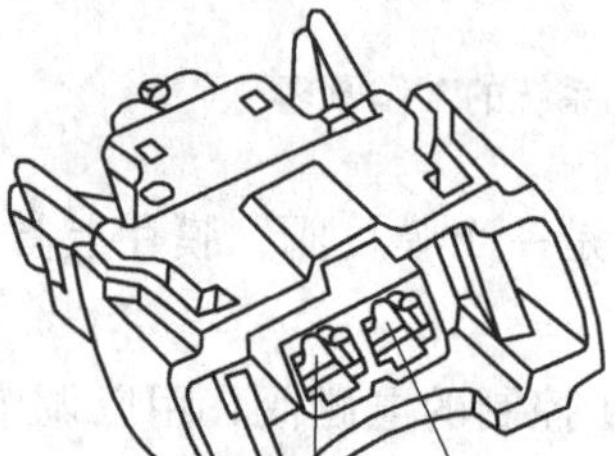

图5-23　电磁阀线束插座端子排列

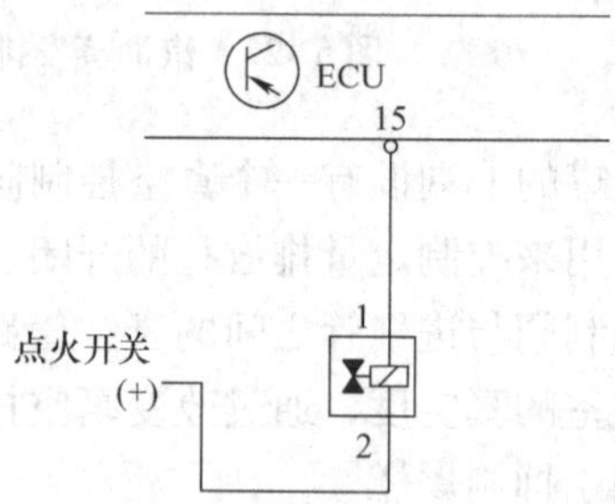

图5-24　活性炭罐电磁阀电路连接

1. 活性炭罐电磁阀电路及元件的检测

1）关闭点火开关，拔下霍尔效应式转速传感器的插头。

2）打开点火开关，用万用表测量线束插头2及搭铁间的电压，如图5-24所示。该电压应为12V，若电压不符合要求，则应检查端子2和点火开关间有无开路情况。

3）关闭点火开关，拆下蓄电池负极导线，拔下ECU插头。如图5-24所示，测量传感器插头1与ECU插头对应端子之间的电路是否有断路、短路故障（标准值：对应线路导线电阻小于1Ω，相邻导线电阻为∞）。

4）如与分析相符，则故障在活性炭罐电磁阀内，应对传感器进行检测。

5）元件测量：用万用表测量活性炭罐电磁阀两触点间的电阻，如图5-25所示，其阻值应为22～30Ω。如上述情况不符合标准，则应更换元件。

6）操作完毕后插回ECU及旋转电磁阀型怠速控制阀插头，并装好蓄电池负极导线。

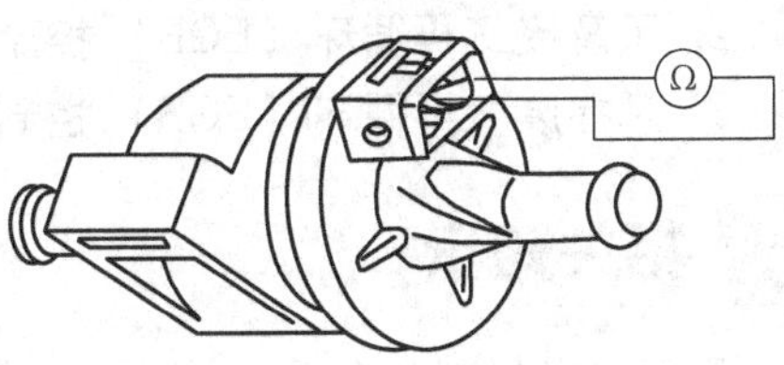

图5-25　测量活性炭罐电磁阀电阻

2. 整理设备与场地

1）做好实习记录，根据实习要求，写出实习报告。

2）完成工具、车辆及场地的清洁整理工作。

知识链接

在部分EVAP控制系统中，也有不设真空控制阀的活性炭罐，而是将受ECU控制的电磁阀直接安装在活性炭罐与进气管之间的吸气管中。如图5-26所示为韩国现代轿车EVAP控制系统，微机根据节气门位置传感器、水温传感器和进气温度传感器信号控制炭罐电磁阀通电或断电，炭罐电磁阀控制活性炭罐与进气管之间的吸气通道。当发动机怠速或温度较低时，微机使炭罐电磁阀断电，关闭吸气通道，活性炭罐内的燃油蒸气不能被吸入进气管。

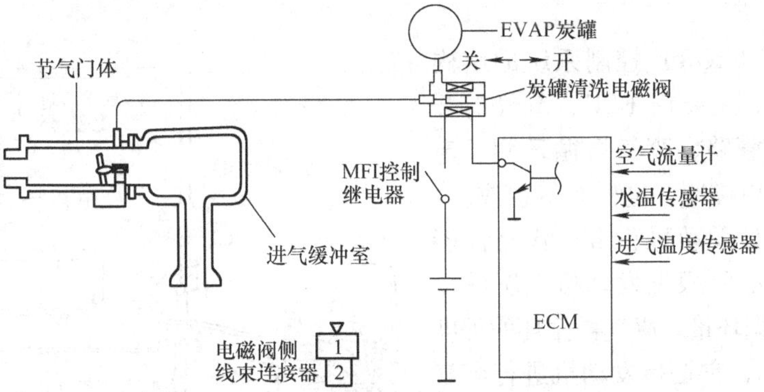

图5-26　韩国现代轿车EVAP控制系统

思考练习：

1. 汽油蒸发排放（EVAP）控制系统的作用是什么？

2. 一辆加满油的上海大众桑塔纳GSi轿车，如果活性炭罐电磁阀出现常开故障，那么请分析发动机会出现何种状况？

任务四　废气再循环控制系统的检测

任务目标

1. 了解废气再循环（EGR）控制系统的作用和结构。

2. 了解废气再循环（EGR）控制系统的类型及工作原理。
3. 掌握废气再循环（EGR）控制系统的检测内容及方法。

相关知识

废气再循环就是在ECU的控制下，根据发动机的不同工况，将一部分废气引入进气管，与新鲜可燃混合气混合后，再进入气缸燃烧，从而降低了燃烧速度和温度，减少了NO_X的生成量。但是，过度的废气再循环将会影响发动机的正常运行，特别是在怠速、低转速小负荷及发动机处于冷态运行时，再循环的废气将会明显降低发动机的性能，因此，应选择NO_X排放量多的发动机运转范围，根据工况条件的变化自动调节参与再循环的废气量。通常，在低温和全负荷工况中，EGR停止工作。

一、作用

废气再循环控制系统简称EGR控制系统，其作用是使在发动机工作时，将一部分废气重新引入气缸参加燃烧。

二、结构

废气再循环（EGR）控制系统的结构如图5-27所示，主要由ECU、节气门开关、废气再循环管路、废气再循环阀、定压阀、真空控制电磁阀、电磁阀等组成。

此外，为保证发动机正常工作且性能不受过多影响，必须根据发动机工况的变化，控制废气再循环量。废气再循环的程度用EGR率来表示，它是指发动机进行废气再循环时，废气再循环量在进入缸内的气体中所占的比率，即EGR率=［EGR量/(进气量+EGR量)］×100%。当EGR率达到15%时，NO_X的排放量即可减少60%。

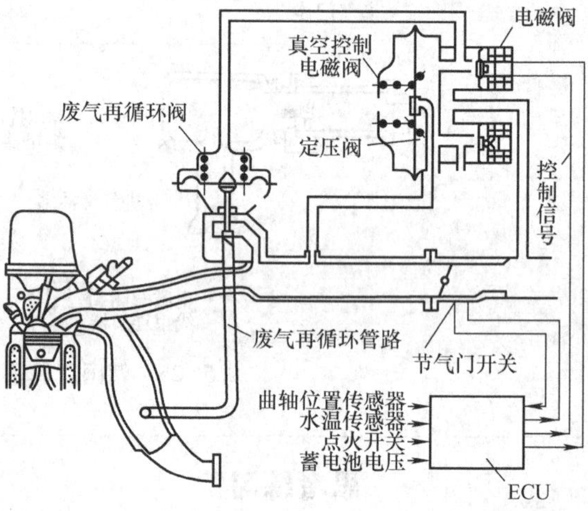

图5-27 废气再循环（EGR）控制系统的结构

1. 废气再循环阀

废气再循环阀的结构如图5-28所示。废气再循环阀通过特殊通道使排气歧管连通，其真空管上方的真空度由废气再循环装置系统的真空电磁阀控制。ECU根据转速、空气流量、进气压力以及温度信号，控制真空电磁阀的占空比，从而通过控制废气再循环阀的开度来改变废气再循环率。

2. 真空控制电磁阀（VCM）

真空控制电磁阀（VCM）由废气再循环电磁控制阀和怠速调节电磁阀组成。

ECU根据传感器输入信号、点火开关和电源电压等，给废气再循环控制阀提供不同占空比的控制脉冲信号，调节真空调节阀真空管进入的空气量，控制废气再循环阀的真空度，从而改变废气再循环率。

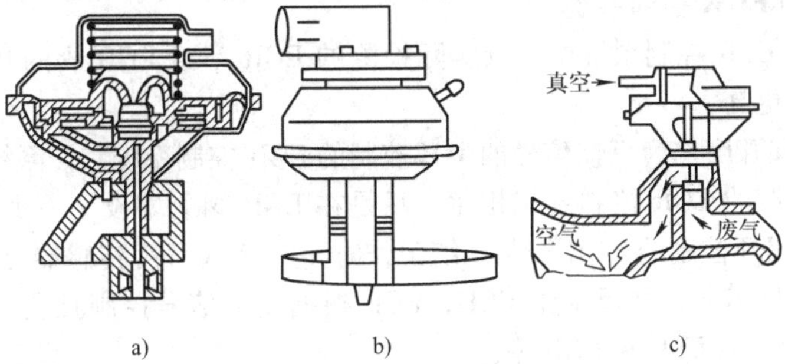

图 5-28　废气再循环阀的结构
a）剖面图　b）外形图　c）气流走向

发动机排出的 NO_X 量主要与气缸内的最高温度有关，气缸内最高温度越高，则排出的 NO_X 量越多。在废气再循环时，由于降低了燃烧室的温度，从而抑制 NO_X 的生成。

三、类型和工作原理

目前采用 ECU 控制的 EGR 控制系统主要有两种类型：开环控制的 EGR 控制系统和闭环控制的 EGR 控制系统。

1. 开环控制的 EGR 控制系统

开环控制的 EGR 控制系统（以日本公爵 3.0E 轿车为例）如图 5-29 所示。

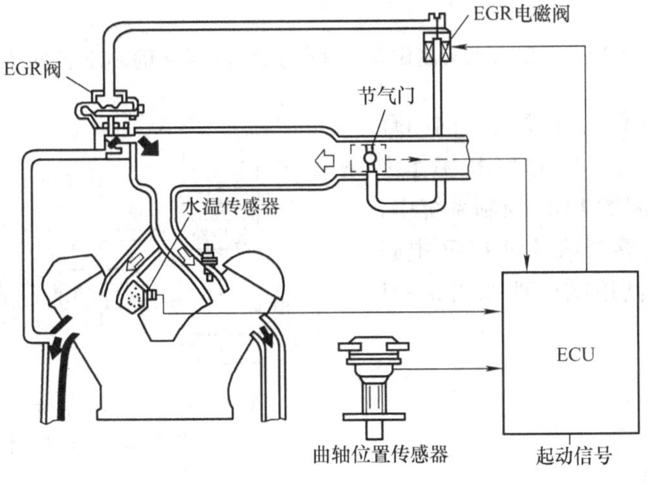

图 5-29　开环控制的 EGR 控制系统

开环控制 EGR 控制系统主要由 EGR 阀和 EGR 电磁阀等组成。EGR 阀安装在废气再循环通道中，用以控制废气再循环量。EGR 电磁阀安装在通向 EGR 阀的真空通道中，ECU 根据发动机冷却液温度、节气门开度、转速和起动等信号来控制电磁阀的通电或断电。ECU 不给 EGR 电磁阀通电时，控制 EGR 阀的真空通道接通，EGR 阀开启，进行废气再循环；ECU 给 EGR 电磁阀通电时，控制 EGR 阀的真空通道被切断，EGR 阀关闭，停止废气再循环。这种控制系统属于普通电子控制的 EGR 控制系统。

2. 闭环控制的 EGR 控制系统

在闭环控制的 EGR 控制系统中，以实际检测的 EGR 率或 EGR 阀的开度作为反馈控制信号，其控制精度更高。

（1）用 EGR 阀开度作为反馈信号的闭环控制的 EGR 控制系统　该系统如图 5-30 所示，与采用普通电子控制的 EGR 控制系统相比，只是在 EGR 阀上增设了一个 EGR 阀开度传感器（电位计式）。闭环控制的 EGR 控制系统工作时，EGR 阀开度传感器可将 EGR 阀开启信号转换为相应的电压信号，并反馈给 ECU，ECU 根据反馈信号控制真空电磁阀的动作，调节 EGR 阀的真空度，从而改变 EGR 率。

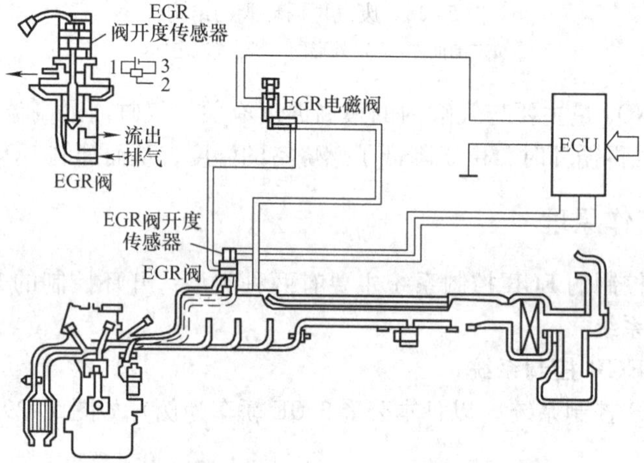

图 5-30　用 EGR 阀开度作为反馈信号的闭环控制的 EGR 控制系统

（2）用 EGR 率作为反馈信号的闭环控制的 EGR 控制系统　在用 EGR 率作为反馈信号的闭环控制的 EGR 控制系统中，ECU 根据 EGR 率传感器信号对 EGR 电磁阀实行反馈控制，其控制原理如图 5-31 所示。

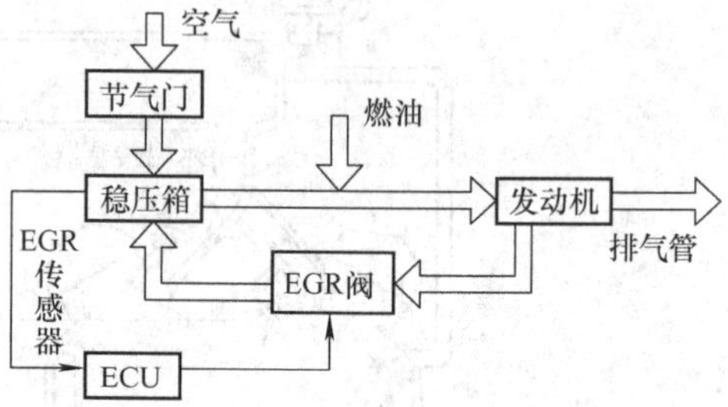

图 5-31　用 EGR 率传感器信号进行反馈控制的 EGR 控制系统

任务实施

一、准备工作

1. 工具及资料准备

1）万用表。

2）拆装工具。

3）上海通用别克君威型轿车电路图。

2. 车辆准备

1）准备实习车辆（上海通用别克君威型轿车）。

2）将车辆停放在地面平整干净、周围无安全隐患的环境下。

3）放置车轮挡块并拉紧驻车制动，避免工作时车辆移动。

4）安装防护套件，防止工作时划伤、弄脏车辆。

二、注意事项

1）在没有拆下蓄电池导线、拔下传感器或执行器线束插头时，应先关闭点火开关再进行操作。

2）在拔下电控单元插头前，要拆下蓄电池负极导线。

3）在拆下蓄电池负极导线前，一定要先关闭点火开关再进行操作。

4）在拔下传感器或执行器线束插头前，应先将插头的锁止装置打开再向外拔。如果插头的锁止装置打开困难，则可先将插头向里推，然后再尝试打开锁止装置，一定不要用力硬拉，以避免损坏插头。

5）用万用表测量插头时，不要用力猛插，否则会造成插头接触不良。

三、操作步骤

上海通用别克君威型轿车采用废气再循环阀，其插座端子排列如图 5-32 所示，电路连接如图 5-33 所示。

图 5-32　废气再循环阀插座端子排列

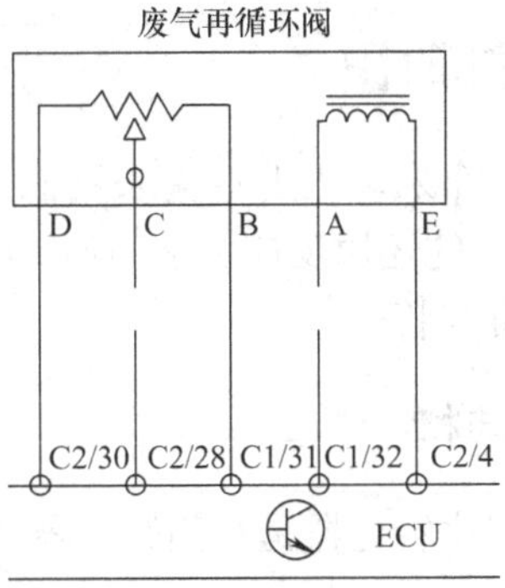

图 5-33　废气再循环阀电路连接

1. 废气再循环阀电路及元件的检测

1）关闭点火开关，拔下废气再循环阀插头。

2）拆下蓄电池负极导线，拔下 ECU 插头。如图 5-33 所示，测量传感器插头端子与 ECU 插头对应端子之间的电路是否有断路、短路故障（标准值：对应线路导线电阻小于 1Ω，相邻导线电阻为∞）。

3）如与分析相符，则故障在废气再循环阀内，应对其进行检测。

4）元件测量：用万用表测量活性炭罐电磁阀两触点间的电阻，如图 5-33 所示，其阻值应为 33～39Ω。如上述情况不符合标准，则应更换元件。

5）操作完毕后插回 ECU 及废气再循环阀插头，装好蓄电池负极导线。

2. 整理设备与场地

1）做好实习记录，根据实习要求，写出实习报告。

2）完成工具、车辆及场地的清洁整理工作。

思考练习：

1. 说明废气再循环（EGR）控制系统的工作原理。
2. 废气再循环（EGR）控制系统的检查内容有哪些？
3. 一辆 2004 年的别克君威轿车，最近常出现怠速不稳且急加速不良的情况，试分析该故障是否与废气再循环（EGR）控制系统有关？如果是，请分析故障点在哪里？

任务五　认识三元催化转换器

任务目标

1. 了解三元催化转换器（TWC）的作用。
2. 了解三元催化转换器的构造。
3. 了解三元催化转换器的工作原理。
4. 掌握三元催化转换器使用的注意事项。

相关知识

现代汽车发动机上普遍采用三元催化转换器，它不仅能促进 CO、HC 的氧化反应，也能促进 NO_X 的还原反应，从而使 CO、HC 和 NO_X 三种有害气体都得到净化。三元催化转换器安装在排气管中。

一、结构

三元催化转化器是利用转换器中的三元催化剂，将发动机排出废气中的有害气体转变为无害气体。

三元催化转化器主要由作为催化转化反应床并涂敷有促进化学转化反应的催化剂特制配方涂层的金属薄板载体或陶瓷烧结载体、不锈钢焊接结构的外壳和介于载体与壳体之间起耐热、隔热和减振作用的衬垫等元件构成，如图 5-34、图 5-35 所示。

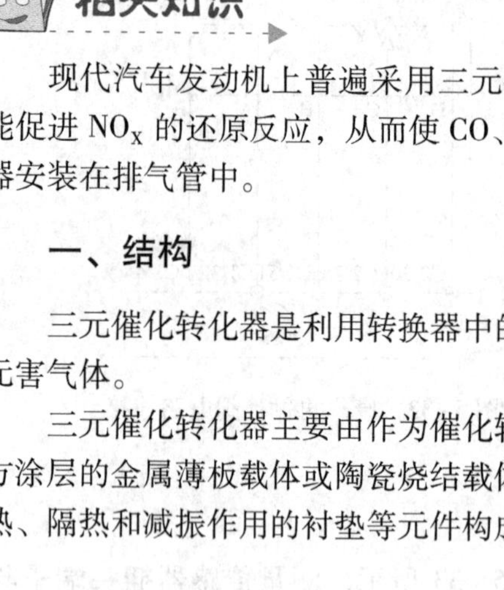

图 5-34　三元催化转化器的结构（一）

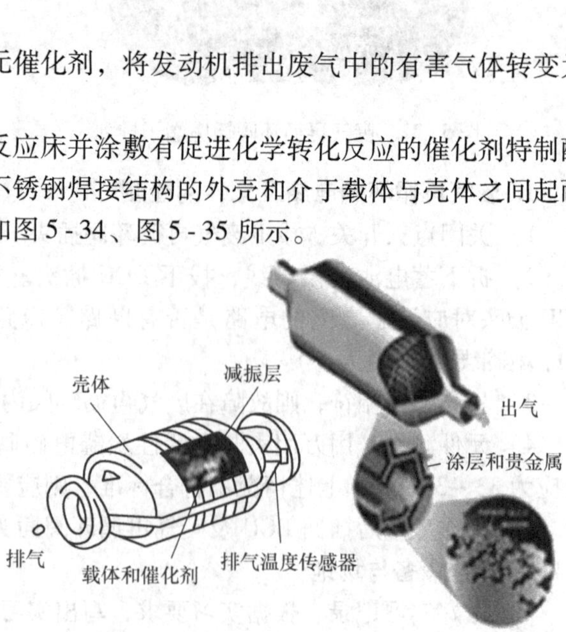

图 5-35　三元催化转化器的结构（二）

1. 壳体

壳体是整个三元催化转化器的支撑体。目前用得最多的壳体材料是含铬、镍等元素的不锈钢。

2. 垫层

为了使载体在壳体内位置牢固，防止它因振动而损坏，因此在载体与壳体之间加有一块由软质耐热材料构成的垫层。常见的垫层有金属网和陶瓷密封垫层两种形式。

3. 载体

载体可以为涂层提供基体。目前车用催化器载体的90%是陶瓷载体，其余为金属载体，而陶瓷载体年产量的95%以上由康宁公司和NGK公司生产。

4. 涂层

浆状物涂覆在载体上后烘干便形成涂层，典型涂层的主要成分是氧化铝和二氧化铈。该涂层为贵金属催化剂提供了一个巨大的表面积，将贵金属催化剂涂布在上面，可以起到防止催化剂发生热退化的作用。催化转化器的涂层如图5-36所示。

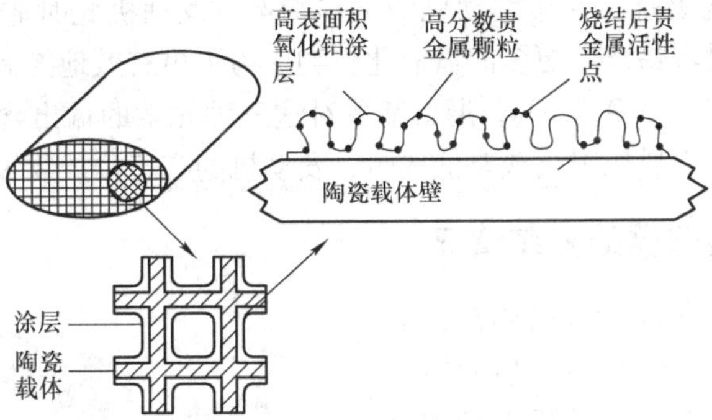

图5-36　载体及涂层的细微构造图

5. 锥管

锥管为不锈钢冲压件，用于引导排气从前端排气管进入催化床和引导排气从催化床后段进入后端排气管。内部隔热设计还采用附加内层锥管，防止高温排气接触到外层锥管或壳体，保护绝缘层和衬垫层边缘以及降低噪音。

6. 贵金属

铂（Pt）、钯（Pd）及铑（Rh）是三元催化剂的主要反应元素，是催化转化器中最昂贵的部分。

二、工作原理

发动机排出的废气流经三元催化转换器（TWC）时，三元催化剂不仅可使废气中的HC和CO有害气体进一步氧化，生成无害气体CO_2和H_2O，并能促使废气中的NO_X与CO反应生成无害的CO_2和N_2。三元催化转化器的工作原理如图5-37所示。在发动机燃烧废气流经蜂窝状陶瓷载体表面，且载体表面的温度达到特定的温度范围时，燃烧废气中的有害化学成分将会与载体壁面上的化学涂层产生相应的化学反应。

现代点燃式（汽油）发动机在燃烧时，空气与燃料混合比对于其所产生的燃烧废气含量的成分有直接的影响，这是由汽油的构成成分为碳氢化合物所决定的。当发动机的空燃比

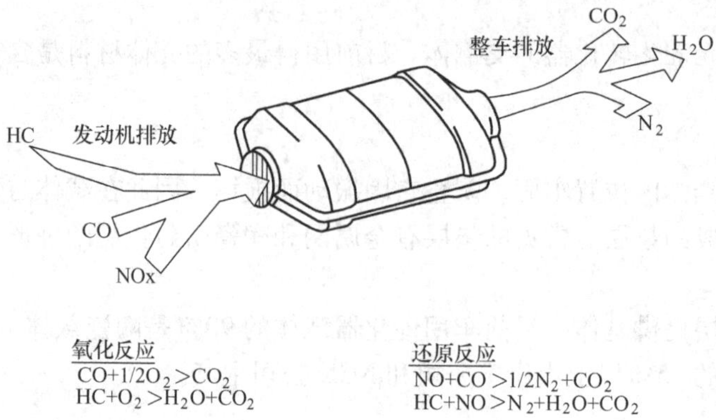

图 5-37　三元催化转化器的工作原理

较浓时，意味着混合气中有更多的燃料（汽油）参与燃烧，因此，相对而言，发动机排出燃烧废气中的碳氢化合物成分含量会较高；当发动机的空燃比较稀时，意味着混合气中有较少的燃料（汽油）参与燃烧，由于发动机的工作特点，发动机此时非常容易造成高温燃烧过程，相对而言，此时容易产生更多的氮氧化合物。为了更有效地控制发动机在燃烧过程中产生较少的有害废气 HC、CO、NO_X，通常需要对这三种元素的输出含量加以平衡，将发动机的空燃比控制在理想空燃比附近或略低些时，发动机的有害排放物输出较低。

三、三元催化转化器的安装情况

三元催化转换器安装在排气管中部，如图 5-38 所示。根据催化剂载体的结构特点，三元催化转化器（TWC）可分为颗粒型和蜂巢型两种类型，前者将催化剂沉积在颗粒状氧化铝载体表面，后者将催化剂沉积在蜂巢状氧化铝载体表面，氧化铝表面有形状复杂的表层，可增大催化剂与废气的实际接触面积。

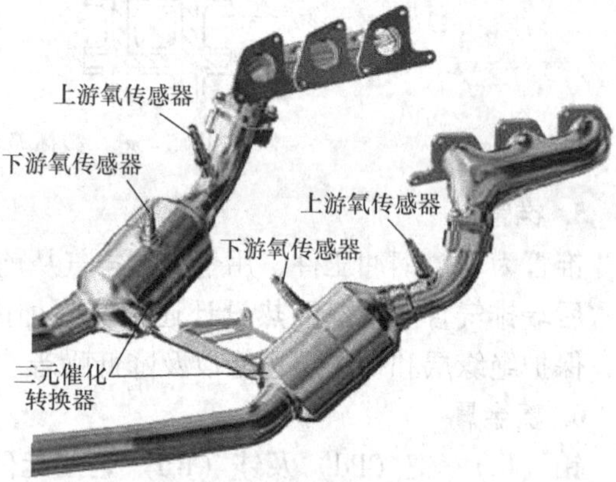

图 5-38　三元催化转化器的安装位置

四、催化剂使用工作环境条件

1. 空气与燃料混合比要求

1）空燃比应保持在理论空燃比附近。

2）为保证催化剂的最大使用寿命，空燃比偏差值应尽可能的小。

3）系统的灵敏反应和较小的空燃比偏差会使催化剂发挥最佳性能。

2. 催化剂起燃温度

催化剂起燃温度是表征三元催化转化器性能的重要技术指标。

当催化剂对于有害废气的转化率达到 50% 时，催化剂自身所处的温度值被称为该催化剂的起燃温度。德尔福研究的三元催化转化器的催化剂的起燃温度约在 300℃。

3. 催化剂最佳催化剂床温

最佳催化剂床温为 375～800℃（在略微偏浓或在理想空燃比状态下）。

4. 催化剂反应床允许最高承受温度

在略微偏浓或在理想空燃比状态下：

400～970℃（两种涂层配方）

在空燃比偏稀的情况下：

800～950℃（SI—44 涂层配方）

700～800℃（SI—3700 涂层配方）

5. 力学性能

在23℃的常温条件下，三元催化转化器总成应能承受的最大扭转力矩规定如下：

1）SI—44 技术配方产品为177N · m。

2）SI—3700 技术配方产品为235N · m。

6. 振动耐久性

三元催化转化器总成应既能承受车辆在颠簸路面上低速行驶条件下的低频振动，又能承受车辆在高速公路上高速行驶条件下的高频振动的长期工作要求。为此，要求三元催化转化器总成应能承受三维任意方向的20～2000Hz 振动频率，以及不大于10G RMS 连续交变扫频振动考核和10～20G RMS 短期扫频振动考核。

7. 三元催化转化器的温度适应性能

三元催化转化器总成应能够满足－40～950℃的实际车辆排气系统常规工作温度范围的长期使用要求。德尔福公司的三元催化转化器在各种不同温度条件下的物理及化学特性如图5-39所示。

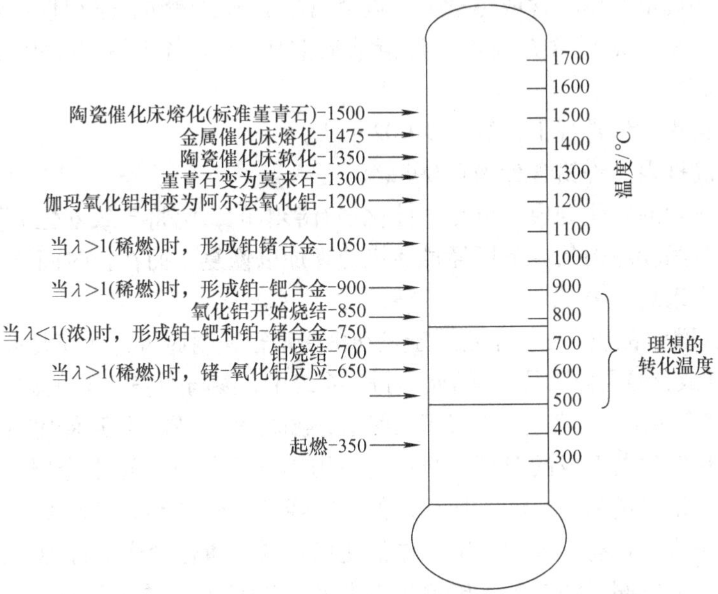

图5-39 三元催化转化器在各种不同温度条件下的物理及化学特性

由于发动机在高速和高负荷工况下的燃烧温度很高，因此致使发动机的排气温度在这些状况下也会很高，此时的发动机排气温度将会超过三元催化转化器内涂装的催化剂涂层，甚至超过陶瓷载体本身所能承受的最高允许温度。由于不同地区和不同使用环境的要求具有各异性，因此要求商用汽车必须要满足这些特殊的复杂工作过程和环境实际状况以及技术要求，并且需要考虑到实际使用环境下的最为恶劣的工作状况，具体应用必须适应这些极端工况和环境要求。

为了使三元催化转化器总成能够在极端恶劣的条件下，不致由于工作温度过高造成任何损坏，因此必须对三元催化转化器加以适当的保护。

三元催化转化器的高温保护功能需要通过发动机管理系统的标定控制数据加以调整，即在客户车辆的使用过程中，在实际可能的恶劣工作条件下，适度对发动机的空燃比进行调整，加浓这些工况下的混合气浓度，以降低燃烧温度，进而降低发动机的排气温度，这一标定调整过程称为三元催化转化器的高温保护标定。三元催化转化器高温保护标定一般需要进行最苛刻的夏季炎热环境与高原低气压稀薄空气环境的考核和验证试验考核，以便确保车辆在任何条件下都不会造成三元催化转化器总成的高温破坏。

五、三元催化转化器的主要影响因素和失效模式

催化剂在正常的工作状况下，如果接触到某些成分的化合物（浓度较高时），会导致催化剂中毒，毒化物将通过其物理或化学作用直接影响催化剂的活性。常见的液体毒化物质将存在于参与发动机的正常燃烧和运转过程之中。

1. 三元催化转化器的主要影响因素

（1）车用燃油品质　车用燃料中所含的重金属添加剂将由于其自身无法燃烧转化为气态而沉积在催化剂载体表面并导致重金属中毒。

由于重金属（如铅）中毒可导致催化剂永久性的损坏和失效，因此装有三元催化转化器总成的车辆务必规定使用不含或尽量少含重金属添加剂的燃油，不得使用含有以四乙基铅为抗爆剂成分的含铅汽油或含有卤素燃油清洁剂 MMT（学名叫做“甲基环戊二烯三羰基锰”）等成分的燃油。

注：车用燃料铅含量常规不得高于 0.0026g/L。

车用燃料最高极限允许铅含量为 0.008g/L。

车用燃料中所含的硫化物成分也是对催化剂有影响的，它将导致催化剂暂时性的表面沉积物损伤，但在时间较短的条件下可经过燃烧处理加以恢复，而在长时间连续沉积时，也将会造成催化剂的失效。

（2）发动机润滑油品质　由于法规对于发动机曲轴箱强制通风的处理要求，使发动机运行时将含有润滑油雾成分的混合气引入到发动机进气系统中并参与燃烧，导致润滑油添加剂中的部分物质由于不能完全转化为无害气体而沉积在催化剂载体表面，最终导致催化剂永久失效。

装有三元催化转化器总成的车辆务必规定使用不含或尽量少含重金属添加剂的润滑油，或使用只许含有特定限量的润滑油添加剂，如：二烃基二硫磷酸锌（ZDP）、钙、锰等。

所有的发动机机油含有的磷均会覆盖住催化剂。磷的覆盖会永久性地阻碍催化反应，并且是不可逆的。发动机润滑油的最大磷含量不得大于 0.15%（质量分数）。

2. 三元催化转化器的失效模式

（1）催化剂温度过高　高温会使贵金属铑（Rh）产生不可逆的化学（氧化）反应，直接影响 HC、CO 和 NO_X 的转化效率。同时，在这样的工作温度下，贵金属和氧化铝基体载体会被烧结，形成涂层表面的微孔堵塞，并使得露在废气中的催化剂工作面积减少，最终将会导致催化剂中毒。

（2）催化剂温度过低　当催化剂工作温度达不到其起燃温度（300℃以上）时，将不能进行有效的废气转换。

（3）催化转化器陶瓷载体熔化　三元催化转化器的陶瓷载体本身熔化是由于其连续工作温度过高（超过1400℃）所致。陶瓷载体熔化后将导致车辆的排气系统严重阻塞并使车辆的排气系统产生很高的排气背压。

（4）催化床的纵向裂纹　如果催化器的床身温度达到1000℃或更高时，催化转化器的陶瓷载体将可能会产生纵向裂纹，即当陶瓷载体的热应力超过其设计强度极限时，就可能随时产生纵向裂纹。在催化转化器实际使用环境中，这种失效是由于冷却过程中的冷、热温度急剧变化造成的。

（5）载体沉积物表面堆积　催化转化器长期在低温条件下工作将会导致催化剂中毒和重金属沉积在陶瓷载体的表面，使催化剂表面的大量活性微孔被这些沉积物封堵而失去与有害排放气体接触的可能性，导致催化剂失去转化作用。

（6）催化剂中毒　在正常工作条件下，当露出的催化剂含有一定化合物时会使催化剂中毒，中毒会妨碍催化剂的化学或物理作用。常见的污染有以下几种：

1）铅：铅含于燃油成分之中，它会造成重金属沉积中毒，阻碍碳氢化合物转化。

2）磷：磷主要来自于发动机润滑油，少量来自于燃料杂质成分，它会造成载体表面污染沉积中毒，阻碍催化剂载体的蜂窝结构。

3）硅：硅含于燃油成分之中，它会造成载体表面污染沉积中毒，阻碍催化剂载体的蜂窝结构。

思考练习：

1. 三元催化转化器有何作用？如果没有三元催化转化器，会对汽车的工作有什么影响？

2. 影响三元催化转化器工作的因素有哪些？对催化剂使用工作环境有哪些具体要求？

任务六　认识二次空气供给系统

任务目标

1. 了解二次空气供给系统的组成和作用。
2. 了解二次空气供给系统的工作原理。
3. 掌握二次空气供给系统使用的注意事项和检修。

相关知识

在发动机工作时，配气相位直接影响进气和排气的好坏，对发动机动力性、经济性也有很大的影响。即使同一台发动机，转速发生变化后，进气和排气时的气流惯性也不同。为了使发动机工作时进气更充分、排气更干净，应随转速的提高适当增大进气门和排气门的提前开启角和迟后关闭角。目前，汽车发动机一般都根据性能要求通过试验来确定某一常用转速下较合适的配气相位。在装配时，对正配气正时标记，即可保证已确定的配气相位，且在发动机使用过程中，已确定的配气相位是不能改变的。自然发动机性能只能在某一常用转速下最好，而在其他转速下工作时，发动机的性能相对较差。为解决上述问题，在有些汽车发动机上采用了可变配气相位控制机构，例如日本本田公司生产的汽车发动机上，配备了更先进的可变配气正时（相位）及气门升程电子控制系统。

现在对发动机的二次空气供给系统的作用、组成和工作原理介绍如下：

一、作用和组成

二次空气供给系统的作用是在一定工况下，将新鲜空气送入排气管，促使废气中的一氧化碳和碳氢化合物进一步氧化，从而降低一氧化碳和碳氢化合物的排放量，同时加快三元催化转化器的升温。

电控发动机二次空气供给系统（以韩国现代轿车为例）的组成如图 5-40 所示。二次空气控制阀由舌簧阀和膜片阀组成，来自空气滤清器的二次空气进入排气管的通道后受到膜片阀的控制，膜片阀的开闭受进气歧管的真空度驱动，其真空通道的启闭由 ECU 通过电磁阀控制。装在二次空气控制阀中的舌簧阀是一个单向阀，主要用于防止排气管中的废气倒流。

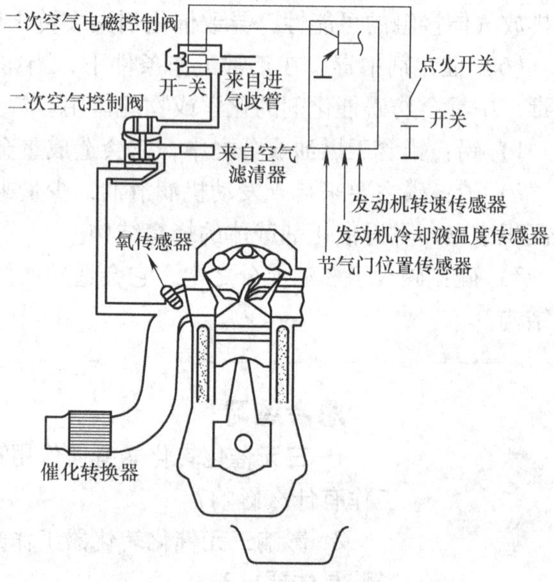

图 5-40　电控发动机二次空气供给系统的组成（一）

二、工作原理

二次空气供给系统的工作原理是通过微机控制电磁阀的开启，从而控制二次空气的供给。

当点火开关接通后，蓄电池即向二次空气电磁阀供电，ECU 控制电磁阀搭铁回路。

电磁阀不通电时，关闭通向膜片阀真空室的真空通道，膜片阀弹簧推动膜片下移，关闭二次空气供给通道，不允许向排气管内提供二次空气；ECU 给电磁阀通电时，电磁阀开启膜片阀真空室的真空通道，进气管真空度将膜片阀吸起，排气管内的脉动真空吸开舌簧阀，使二次空气进入排气管。

三、使用注意事项

在下列情况下，ECU 不给二次空气电磁阀通电：

1）发动机转速和负荷超过规定值。

2）冷却液温度超过规定范围。

3）电控燃油喷射系统进入闭环控制。

4）ECU 有故障。

四、检修方法

1）发动机低温起动后，拆下空气滤清器盖，应听到舌簧阀发出的“嗡嗡”声。

2）从空气滤清器上拆下二次空气供给软管，用手指盖住软管口进行检查，应符合下列要求：发动机温度在 18～63℃范围内怠速运转时，有真空吸力；发动机温度在 63℃以上时，起动后 70s 内应有真空吸力，起动 70s 后应无真空吸力；发动机转速从 4000r/min 急减速时，应有真空吸力。

3）二次空气电磁阀的检查。测量二次空气电磁阀的电阻，一般应为 36～44Ω。拆开二次空气电磁阀上的软管，不给二次空气电磁阀通电时，应不能从进气管侧软管接头处吹入空气，而从通往大气的滤网处吹入空气时应保持畅通。当给二次空气电磁阀接通蓄电池电源电压时，吹气情况应与上述情况相反。若不符合上述要求，则应更换电磁阀。

4）拆下二次空气控制阀，从空气滤清器侧软管接头处吹入空气应不漏气，用手动真空泵从真空管接头处施加 20kPa 真空度，从排气接头处吹入空气应不漏气，否则说明舌簧阀密封不良，应更换。

知识链接

有些发动机的二次空气供给系统是利用空气泵将新鲜空气强制送入排气管的，如图 5-41所示，其工作原理同上。

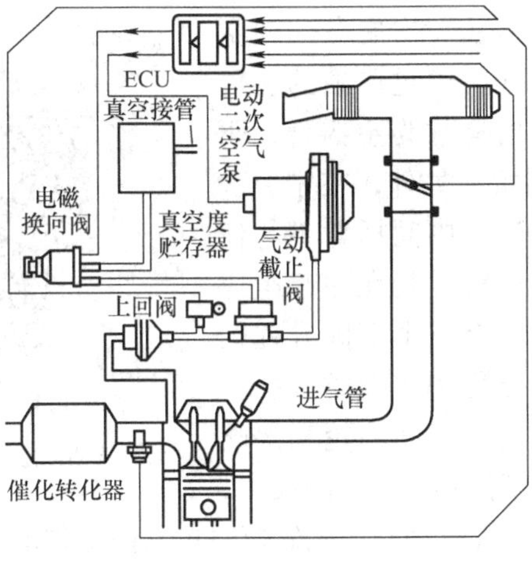

图 5-41　二次空气供给系统组成（二）

思考练习：

1. 二次空气供给系统的作用是什么？
2. 在什么情况下，ECU 不给二次空气电磁阀通电？

任务七　进气控制系统的检测

任务目标

1. 了解进气控制系统的类型。
2. 了解可变配气相位控制系统的结构和工作原理。
3. 了解动力阀与谐波增压控制系统的结构和工作原理。
4. 掌握可变配气相位控制系统的检测。

相关知识

在发动机电控系统中，进气控制系统主要包括动力阀控制系统、谐波增压控制系统、可变配气相位控制系统。目前以可变配气相位控制（VTEC）系统最为常见，使用也日趋广泛，下面就该种控制方式进行讲解。

一、可变配气相位控制系统的结构

可变配气相位控制系统是根据发动机转速、负荷等变化来控制 VTEC 配气机构工作的，改变驱动同一气缸两进气门工作的凸轮，以调整进气门的配气相位及升程，并实现单进气门工作和双进气门工作的切换。

VTEC 配气机构的组成如图 5-42 所示。

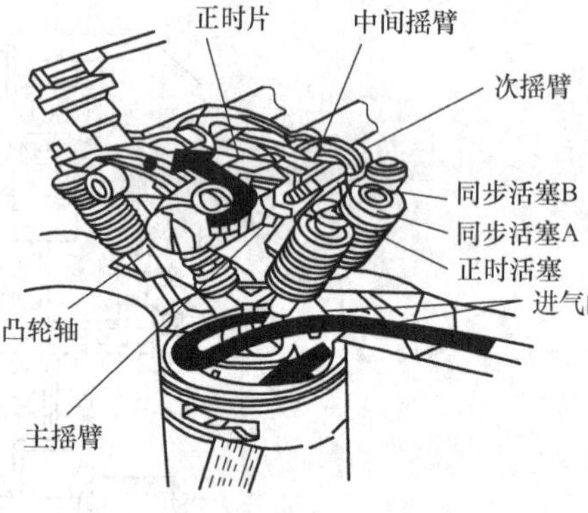

图 5-42　VTEC 配气机构的组成

同一气缸的两个进气门有主、次之分，即主进气门和次进气门。每个进气门通过单独的摇臂进行驱动，驱动主进气门的摇臂称为主摇臂，驱动次进气门的摇臂称为次摇臂。另外，在主、次摇臂之间还装有一个中间摇臂，中间摇臂不与任何气门直接接触，这样三个摇臂并列在一起组成进气摇臂总成。凸轮轴上相应有三个不同升程的凸轮分别驱动主摇臂、中间摇臂和次摇臂，凸轮轴上的凸轮也相应分为主凸轮、中间凸轮和次凸轮。在凸轮形状设计上，中间凸轮的升程最大，次凸轮的升程最小。主凸轮形状适合发动机低速时单气门工作的配气相位要求，中间凸轮的形状适合发动机高速时双进气门工作的配气相位要求。正时片的作用是当正时活塞处于初始位置和工作位置时，靠回位弹簧使其插入到与正时活塞相应的槽中，使正时活塞定位。

进气摇臂总成如图 5-43 所示，在三个摇臂靠近气门的一端均设有油缸孔，油缸孔中装有靠液压控制的正时活塞、同步活塞、阻挡活塞及弹簧。正时活塞一端的油缸孔与发动机的润滑油道相通，ECU 通过电磁阀控制油道的通或断。

VTEC 配气机构与普通配气机构相比，主要是进气凸轮轴上的凸轮较多，且升程不等，进气摇臂总成的结构复杂。而 VTEC 配气机构的排气工作情况与普通配气机构相同。

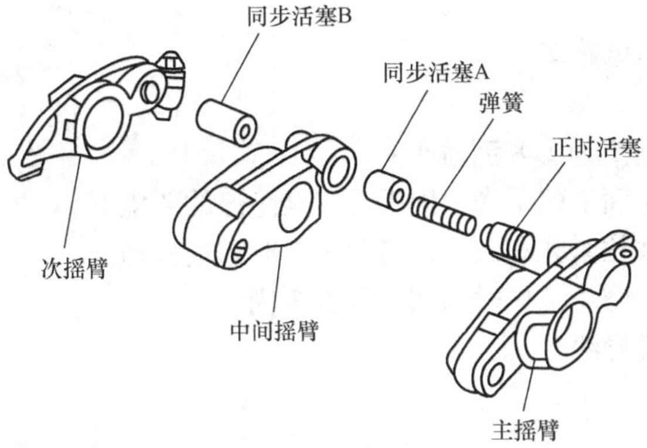

图 5-43　进气摇臂总成

二、可变配气相位控制系统的工作原理

发动机在不同转速时，通过微机控制电磁阀的开启，从而控制各摇臂的运动。

当发动机低速运转时，电磁阀不通电而使油道关闭，机油压力不能作用在正时活塞上，在次摇臂油缸孔内的弹簧和阻挡活塞的作用下，正时活塞和同步活塞 A 回到主摇臂油缸孔内，与中间摇臂等宽的同步活塞 B 停留在中间摇臂的油缸孔内，三个摇臂彼此分离，如图5-44所示。

当发动机高速运转，且发动机转速、负荷、冷却液温度及车速达到设定值时，微机向 VTEC 电磁阀供电，使电磁阀开启，来自润滑油的机油压力作用在正时活塞一侧，由正时活塞推动两同步活塞和阻挡活塞移动，两同步活塞分别将主摇臂与中间摇臂、次摇臂与中间摇臂插接成一体，成为一个同步工作的组合摇臂，如图 5-45 所示。

当发动机转速下降到设定值时，微机切断 VTEC 电磁阀电流，正时活塞一侧的油压降低，各摇臂油缸孔内的活塞在回位弹簧作用下回位，三摇臂又彼此分离而独立工作。

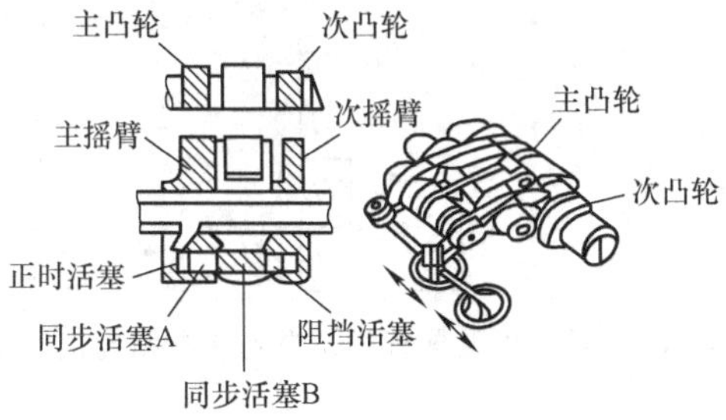

图 5-44　VTEC 配气机构低速工作状态

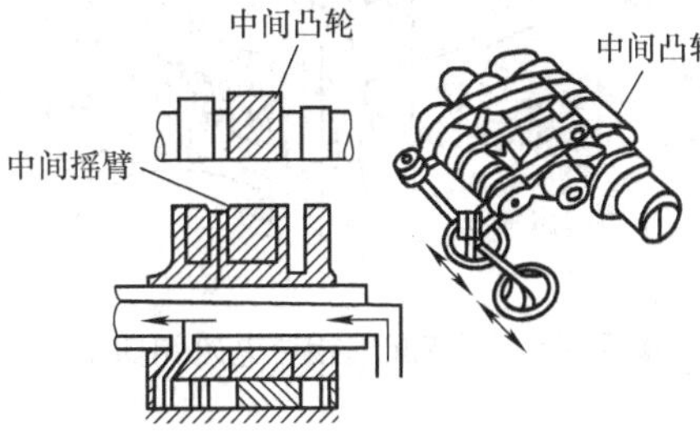

图 5-45　VTEC 配气机构高速工作状态

任务实施

一、准备工作

1. 工具及资料准备

1）万用表。

2）诊断用连接线。

3）奥迪 1.8 型轿车电路图。

2. 车辆准备

1）准备实习车辆（奥迪 1.8 型轿车）。

2）将车辆停放在地面平整干净、周围无安全隐患的环境下。

3）放置车轮挡块并拉紧驻车制动，避免工作时车辆移动。

4）安装防护套件，防止工作时划伤、弄脏车辆。

5）拆下蓄电池负极导线。

二、注意事项

1）在没有拆下蓄电池导线、拔下传感器或执行器线束插头时，应先关闭点火开关再进行操作。

2）在拔下电控单元插头前，要拆下蓄电池负极导线。

3）在拆下蓄电池负极导线前，一定要先关闭点火开关再进行操作。

4）在拔下传感器或执行器线束插头前，应先将插头的锁止装置打开再向外拔。如果插头的锁止装置打开困难，则可先将插头向里推，然后再尝试打开锁止装置，一定不要用力硬拉，以避免损坏插头。

5）用万用表测量插头时，不要用力猛插，否则会造成插头接触不良。

三、操作步骤

一汽奥迪 1.8L 型轿车采用的是可变配气相位电磁阀，其插座端子排列如图 5-46 所示，电路连接如图 5-47 所示。

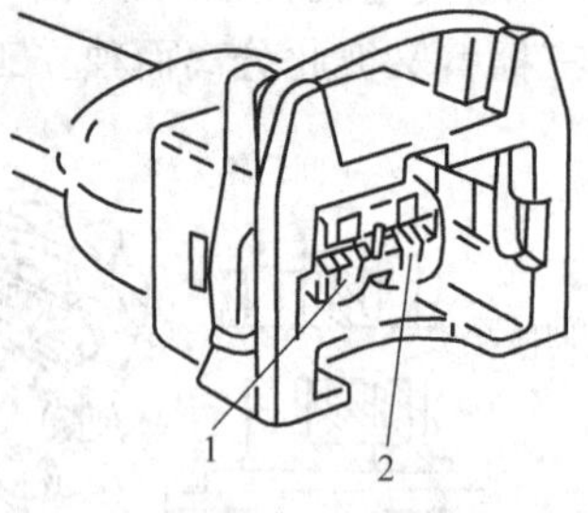

图 5-46　可变配气相位电磁阀插座端子排列

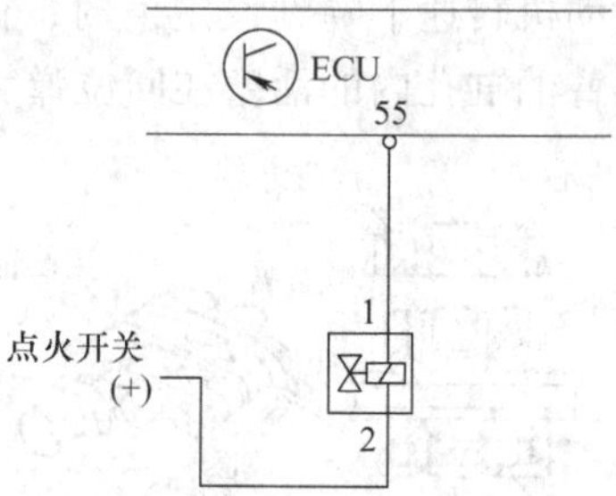

图 5-47　可变配气相位电磁阀电路连接

1. 可变配气相位电磁阀电路及元件的检测

1）关闭点火开关，拔下可变配气相位电磁阀的插头。

2）打开点火开关，用万用表测量线束插头 2 和搭铁间的电压，如图 5-46 所示。该电压应为 12V，若电压不符合要求，则应检查端子 2 和点火开关间有无断路、短路故障。

3）关闭点火开关，拆下蓄电池负极导线，拔下 ECU 插头。如图 5-47 所示，测量传感器插头 2 与 ECU 插头对应端子之间的电路是否有断路、短路故障（标准值：对应线路导线电阻小于 1Ω，相邻导线电阻为∞）。

4）如与分析相符，则故障在可变配气相位电磁阀内，应对其进行检测。

5）元件测量：用万用表测量可变配气相位电磁阀两触点间的电阻，如图 5-48 所示，其阻值应为 10～18Ω。如上述情况不符合标准，则应更换元件。

6）操作完毕后插回 ECU 及可变配气相位电磁阀插头，并安装好蓄电池负极导线。

2. 整理设备与场地

1）做好实习记录，根据实习要求，写出实习报告。

2）完成工具、车辆及场地的清洁整理工作。

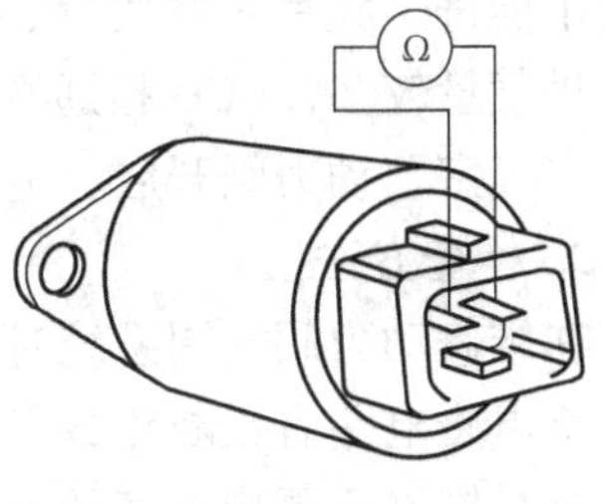

图 5-48　测量可变配气相位电磁阀电阻

知识链接

一、动力阀控制系统

动力阀控制系统的主要控制信号有发动机转速、温度、空气流量等。它的作用是：在进气量较少的低速、小负荷工况下，使进气道空气流通截面积减小，可提高进气流速，增大进气流惯性以提高发动机的充气效率，此外，进气流速提高也可增加气缸内的涡流强度，有利于低速、小负荷工况下的燃烧和热效率的提高，改善发动机的低速性能；在进气量较多的高速、大负荷工况下，适当增大进气道空气流通截面积，不仅可以减小进气阻力，而且对由于进气流速过高而导致的燃烧室内气流扰动也可起到抑制作用，有助于改善发动机的高速性能。

动力阀控制系统在日本本田 ACCORD 等部分轿车发动机上采用。

1. 结构

动力阀控制系统的功用是控制发动机进气道的空气流通截面大小，以适应发动机在不同转速和负荷时对进气量的要求，从而改善发动机的动力性。ECU 控制的动力阀控制系统如图 5-49 所示，它主要由真空罐、真空电磁阀、ECU、膜片真空气室、动力阀等组成。

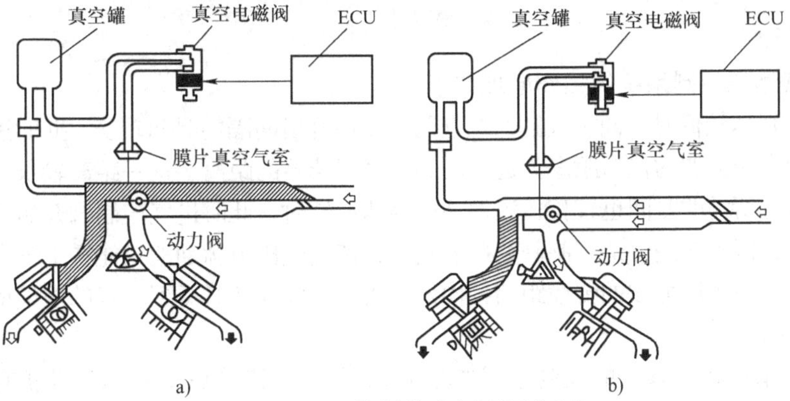

图 5-49　ECU 控制的动力阀控制系统

a）工况（一）　b）工况（二）

2. 工作原理

控制进气道空气流通截面积大小的动力阀安装在进气管上，动力阀的开闭由膜片真空气室控制，ECU 根据各传感器信号通过真空电磁控制真空罐与膜片真空气室的真空通道。

当发动机小负荷运转时，进气量较少，ECU 断开真空电磁阀搭铁回路，真空罐中的真空度不能进入膜片真空气室，动力阀处于关闭位置，进气通道变小；当发动机大负荷运转时，进气量较多，ECU 接通真空电磁阀搭铁回路，真空罐中的真空度经真空电磁阀进入膜片真空气室，动力阀开启，进气通道变大。

3. 检查方法

在维修动力阀控制系统时，主要应检查真空罐、膜片真空气室和真空管路有无漏气，以及真空电磁电路有无断路或短路，并检查真空电磁阀电阻值是否符合标准。检查完毕后应视具体情况维修或更换损坏的元件。

二、谐波进气增压控制系统

1. 结构

谐波进气增压控制系统的作用是根据发动机转速的变化，改变进气管内压力波的传播距离，以提高充气效率，改善发动机性能。谐波进气增压控制系统的结构如图 5-50 所示。

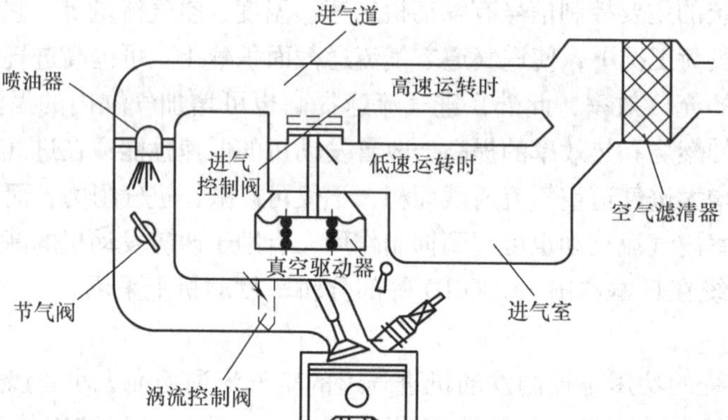

图 5-50　谐波进气增压控制系统的结构

2. 工作原理

谐波进气增压控制系统的工作原理如下。

当发动机转速较低时，同一气缸的进气门关闭与开启间隔的时间较长，此时进气控制阀关闭，使进气管内压力波的传递距离为进气门到空气滤清器的距离，这一距离较长，压力波反射回到进气门附近所需的时间也较长；当发动机高速运转时，此时进气控制阀开启，由于大容量进气室的参与，因此在进气道控制阀处形成气帘，使进气压力脉动波只能在空气室出口和进气门之间传播，缩短了压力波的传播距离，使发动机在高速运转时得到较好的进气增压效果。

3. 控制原理

谐波进气增压控制系统的控制原理如图 5-51 所示。其中 ECU 根据发动机转速信号控制电磁真空阀的开闭。

低速时，电磁真空阀由于不通电而关闭，真空罐无法与真空泵的管路相通，真空泵不动作，进气增压控制阀处于关闭状态，此时进气压力波传播距离较长，以适应低速工作；高速时，ECU 接通电磁真空阀的电路，电磁真空阀开启，真空罐与真空泵的管路相通，真空泵动作，进气增压控制阀开启，缩短了进气压力波的传播距离，使发动机在高速区也可得到较好的气体动力增压效果。

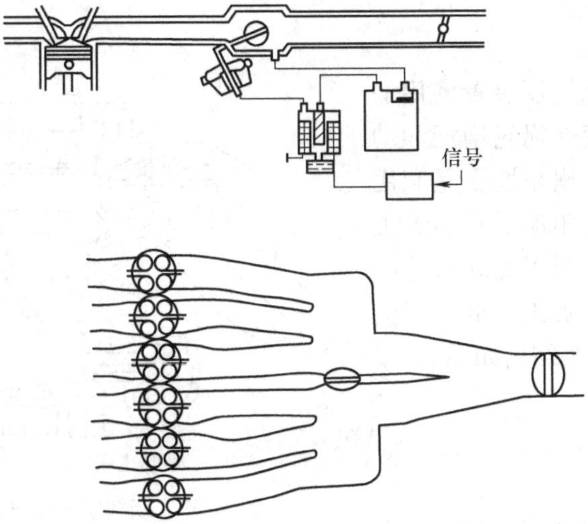

图 5-51　谐波进气增压控制系统的控制原理

思考练习：

1. 可变配气相位控制系统的作用是什么？
2. 画出可变配气相位控制系统的电路图？
3. 一辆奥迪 A6 车出现怠速不稳的现象，试分析该现象是否与可变配气相位控制系统有关？为什么？

任务八　增压控制系统的检测

任务目标

1. 了解增压控制系统的作用和组成。
2. 了解废气涡轮增压器的结构。
3. 了解废气涡轮增压系统的工作原理。
4. 掌握增压控制系统的检测。

相关知识

这种将空气压缩后再供入气缸，进而使进气量增加的技术称为进气增压技术。在电控发动机上采用进气增压技术，能提高发动机的动力性和经济性，尤其对在高原地区使用的车辆优势更为明显。这种增压控制系统的功能是根据发动机进气压力的大小，控制增压装置的工作，进而控制进气压力，以提高发动机的动力性和经济性。

一、结构

增压控制系统根据增压装置使用的动力源不同，可分为废气蜗轮增压和动力增压两种类型。废气蜗轮增压是利用发动机排出的废气能量驱动增压装置工作的。而动力增压则是利用发动机输出动力或电源驱动增压装置工作的，目前多采用废气蜗轮增压，其结构如图 5-52 所示。

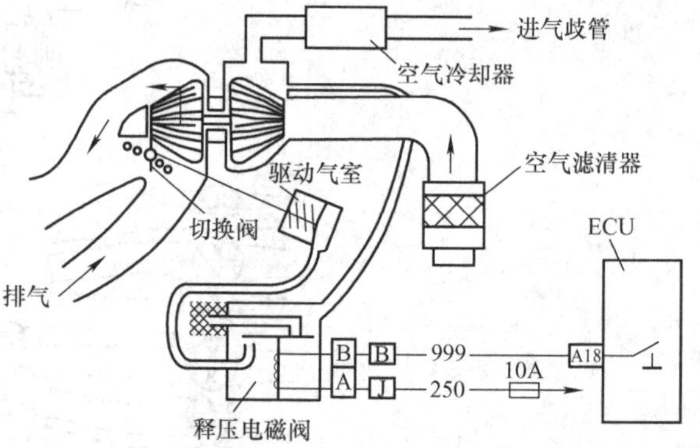

图 5-52　废气蜗轮增压控制系统的结构

二、工作原理

控制废气流动的切换阀受驱动气室的控制，在蜗轮增压器出口与驱动气室之间的压力空气通道中装有受 ECU 控制的释压电磁阀，释压电磁阀控制进入驱动气室的气体压力。

当 ECU 检测到的进气压力在 0.098MPa 以下时，受 ECU 控制的释压电磁阀的搭铁回路断开，释压电磁阀关闭，此时由蜗轮增压器出口引入的压力空气经释压电磁阀进入驱动气室，克服气室弹簧的作用力推动切换阀将废气进入蜗轮室的通道打开，同时将排气旁通口关闭，此时废气流经蜗轮室使增压器工作；当 ECU 检测到的进气压力高于 0.098MPa 时，ECU 将释压电磁阀的搭铁回路接通，释压电磁阀打开，通往驱动气室的压力空气被切断，在气室弹簧弹力作用下，驱动切换阀，关闭进入蜗轮室的通道，同时将排气旁通口打开，废气不经蜗轮室直接排出，增压器停止工作，进气压力下降，直到进气压力降到规定的压力时，ECU 又将释压电磁阀关闭，切换阀又将废气进入蜗轮室的通道口打开，废气蜗轮增压器又开始工作。

任务实施

一、准备工作

1. 工具及资料准备

1）万用表。

2）上海大众帕萨特 B5 1.8T 型轿车电路图。

2. 车辆准备

1）准备实习车辆（上海大众帕萨特 B5 1.8T 型轿车）。

2）将车辆停放在地面平整干净、周围无安全隐患的环境下。

3）放置车轮挡块并拉紧驻车制动，避免工作时车辆移动。

4）安装防护套件，防止工作时划伤、弄脏车辆。

5）拆下蓄电池负极导线。

二、注意事项

1）在没有拆下蓄电池导线、拔下传感器或执行器线束插头时，应先关闭点火开关再进行操作。

2）在拔下电控单元插头前，要拆下蓄电池负极导线。

3）在拆下蓄电池负极导线前，一定要先关闭点火开关再进行操作。

4）在拔下传感器或执行器线束插头前，应先将插头的锁止装置打开再向外拔。如果插头的锁止装置打开困难，则可先将插头向里推，然后再尝试打开锁止装置，一定不要用力硬拉，以避免损坏插头。

5）用万用表测量插头时，不要用力猛插，否则会造成插头接触不良。

三、操作步骤

上海大众帕萨特 B5 1.8T 型轿车采用的是废气蜗轮增压器释压电磁阀，其插座端子排列如图 5-53 所示，电路连接如图 5-54 所示。

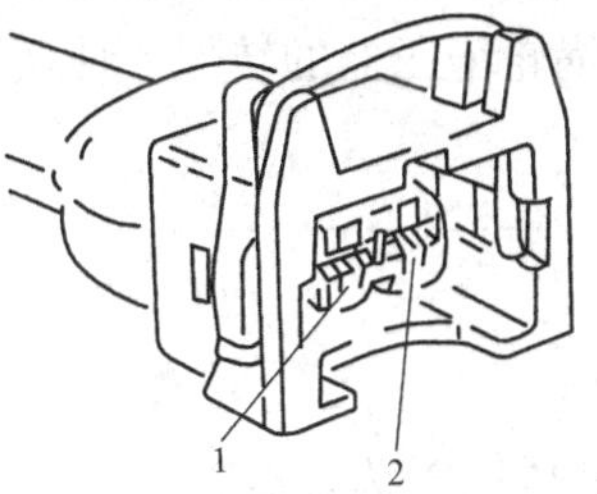

图 5-53　释压电磁阀插座端子排列

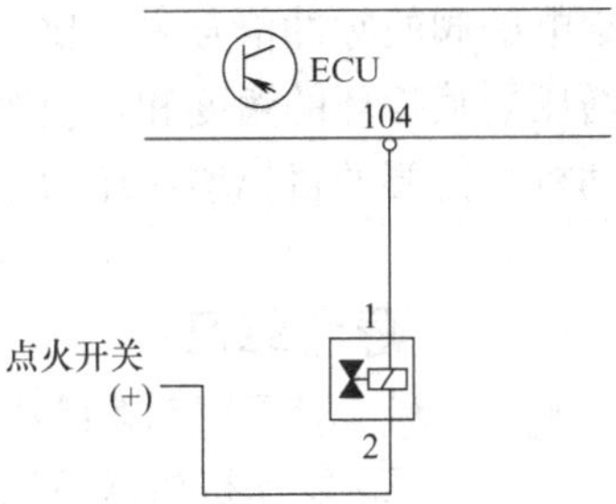

图 5-54　释压电磁阀电路连接

1. 废气蜗轮增压器释压电磁阀电路及元件的检测

1）关闭点火开关，拔下废气再循环电磁阀插头。

2）打开点火开关，用万用表测量线束插头 2 和搭铁间的电压，如图 5-53 所示。该电压应为 12V，若电压不符合要求，则应检查端子 2 和点火开关间有无断路、短路故障。

3）关闭点火开关，拆下蓄电池负极导线，拔下 ECU 插头。如图 5-54 所示，测量传感器插头 1 与 ECU 插头对应端子之间的电路是否有断路、短路故障（标准值：对应线路导线电阻小于 1Ω，相邻导线电阻为∞）。

4）如与分析相符，则故障在废气再循环电磁阀内，应对其进行更换。

5）操作完毕后插回 ECU 及释压电磁阀插头，装好蓄电池负极导线。

2. 整理设备与场地

1）做好实习记录，根据实习要求，写出实习报告。

2）完成工具、车辆及场地的清洁整理工作。

知识链接

在有些增压控制系统中，通过控制增压器的转速来控制增压压力，如图 5-55 所示。

切换阀驱动气室工作时可改变切换阀的开度，喷嘴环驱动气室工作时可改变增压器喷嘴

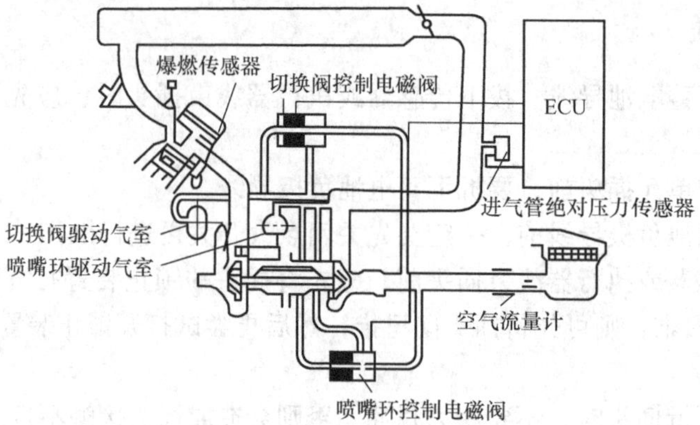

图 5-55　废气蜗轮增压器转速控制系统

环的角度，两个驱动气室的空气通道中都装有受 ECU 控制的电磁阀。ECU 根据发动机的运行工况（冷却液温度、进气量、加速、爆燃等信号），确定增压压力的目标值，并通过进气管压力传感器来检测发动机的实际增压压力值。ECU 根据实际增压压力值与目标值的差值，控制输送给电磁阀的脉冲信号占空比，进而调节电磁阀的开度，控制进入驱动气室的空气压力，改变增压器喷嘴环的角度和切换阀的开度，控制废气蜗轮增压器的转速，使实际增压压力符合发动机所需要的目标增压压力。

思考练习：

1. 增压控制系统的作用是什么？
2. 发动机对涡轮增压器的工作范围有要求吗？为什么？

任务九　丰田车系发动机故障自诊断系统的检测

任务目标

1. 了解发动机故障自诊断系统的功能。
2. 了解发动机故障自诊断系统的组成。
3. 了解发动机故障自诊断系统的工作原理。
4. 掌握丰田车系发动机故障自诊断系统的检测方法。
5. 了解 ECU 应急备用系统的作用。
6. 了解 ECU 应急备用系统的工作原理。

相关知识

发动机故障自诊断系统能够监测和诊断发动机控制系统的工作情况和工作中出现的故障。现对故障自诊断系统的功能介绍如下：

1）通过自诊断测试并判断电控系统有无故障。当电控系统出现故障时，点亮故障指示灯发出报警信号，将诊断结果以代码（故障码）的形式进行存储，但自诊断系统对所设故障码以外的故障无能为力，特别是机械装置、真空装置等，对这些装置的故障还应采取传统的检测诊断方法。

2）在维修时，通过一定的操作程序可将故障码调出，以便维修人员迅速、准确地确定故障的性质和部位，有针对性地检查有关元件、电路，进而迅速排除故障。故障排除后，还应将存储的故障码清除，以便于自诊断系统进行新的自诊断测试，如不将旧的故障码清除掉，可能会给下一次维修带来不必要的麻烦。

3）当传感器或其电路发生故障时，自动起动失效保护功能，以保证发动机能继续运转，或强制中断燃油喷射使发动机停止运转。

4）当发生故障导致车辆无法行驶时，自动起动应急备用系统，以保证汽车可以继续行驶。

一、故障自诊断系统的组成

故障自诊断系统主要由 ECU 的部分软件和"故障指示灯"等组成。

现代汽车发动机控制系统中，一般都设有故障自诊断系统。电控系统工作时，ECU 中的故障检测电路可将故障以代码的形式存储在 ECU 的 RAM 中，以便查找故障时调用；同时，点亮安装在仪表板上的故障指示灯，以提醒驾驶员及时检修。故障指示灯为带有发动机标志或印有"CHECK EN - GINE"字样的方框形的黄色信号灯，安装在仪表板上。在仪表板的下方或熔断器盒上通常设有一个专用接口，即故障自诊断接口，该接口直接与 ECU 相连，将解码器或检测设备插入这个专用接口，就可将故障码或诊断的数据由此读出，以便在控制系统出现故障时，能及时快速地查找和排除故障。

二、故障自诊断系统的原理

电控系统工作时，ECU 不断接收到各种传感器输入的信号，也不断向执行机构输出指令信号，自诊断系统就可以根据这些信号来判断汽车有无故障。

1. 传感器故障自诊断原理

传感器是向 ECU 输送信号的电控系统元件，不需专门的电路，自诊断系统即可对各种传感器进行故障自诊断，若某传感器输入给 ECU 的信号超出正常范围，或在一定时间内 ECU 接收不到该传感器的任何信号，或该传感器输入给 ECU 的信号在一定时间内不发生变化，自诊断系统均将其判定为"故障信号"。若故障信号持续出现超过一定时间或多次出现，则自诊断系统即判定车辆有故障，并将此故障以故障码的形式输入到 ECU 的存储器中，同时接通故障指示灯电路警告驾驶员。此外，自诊断系统还会根据故障性质，自动起动失效保护系统或应急备用系统等。故障信号的产生原因除传感器自身的故障外，传感器电路接触不良、断路或短路也会导致故障信号的产生。自诊断系统只能根据传感器的输入信号来判定车辆有无故障，而不能确定故障的具体部位。因此，在进行故障诊断时，除了按照调取的故障码对相应传感器进行检查外，还应检查与传感器相关的电路。

以冷却液温度传感器为例，其故障自诊断原理如图 5 - 56 所示。正常工作时，发动机冷却液温度传感器向 ECU 输送的信号电压应为 0.3 ~ 4.7V，当发动机冷却液温度传感器向 ECU 输送的信号电压低于 0.3V 或高于 4.7V 时，自诊断系统则会判断为故障信号。如果此故障信号只是偶然出现，则自诊断系统不会认为有故障，但若此故障信号持续出现超过一定时间或多次出现，则自诊断系统即判定冷却液温度传感器或其电路有故障。

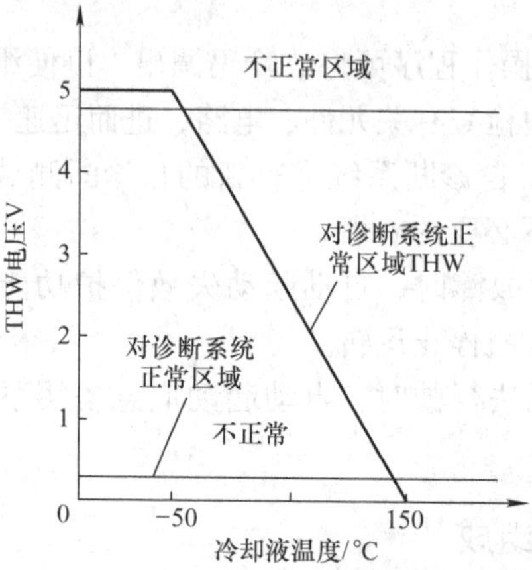

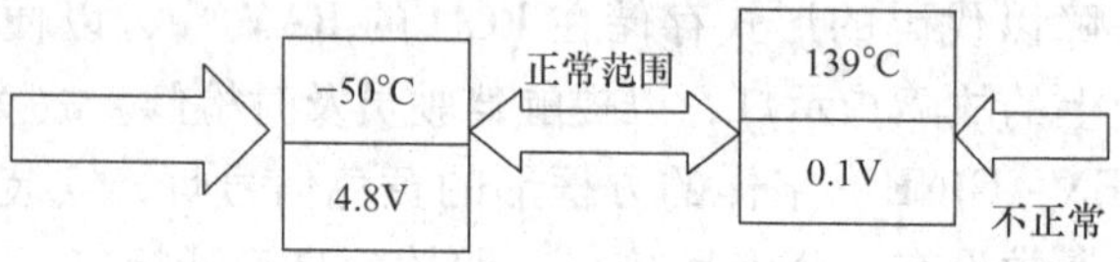

图 5-56　冷却液温度传感器故障自诊断原理

2. 执行元件故障自诊断原理

对执行器的故障进行诊断，一般需要增加专用电路来监测执行器的工作信息。如图 5-57所示为电子控制点火系统中点火器的故障自诊断电路，其中 IGT 为点火信号，IGF 为点火监控信号。当点火电路中控制点火线圈一次回路通断的功率晶体管不能正常工作时，它就不能把点火监控信号 IGF 反馈给 ECU，ECU 只要收不到该反馈信号，就判定为点火系统发生故障。与此同时，ECU 立即切断喷油脉冲信号，使电磁喷油器停止喷射燃油。

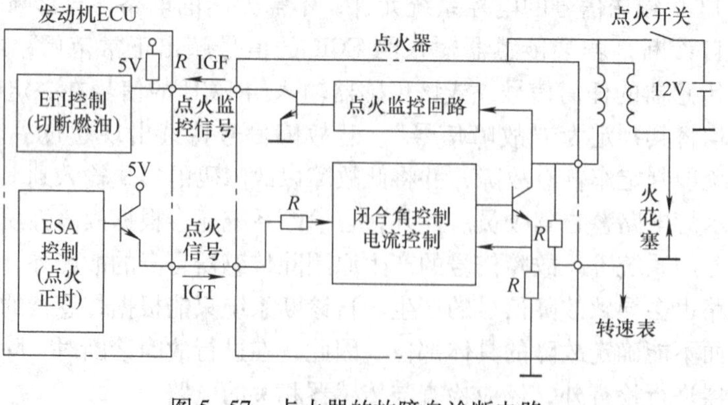

图 5-57　点火器的故障自诊断电路

3. 配线电路的故障自诊断

故障信号的出现不只是与传感器或执行器本身发生故障有关，而且还与相应的配线电路故障有关。如图5-58所示，当冷却水温度传感器与ECU间的电路断路（即开路）时，其输出的电压信号就会高于4.8V，ECU也会判定冷却水温度传感器发生故障。同理，当冷却水温度传感器与ECU之间的配线短路搭铁时，其输出的电压信号就会低于0.1V，ECU也会判定冷却水温度传感器发生故障。

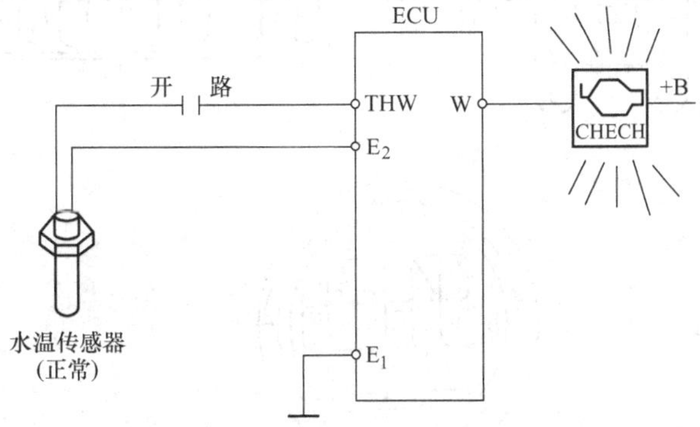

图5-58　水温传感器的故障自诊断电路

三、丰田车系故障自诊断系统的使用

1. 故障指示灯

当故障自诊断系统检测到故障时，仪表盘上的故障指示灯“CHECK ENGINE”亮，以警告驾驶员或维修人员。有些汽车电控系统在发生故障后，可按特定的操作程序根据“故障指示灯”的闪烁次数来读取故障码。如图5-59所示为日本丰田车系故障指示灯控制电路，蓄电池经点火开关和熔丝给故障指示灯提供电源，ECU通过W端子控制故障指示灯搭铁回路。

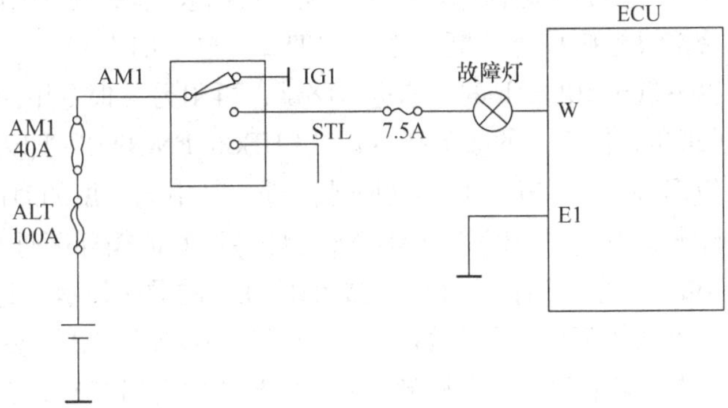

图5-59　日本丰田车系故障指示灯控制电路

在车辆使用中，接通点火开关，在发动机没有起动或起动后的短时间内，“故障指示灯”亮是正常现象，但起动后几秒钟（一般为3～5s）内或发动机达到一定转速（一般为500r/min）后，“故障指示灯”应熄灭，否则说明自诊断系统检测到故障。若系统无故障（调不出故障码），而“故障指示灯”仍然亮，则应检查其控制电路是否搭铁。

2. 故障码的调取与清除

日本丰田车系的故障自诊断系统的故障诊断座有三种类型，如图5-60所示。故障码的调取方式分为普通方式和试验方式两种。

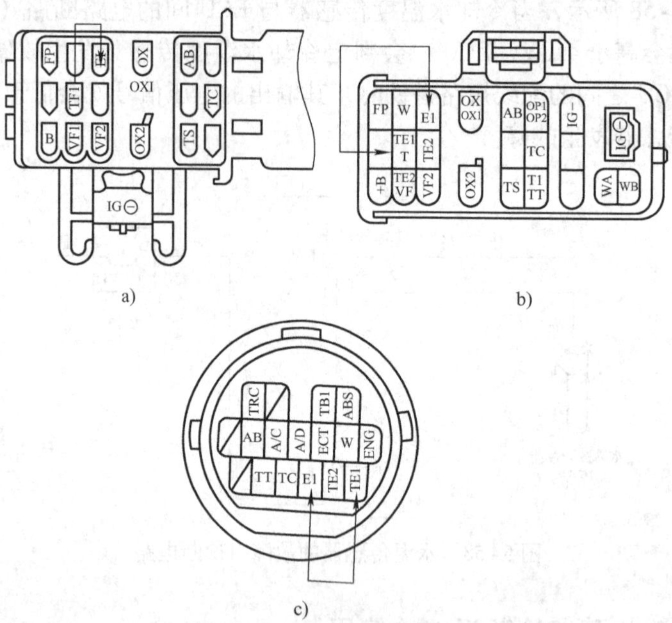

图 5-60　丰田车系的故障自诊断系统的故障诊断座

a）类型（一）　b）类型（二）　c）类型（三）

采用普通方式调取故障码时，将点火开关打开，但不起动发动机，用专用跨接线短接故障诊断座上的“TE1”与“E1”端子，仪表盘上的故障指示灯“CHECK ENGINE”即闪烁输出故障码。而采用试验方式调取故障码是在汽车运行状态下采集故障信息的，此方式比普通方式检测的灵敏度高，能获得更多的故障信息。采用试验方式调取故障码的操作方法是：首先应关闭点火开关，用专用跨接线短接故障诊断座上的“TE2”与“E1”端子，然后再打开点火开关，起动发动机，并以不低于10km/h的车速进行路试，再用另一根专用跨接线将诊断座上的“TE1”与“E1”端子跨接，仪表上的故障指示灯“CHECK ENGINE”即闪烁输出故障码。若无故障码储存，则“CHECK ENGINE”灯等间隔地闪烁，其中亮、熄的时间均为0. 25s，输出的是正常码；若有故障码储存，“CHECK ENGINE”灯将不断地循环闪烁显示所有的故障码，每次循环时按照数值小的故障码在前、数值大的故障码在后的顺序显示，直到拆下诊断座上的专用跨接线为止。丰田车系故障码为两位数，“CHECK ENGINE”灯闪亮与熄灭的时间均为0. 5s，闪亮的次数代表故障码数值，一个故障码的十位与个位之间有1. 5s熄灭的间隔，两个代码之间有2. 5s熄灭的间隔，每次循环重复显示之间有4. 0s熄灭的间隔。例如，有14和32两个故障码，输出波形如图5-61所示。丰田车系故障码含义见表5-1所列。

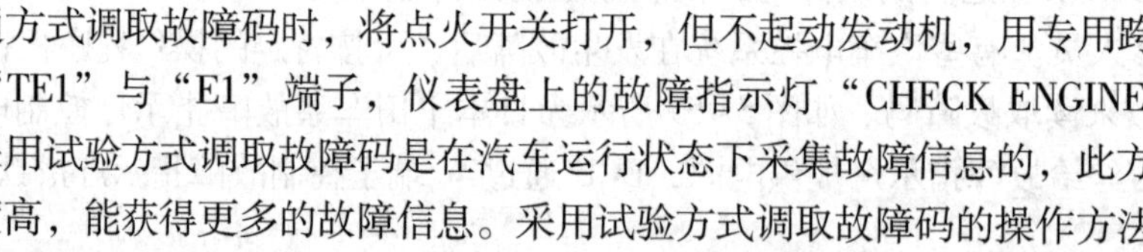

图 5-61　故障码14和32的输出波形

当故障被排除后，应将 ECU 中存储的故障码清除，清除方法有两种：一是关闭点火开关，从熔丝盒中拔下 EFI 熔丝（20A）10s 以上；二是将蓄电池负极电缆拆开 10s 以上，但此种方法会同时使时钟、音响等有用的存储信息丢失。

表 5-1　丰田车系故障码含义

代码	故障原因	故障原因及检查部分
11	发动机 ECU 电源瞬间中断	主断电器接触不良，电路故障
12	起动时无转速信号（N_e）（2s 以上）；低速时（600～4000r/min 范围内 3s 以上）ECU 未接收到 G 信号	① N_e、G 连接电路断路或短路 ② N_e、G 信号发生器的故障 ③ STA 信号连接电路断路或短路 ④ 发动机 ECU 的故障
13	转速≥1000r/min 时，在 0.1s 或更长时间内无 N_e 信号至发动机 ECU	① 曲轴位置传感器有故障 ② 发动机 ECU 有故障 ③ 曲轴位置传感器和发动机 ECU 之间的连接线故障
	在 G1 和 G2 脉冲之间无 N_e 的 12 个脉冲信号至发动机 ECU	① 凸轮轴位置传感器电路断路或短路 ② 正时带跳齿或拉长 ③ 曲轴位置传感器或发动机 ECU 不正常
	在发动机暖机后怠速运转时间内，G1、G2 和 N_e 信号中的偏差持续 1s	① 1 号 2 号凸轮轴位置传感器有故障 ② 发动机 ECU 有故障 ③ 正时带跳齿或拉长
14	无 IGT 或 IGF 点火控制信号	① 1 号、2 号电子点火器有故障 ② 发动机 ECU 有故障 ③ 电子点火器和发动机 ECU 之间的连接电路断路或短路
15	第二组点火控制无 IGT 或 IGF 信号	
16	电子控制自动变速器信号不良	① A/T 控制器有故障 ② 主 ECU 与 A/T 控制器 ECU 之间的电路有故障 ③ 主 ECU 有故障
17	1 号（左）凸轮轴位置传感器信号不良	① 凸轮轴位置传感器有故障 ② 发动机 ECU 有故障 ③ 凸轮轴位置传感器与发动机 ECU 之间的连接电路有故障
18	2 号（右）凸轮轴位置传感器信号不良	
21	左氧传感器信号不良	① 氧传感器有故障 ② 氧传感器连接线路有故障
28	右氧传感器信号不良，传感器输出电压在 0.35V 以下或 0.7V 以上超过 60s 无变化	
22	冷却液温度传感器信号不良（发动机 ECU 在 0.5s 以上未接收到水温信号）	① 冷却液温度传感器有故障 ② 发动机 ECU 有故障 ③ 发动机 ECU 与冷却液温度传感器之间的连接电路断路或短路
24	进气温度传感器信号不良（发动机 ECU 在 0.5s 以上未接收到进气温度信号）	① 进气温度传感器有故障 ② 发动机 ECU 有故障 ③ 发动机 ECU 与进气温度传感器之间的连接电路断路或短路

（续）

代码	故障原因	故障原因及检查部分
25	空燃比过大，混合气过稀；氧传感器输出电压低于0.45V时间超过90s	① 主氧传感器电路断路或短路 ② 主氧传感器有故障 ③ E1（搭铁线）断路 ④ 冷却液温度传感器有故障 ⑤ 点火系统工作不良 ⑥ 喷油器卡死或线圈断路 ⑦ MAP或MAF传感器工作不良 ⑧ ECU有故障
26	混合气过浓，空燃比过小，怠速运转水温在80℃以上，空燃比变化>15%的时间超过10s	① 喷油压力过高 ② 喷油器密封不良 ③ 正时带跳齿，配气正时错乱 ④ 压缩压力过低 ⑤ 进气歧管漏气 ⑥ 发动机搭铁不良 ⑦ ECU有故障
27	左辅助氧传感器信号不良	① 辅助氧传感器有故障 ② 发动机ECU有故障 ③ 发动机ECU与辅助氧传感器之间的电路有断路或短路故障
29	左辅助氧传感器信号不良，冷却液温度>80℃时，转速>1500r/min猛加速2s以上，主氧传感器输出电压在0.45V以上，辅助氧传感器输出电压在0.45V以下	
31	进气压力传感器信号不良；空气流量传感器信号不良；怠速时ECU有0.5s以上未取得MAP或MAF信号间隙	① 传感器参考电压失常（5V） ② 进气压力传感器或空气流量传感器有故障 ③ 发动机ECU有故障 ④ 连接电路有断路或短路故障
32	空气流量传感器信号不良	① MAP传感器的F2断路 ② MAP传感器Vs与Vc之间短路
34	涡轮增压信号不良	① 进气压力传感器有故障 ② 进气压力传感器连接电路有断路或短路故障 ③ Vc失常：F2断路或Vs与Vc之间短路
35	进气压力传感器信号不良	
41	节气门位置传感器信号不良，发动机ECU在以上未取得TPS信号或怠速时电压低于0.4V或高于3.5V	① 节气门位置传感器有故障 ② 发动机ECU有故障 ③ 发动机ECU与节气门位置传感器之间的电路有断路或短路故障
42	车速传感器信号不良	① 车速传感器有故障 ② 车速传感器连接电路有断路或短路故障 ③ P/N开关有故障 ④ 发动机ECU有故障
43	发动机信号不良	① 起动电路断路或短路 ② 点火开关或起动电路有故障 ③ 发动机ECU有故障
47	辅助节气门位置传感器信号不良（雷克萨斯LS400型轿车）	参考41故障码

（续）

代码	故障原因	故障原因及检查部分
51	A/C、P/N 开关信号不良	① A/C 和 P/C 开关有故障 ② 发动机 ECU 有故障 ③ TPS 的 TDL 触点未关合
52	左右爆燃传感器信号不良	① 爆燃传感器有故障或安装不当（过紧或过松） ② 爆燃传感器连接电路故障 ③ 点火正时不对 ④ 气门或轴间隙过大 ⑤ 发动机、压缩机等固定不紧或发动机 ECU 有故障
53	爆燃控制信号不良	发动机 ECU 有故障
54	涡轮增压器水温传感器信号不良	① 水温传感器故障 ② 水温传感器连接电路故障 ③ 发动机 ECU 故障
71	EGP 系统工作不良	① EGP 真空电磁阀线路故障 ② EGP 真空电磁阀故障 ③ EGP 排气温度传感器故障 ④ 发动机 ECU 有故障
72	燃油切断电磁阀工作不良	① 燃油切断电磁阀故障 ② 燃油切断电磁阀电路故障 ③ 发动机 ECU 故障

任务实施

一、准备工作

1. 工具及资料准备

1）数字式万用表。

2）诊断用跨接线。

3）丰田威驰型轿车维修手册。

2. 车辆准备

1）准备实习车辆（丰田威驰型轿车）并设置一些电控系统故障。

2）将车辆停放在地面平整干净、周围无安全隐患的环境下。

3）放置车轮挡块并拉紧驻车制动，避免工作时车辆移动。

4）安装防护套件，防止工作时划伤、弄脏车辆。

5）确定蓄电池电量、电压正常。

二、注意事项

1）在没有拆下蓄电池导线、拔下传感器或执行器线束插头时，应先关闭点火开关再进行操作。

2）在拔下电控单元插头前，要拆下蓄电池负极导线。

3）在拆下蓄电池负极导线前，一定要先关闭点火开关再进行操作。

4）在拔下传感器或执行器线束插头前，应先将插头的锁止装置打开再向外拔。如果插头的锁止装置打开困难，则可先将插头向里推，然后再尝试打开锁止装置，一定不要用刀硬拉，以避免损坏插头。

5）用万用表测量插头时，不要用力猛插，否则会造成插头接触不良。

三、操作步骤

丰田威驰型轿车采用故障码输出的方式调取故障码，其插座端子排列及跨接方法如图 5 - 62 所示。

1. 丰田车系自诊断系统测试

1）调取故障码：跨接对应故障诊断座上的端子，观察仪表内故障灯闪烁规律，并加以记录。

2）检阅资料：根据维修手册或表 5 - 1 中给出的丰田车系故障码含义，确定故障范围。

3）检测：按照单元二中各传感器的检测方法进行检修。

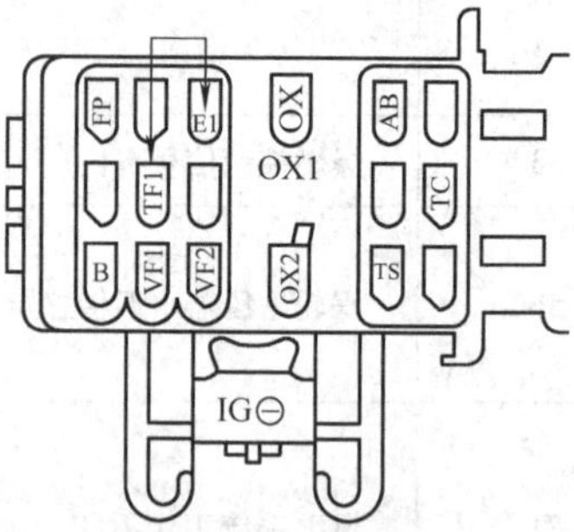

图 5 - 62　插座端子排列及跨接方法

4）清除故障码：关闭点火开关，从熔丝盒中拔下 EFI 熔丝（20A）10s 以上。

5）操作完毕后插回 ECU 及检测元件插头，并安装好蓄电池负极导线。

2. 整理设备与场地

1）做好实习记录，根据实习要求，写出实习报告。

2）完成工具、车辆及场地的清洁整理工作。

知识链接

应急备用系统

当 ECU 内的微处理器控制程序出现故障时，ECU 把燃油喷射和点火正时控制在预定水平上，作为一种应急备用系统能强制发动机工作，使车辆继续行驶。但应急备用系统只能维持基本功能，而不能保持正常的运行功能。

应急备用系统的工作原理如图 5 - 63 所示。当应急备用系统工作后，备用电路（IC）根据控制所需要的几个基本传感器信号，按照固定的程序对执行元件进行简单的控制。值得注意的是，应急备用系统工作时，只能根据起动（STA）开关信号和怠速（IDL）触点信号将发动机的工况简单地分为起动、怠速、非怠速三种，并按预先设定的固定数值输出喷油控制信号和点火控制信号。因此，应急后备系统只能进行简单控制，维持车辆继续行驶，而不能保持正常运行时的最佳性能，故不宜长期在此状态下行驶，应尽快对汽车进行检修。

应急备用系统工作时，若接收到 STA 信号即判定为发动机处于起动工况，而接收到 IDL 信号后即判定为发动机处于怠速工况。若接收不到 IDL 信号即判定发动机处于非怠速工况。在不同工况、不同故障时，应急备用系统中预先设定的固定数值因发动机型号不同而异。

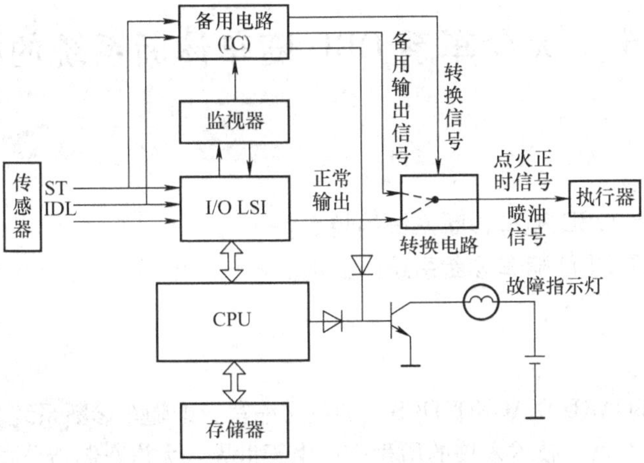

图 5-63　应急备用系统的工作原理

表 5-2 所列为日产车系发动机应急备用系统设定的固定数值。

表 5-2　日产车系发动机应急备用系统设定的固定数值

	ECU 发生故障时			ECU 接不到 G1 和 G2 信号		
	起动	怠速	非怠速	起动	怠速	非怠速
喷油时间	12. 0ms	2. 3ms	4. 1ms	1. 0ms	与进气量成正比	
喷油频率	2 次/每循环			1 次/65. 3ms	1 次/69. 9ms	1 次/30ms
点火提前角	10°	10°	20°	1 次/50ms	1 次/23ms	1 次/5ms
闭合时间	5. 12ms	5. 12ms	5. 12ms	3ms	4ms	3ms

当自诊断系统判定发生下列故障致使车辆无法行驶时，在点亮“故障指示灯”搭铁回路的同时，将自动起动应急备用系统。

1）ECU 中的中央微处理器（CPU）、输入/输出（I/O）接口和存储器发生故障。

2）凸轮轴位置传感器或其电路发生故障，ECU 接收不到 G1 和 G2 信号。

3）在 D 型电控燃油喷射系统中，进气歧管绝对压力传感器或其电路发生故障。

思考练习：

1. 发动机故障自诊断系统的作用是什么？
2. 丰田车系如何调出故障码？
3. 说明根据“故障指示灯”的闪烁次数来读取故障码的方法。

任务十　大众车系 OBD 随车诊断系统的检测

任务目标

1. 了解大众车系 OBD 随车诊断系统的特点。
2. 掌握大众车系 OBD 随车诊断系统的检测。

相关知识

OBD 是“ON－BOARD DIAGNOSTICS”的英文缩写，即随车诊断系统。OBD－Ⅱ则是指第二代随车诊断系统。在汽车技术发展的历程中，由于世界各大汽车制造公司的技术特点各不相同，缺乏统一的标准，因此导致各种汽车自诊断系统的故障诊断形式和位置、读取与清除故障码的方法各异，这给汽车用户和维修人员带来了很大不便。20 世纪 70 年代，汽车电控系统开始采用了第一代随车诊断系统（OBD－Ⅰ）；1994 年以后，美国、日本和欧洲的主要汽车制造厂家生产的电控汽车逐步开始采用第二代随车诊断系统（OBD－Ⅱ）。OBD－Ⅱ是由美国汽车工程学会（SAE）提出并经环保机构（EPA）和加州资源协会（CARB）认证通过的。

OBD－Ⅱ的主要特点如下：

1）汽车按标准选用统一的 16 端子 OBD－Ⅱ诊断座，如图 5-64 所示，并将其统一安装在驾驶室仪表盘下方。

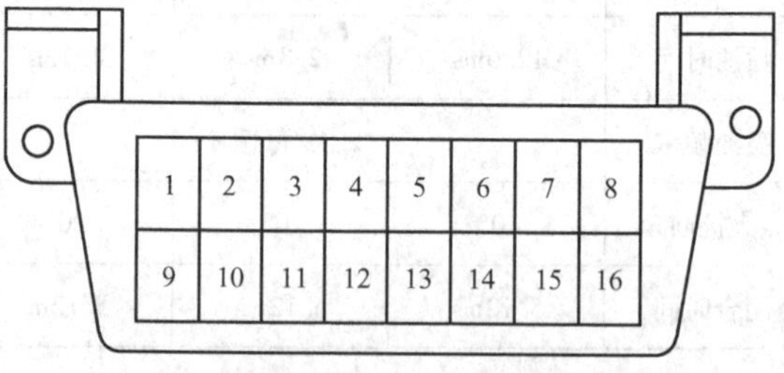

图 5-64　OBD－Ⅱ诊断座

2）OBD－Ⅱ具有数据传输功能，并规定了两个传输线标准：欧洲统一标准（ISO－Ⅱ）规定数据传输用“7”号和“15”号端子，美国统一标准（SAE－J1850）规定数据传输用“2”号和“10”号端子。

3）OBD－Ⅱ具有行车记录功能，能记录车辆行驶过程中的有关数据资料；能记忆和更新显示故障码；可利用仪器方便、快速地调取或清除故障码。

4）装用 OBD－Ⅱ的汽车采用相同的故障码且故障码含义相同。故障码由 1 个英文字母和 4 个数字组成，如图 5-65 所示。

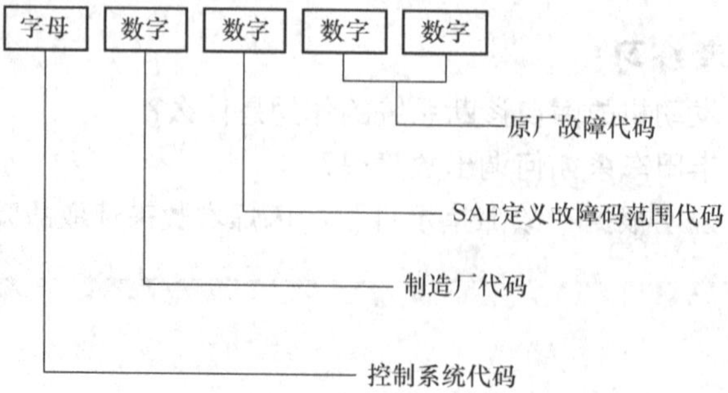

图 5-65　OBD－Ⅱ故障码形式

任务实施

一、准备工作

1. 工具及资料准备

1）数字式万用表、诊断用跨接线。

2）大众公司的 V. A. G1552 解码器。

3）上海桑塔纳 2000GSi 型轿车维修手册。

2. 车辆准备

1）准备实习车辆（上海桑塔纳 2000GSi 型轿车）并设置电控系统故障。

2）将车辆停放在地面平整干净、周围无安全隐患的环境下。

3）放置车轮挡块并拉紧驻车制动，避免工作时车辆移动。

4）安装防护套件，防止工作时划伤、弄脏车辆。

5）确定蓄电池电量、电压正常。

二、注意事项

1）在没有拆下蓄电池导线、拔下传感器或执行器线束插头时，应先关闭点火开关再进行操作。

2）在拔下电控单元插头前，要拆下蓄电池负极导线。

3）在拆下蓄电池负极导线前，一定要先关闭点火开关再进行操作。

4）在拔下传感器或执行器线束插头前，应先将插头的锁止装置打开再向外拔。如果插头的锁止装置打开困难，则可先将插头向里推，然后再尝试打开锁止装置，一定不要用力硬拉，以避免损坏插头。

5）用万用表测量插头时，不要用力猛插，否则会造成插头接触不良。

三、操作步骤

上海桑塔纳 2000GSi 型轿车采用 OBD－Ⅱ随车诊断系统，AJR 型发动机 ECU（J220）中设有故障存储器，它包括永久性存储器和暂时性存储器。当被监测的传感器或执行元件中出现故障时，则该故障的代码及种类会存入故障存储器中，其插座端子排列如图 5-64 所示，故障诊断仪的安装位置如图 5-66 所示。

1. 大众车系 OBD－Ⅱ随车诊断系统的测试

1）关闭点火开关，打开诊断插口的盖板，将大众公司的 V. A. G1552 解码器用 V. A. G1551/3 电缆线连接到车上位于变速器排挡杆前的诊断插座上，如图 5-66 所示，它将根据输入的指令完成许多功能。

大众公司的故障诊断仪的功能见表 5-3 所列。

图 5-66　故障诊断仪的安装位置

表 5-3　大众公司的故障诊断仪的功能

代号	功能	点火开关是否接通	发动机是否怠速运转
01	询问发动机电控单元版本	是	否
02	读出故障码及显示故障范围	是	是
03	最终控制诊断	是	否
04	基本设定	是	是
05	清除故障（码）存储	是	是
06	结束输出	是	是
07	电控单元编码	是	否
08	读测量数据块	是	是

2）调取故障码：根据诊断仪功能提示，检测并记录故障码。

3）检测：按照单元二中各传感器的检测方法进行检修。

4）清除故障码：如果故障已经被排除，那么在故障存储器中相应的记录内容应予以清除；或者发动机起动 50 次后，存储器存储的故障码会被自动清除。

5）操作完毕后插回 ECU 及检测元件插头，并安装好蓄电池负极导线。

2. 整理设备与场地

1）做好实习记录，根据实习要求，写出实习报告。

2）完成工具、车辆及场地的清洁整理工作。

思考练习：

1. OBD－Ⅱ随车诊断系统有何特点？

2. OBD－Ⅱ随车诊断系统可以使用跨接诊断法进行检测吗？

参 考 文 献

[1] 解福泉. 电控发动机 [M]. 北京：高等教育出版社，2009.
[2] 张西振. 汽车发动机电控技术 [M]. 北京：机械工业出版社，2005.

机 械 工 业 出 版 社

教师服务信息表

尊敬的老师：

您好！感谢您多年来对机械工业出版社的支持与厚爱！为了进一步提高我社教材的出版质量，更好地为职业教育的发展服务，欢迎您对我社的教材多提宝贵意见和建议。另外，如果您在教学中选用了《电控发动机检测与维修》（苑庆进　车立新　主编）一书，我们将为您免费提供与本书配套的电子课件。

一、基本信息

姓名：__________　性别：__________　职称：__________　职务：__________

学校：______________________________　系部：__________

地址：______________________________　邮编：__________

任教课程：______________　电话：______________　手机：__________

电子邮件：______________　QQ：______________　MSN：__________

二、您对本书的意见和建议

（欢迎您指出本书的疏误之处）

三、您近期的著书计划

请与我们联系：

100037　北京市西城区百万庄大街 22 号机械工业出版社 · 技能教育分社　陈玉芝

Tel：010－88379079

Fax：010－68329397

E-mail：cyztian@gmail.com 或 cyztian@126.com